LES RÉGIMES DOUANIERS AU SÉNÉGAL

Colonel Ibrahima Diagne

LES RÉGIMES DOUANIERS AU SÉNÉGAL

L'Harmattan

L'intégralité des droits d'auteur sera versée à l'École des douanes

5-7, rue de l'École-Polytechnique ; 75 005 Paris

http://www.librairieharmattan.com
diffusion.harmattan@wanadoo.fr
harmattan1@wanadoo.fr

ISBN : 978-2-343-09748-0
EAN : 9782343097480

DÉDICACES

Cet ouvrage est dédié à mes parents, au Professeur Mamadou NDIAYE et à toute la famille DIAGNE ;

Il est dédié à mes amis ;

Il est dédié à tous mes promotionnaires de la Faculté des sciences juridiques de Dakar (71-75) et de l'École Nationale d'Administration et de Magistrature (75-77);

Il est dédié à tous les agents des douanes.

REMERCIEMENTS

Mamadou Lamine LOUM, pour sa contribution inestimable, mais aussi pour la référence qu'il symbolise ;

Alioune DIONE, pour la première lecture, les suggestions et conseils.

Préface

Le présent ouvrage se veut une contribution aux débats sur l'étude théorique des systèmes et pratiques douaniers que plusieurs professionnels des Douanes alimentent de longue date.

Il traite des régimes douaniers, un sujet très peu abordé dans ses fondements juridiques, quoiqu'abondamment évoqué à travers une appellation multiple (régimes suspensifs, régimes économiques...), elle-même révélatrice de source potentielle d'imprécision voire de confusion.

L'auteur entreprend ainsi, comme qui dirait, une œuvre de pionnier par une approche et des analyses qui échappent à l'inhibition des pratiques récurrentes peu ou pas questionnées sur leur pertinence et leur cohérence d'ensemble, loin des idées reçues et des typologies sommaires. L'on devine bien que ce genre de travaux embrasse des volumes pondéreux de matières et de catégories.

Pour autant, le résultat final nous est livré de manière synthétique et pédagogique, et dans une configuration simple qui emprunte deux directions.

L'ouvrage présente d'abord le régime douanier comme une catégorie juridique du droit administratif à la suite d'une recherche de ses fondements théoriques et de la constatation des critères de définition suivants : la nature de l'opération, le besoin de l'importateur ou de l'exportateur, le cadre juridique défini par l'État et la marchandise. La démarche aboutit à la limitation des régimes douaniers aux opérations commerciales qui consacrent l'utilisation définitive et « spécifique » sur le marché national, l'expédition à l'étranger, le stockage, la transformation et le transport des marchandises.

Sur la base de ces éléments, l'auteur distingue les régimes douaniers définitifs, qui placent les marchandises à la libre disposition de l'importateur ou de l'exportateur, des régimes douaniers provisoires dans lesquelles les marchandises restent sous la surveillance douanière. Il classe la mise à la consommation et l'exportation comme les régimes de référence des régimes douaniers définitifs et l'entrepôt, l'admission temporaire, le transit et le perfectionnement actif comme les régimes de référence des régimes douaniers provisoires. En revanche, il considère les autres mécanismes ou opérations soit comme des régimes douaniers dérivés ou apparentés, soit comme des cas de franchise de droits et taxes ou à classer dans les régimes douaniers de référence.

En prime, il consacre pour tous les régimes douaniers recensés une présentation particulièrement détaillée et critique à la suite de l'adoption du nouveau code des douanes de 2014 et des réformes du 24 mars 2008 et du 15 juillet 2015. Il offre ainsi aux usagers un outil de lisibilité des différents régimes douaniers qui leur permet de raccorder les règles de conformité juridique, propres aux modalités des systèmes, aux exigences économiques et sociales, propres aux finalités des domaines du service public.

Le recours constant au droit comparé et le commentaire des choix de l'autorité douanière sénégalaise font au total de ce document un manuel, un véritable cours d'enseignement théorique et pratique à dispenser aux apprenants en douane et aux professionnels du secteur du commerce extérieur. La mise à la consommation, l'exportation en simple sortie, le transit, l'entrepôt, le perfectionnement actif et l'admission temporaire y ont été présentés à la manière d'un formateur soucieux de la compréhension des lecteurs des principes généraux du droit douanier et du bon fonctionnement de l'administration des douanes.

En somme, l'ouvrage affiche les contours d'un essai théorique sur lequel les universitaires, les cadres de la douane ainsi que ceux du commerce extérieur, sont invités à apporter leur contribution et à prolonger la réflexion.

Un tel intérêt croisé, source de fécondité, ne peut que créer l'interaction tant souhaitée entre théoriciens et chercheurs, enseignants et promoteurs du droit, praticiens éprouvés de l'économie et du commerce et enrichir les relations entre l'Administration et ses usagers, contribuant ainsi à mieux vouer celle-là à la satisfaction des besoins légitimes de ceux-ci.

Mamadou Lamine LOUM
Ancien Premier ministre

INTRODUCTION

La douane présente pour la plupart des citoyens, l'image d'un service public chargé de percevoir des droits et taxes aux frontières. Cette image est si ancrée dans leur mémoire qu'au douanier, ils demandent toujours : « combien on paye pour telle marchandise ; quel est le montant des droits et taxes perçus ? ». Une haute autorité sénégalaise, très remontée contre les contrôles douaniers dans les marchés urbains de Dakar, avait même prévu de renvoyer tous les douaniers aux frontières, si jamais elle accédait au pouvoir. Pour cette catégorie de personnes, les régimes douaniers ne présentent aucun intérêt.

Mais, pour les opérateurs économiques exerçant dans le secteur du commerce extérieur, ce sont des avantages importants ou des allègements significatifs que l'Administration des douanes accorde lors du passage au cordon douanier. Les marchandises sont placées sous leur responsabilité, à leur libre disposition, sans contrôle douanier tatillon et sont rangées dans leurs magasins pour y être stockées ou utilisées. Elles peuvent aussi être transportées d'un endroit à un autre du pays ou être transformées en d'autres produits en accord avec la douane.

Pour les diplomates et les touristes, le régime douanier est perçu comme un mécanisme qui dispense des rigueurs du contrôle douanier, des formalités pesantes et du paiement des droits et taxes.

Pour la corporation des agents des douanes et les juristes, c'est un ensemble de règles de conduite à observer dans l'exécution de la mission douanière. Ces règles consistent à contrôler et vérifier les déclarations de marchandises, à liquider les droits et taxes dus le cas échéant, à libérer rapidement les marchandises et à en assurer une surveillance plus ou moins discrète en attendant que l'opérateur économique en déclare la destination définitive. C'est dire que pour ceux-là, le régime douanier constitue un cadre d'exécution des activités du service des douanes. À l'analyse, il apparaît que cette perception des régimes douaniers résulte des situations dans lesquelles ces catégories professionnelles se retrouvent dans leurs relations avec le service des douanes. Dans ces situations nombreuses et variées, chaque importation ou exportation de marchandises peut être considérée comme un cas particulier qui nécessite une réponse douanière appropriée. La diversité des situations des expéditions de marchandises et des besoins des importateurs et exportateurs est telle qu'il n'est pas possible, dans un contexte de mondialisation et d'utilisation de techniques commerciales toujours plus sophistiquées, de recenser tous les cas et d'y apporter à chaque fois une solution appropriée.

Aussi, la douane a-t-elle cherché à établir des similitudes entre les cas et à opérer des distinctions pour en assurer un traitement approprié et cohérent. Elle a regroupé dans la réglementation douanière les solutions similaires apportées aux multiples cas posés lors de l'importation ou de l'exportation des marchandises. C'est à ces solutions qu'il convient de donner le nom de « régimes douaniers ». Ainsi, les régimes douaniers peuvent être considérés comme des espaces virtuels ou réels réglementés dans lesquels sont placées les marchandises importées ou à exporter. Certains juristes les regroupent sous le vocable « statut juridique des marchandises importées ou à exporter ».

Selon cette approche, la création de ces espaces ou de ce statut répond aux besoins des importateurs et exportateurs, mais aussi aux préoccupations des administrations des douanes qui les ont créés. Ces besoins et préoccupations intègrent notamment le degré d'ouverture du marché et les politiques économiques publiques des états. Plus un pays est ouvert au marché international, plus les régimes douaniers y sont utilisés.

Mais, le mouvement de la mondialisation n'a pas laissé la création de ces espaces à la seule compétence des états. À la suite de plusieurs tentatives et succès en Europe, une convention internationale sur la simplification et l'harmonisation des régimes douaniers dénommée Convention de Kyoto, a été adoptée en 1974. Elle a été révisée et mise à jour afin de s'assurer qu'elle remplit les besoins actuels des gouvernements et du commerce international. En juin 1999, le Conseil de l'Organisation mondiale des Douanes a adopté la Convention de Kyoto révisée comme étant le texte de base des régimes douaniers efficaces et modernes du 21ème siècle. Elle est officiellement entrée en vigueur le 3 février 2006, à la suite de la signature et de la ratification de quelque 92 états.

Le Sénégal a signé cette convention le 30 juin 2000 et déposé les instruments de ratification ou d'adhésion le 21 mars 2006. Le Sénégal est également membre de l'Union Économique et Monétaire de l'Ouest Africain, institution au sein de laquelle un code communautaire des douanes a été adopté par le règlement n° 9/2001/CM du 26 novembre 2001. Sur ce document, une place de choix a été accordée aux régimes douaniers.

À l'occasion des travaux préparatoires de la réforme du code des douanes entre 2010 et 2014, il convenait de respecter les 600 normes, recommandations et pratiques de cette Convention de Kyoto révisée et les nouvelles dispositions du code communautaire de l'UEMOA et de prendre en charge les nouveaux besoins des opérateurs économiques installés au Sénégal.

Tout naturellement, au niveau des autorités concernées, des différences sensibles ont quelques fois été perçues dans la prise en charge des régimes douaniers. C'est dans ce contexte qu'il m'a paru important de livrer le produit d'une étude relative aux régimes douaniers et de participer aux débats.

Certes, une telle étude se focalisera sur les différents régimes douaniers choisis par le Sénégal pour les présenter de manière critique. Elle distinguera les régimes douaniers définitifs, qui placent les marchandises à la libre disposition de leur destinataire ou de leurs mandataires, des régimes douaniers provisoires qui les maintiennent sous la surveillance douanière.

Mais auparavant, elle recherchera les fondements théoriques du régime douanier.

TITRE I

À LA RECHERCHE DES FONDEMENTS THÉORIQUES DU RÉGIME DOUANIER

Pendant longtemps, la douane a présenté le visage d'un service de l'État n'ayant que deux seules missions : la liquidation des droits et taxes, ou mission fiscale, et la recherche des marchandises irrégulièrement introduites dans le territoire douanier ou expédiées hors du pays, communément appelée la lutte contre la fraude.

Plus tard, dans la première moitié du 20e siècle, elle a commencé à offrir des facilités aux exportateurs dans leurs conquêtes des marchés étrangers. Elle assurait ainsi une mission essentiellement économique. Aujourd'hui, ces facilités ont été formalisées et ont conduit à la conception et à l'institution des régimes douaniers.

Mais, pour bien comprendre ces régimes douaniers, il nous paraît important de les examiner de manière approfondie ; ce qui suppose une maîtrise des fondements théoriques du régime douanier.

La recherche de ces fondements théoriques suppose un examen approfondi des accords et conventions internationaux ainsi que des textes législatifs et réglementaires en la matière. Il conviendra de s'interroger sur les motivations ponctuelles des choix des régimes douaniers, mais aussi sur les principes qui guident ces choix.

Ces grands principes semblent avoir été négligés au profit des objectifs spécifiques ponctuels, plus exactement de la recherche de l'accumulation de recettes et de la protection des économies.

En l'absence de productions écrites suffisantes et par conséquent d'orientations théoriques claires, il convient d'utiliser une méthode empirique consistant à présenter les choix opérés par quelques états afin de dégager des constantes ou des critères permettant de définir la notion de régime douanier et d'en asseoir les fondements théoriques.

1.1. UNE NOTION TRÈS PEU ÉTUDIÉE

Les recherches effectuées sur la notion de régime douanier ont été infructueuses. Au niveau des états comme le Sénégal, la France, le Cameroun, le Maroc et la Tunisie, où les services de douane affichent un dynamisme remarquable, aucune allusion n'est faite dans les textes officiels sur la notion de régime douanier. Les exposés des motifs des lois, les rapports de présentation des décrets et arrêtés, et même les circulaires et notes de service recensés n'abordent pas le sujet. Les mémoires collectés à partir des bibliothèques des écoles de douane ne traitent que des aspects liés aux avantages accordés et aux contrôles douaniers.

Au niveau de certaines organisations internationales, le besoin d'harmonisation des législations nationales a conduit à des classifications, mais rarement à des explications et analyses approfondies.

À l'UEMOA, le régime douanier a été défini à l'article 1 alinéa 5 du Code communautaire des douanes comme suit : « le traitement applicable par les autorités douanières aux marchandises assujetties à leur contrôle ». Les rédacteurs du Code n'ont affiché aucune base théorique de cette définition.

Dans le code des douanes de l'Union européenne également, le régime douanier est classé au même titre que la réexportation, l'abandon et la destruction dans la catégorie des destinations douanières (article 4 alinéa 15 du règlement 2913/92 du 12 octobre 1992 modifié). Ce code dégage ainsi une conception très restrictive de la notion de régime douanier sans que des justifications ne soient fournies.

Dans le web, pour des raisons d'information du public, certaines définitions ont été recensées.

Sur le site « le dico de l'international » (http://www.glossaire-international.com/), le régime douanier est défini comme « le statut juridique donné à la marchandise à l'issue de son dédouanement. Il détermine si les droits et taxes seront acquittés ou non, si les contrôles du commerce extérieur seront accomplis ou non ».

Selon « Wikipédia », le régime douanier est le cadre dans lequel on choisit de faire rentrer des marchandises vis-à-vis des autorités douanières.

À ce niveau aussi, aucune analyse approfondie, aucune justification théorique n'a été retrouvée sur la notion de régime douanier.

L'absence de résultats d'analyses approfondies et la diversité des définitions recensées traduisent, pour les professionnels du secteur, un manque d'intérêt pour les bases théoriques du régime douanier.

1.2. Les objectifs de recettes et de protection, priorités des États

En vérité, l'État n'a jamais cherché de bases théoriques pour les actions qu'il mène. Il a abandonné les lignes idéologiques traditionnelles (capitalisme, socialisme, nationalisme) et s'est engagé vers des objectifs rationnels de politiques économiques et sociales.

Il s'est très souvent imposé face aux intérêts des particuliers. C'est, du reste, avec difficulté que les droits de l'homme et du citoyen ont résisté, dans le temps, à l'action publique. La jurisprudence en droit administratif retrace en France, depuis l'arrêt Blanco, toutes les difficultés que ces droits humains ont rencontrées au fil du temps.

Au Sénégal aussi, les prérogatives de puissance publique et notamment le privilège de l'action unilatérale ne laissent que très peu de place aux préoccupations des particuliers.

L'État a étendu ses pouvoirs et particulièrement le contrôle douanier jusque dans l'intimité des individus. Il a pris des mesures qui présentent des aspects d'obligations, de droits, de tolérances ou d'avantages en direction des particuliers pour répondre à ses propres besoins d'application de politiques publiques économiques, sociales ou culturelles.

En pratique et pour son financement, il a cherché à découvrir les niches de recettes et à appliquer une fiscalité appropriée, quelle que soit la situation. Pour éviter que de telles actions ne soient vaines, des mesures contraignantes sont prises, des incitations sont proposées. Les contrôles douaniers, les tolérances et avantages traduisent ainsi une réelle volonté politique d'accroître les recettes, de protéger l'économie, et accessoirement de préserver la santé des populations et les valeurs culturelles et sociales.

Les biens, communément appelés marchandises en douane, sont pistés et traqués notamment dans leurs mouvements transfrontaliers, dans le but de procurer le maximum de recettes à l'État.

Des règles sont alors posées pour réaliser des recettes sur ces marchandises à l'occasion de leur passage aux frontières. Elles visent toutes à assurer une surveillance douanière appropriée tant que les droits et taxes ne sont pas constatés, liquidés et perçus. Elles ont conduit les autorités douanières à consacrer le terme « régimes suspensifs » à toutes les situations dans lesquelles les droits n'ont pas encore été payés sur des marchandises déclarées en douane. Ces autorités douanières n'ont pas pour autant établi les bases théoriques des régimes douaniers.

Les objectifs de recettes douanières les ont totalement accaparés. Dans les autres pays dont l'économie dépend largement du commerce extérieur, comme la Côte d'Ivoire, le Cameroun, le Maroc, la Tunisie, ces objectifs constituent une donnée essentielle des programmes économiques publics et les mêmes règles sont posées pour les atteindre.

Ces règles sont également édictées pour protéger les filières économiques non concurrentielles. C'est le cas à l'UEMOA pour l'ensemble des filières dont les produits principaux sont soumis à la Taxe conjoncturelle à l'importation et aux valeurs de référence. Au niveau de la CEDEAO, la cinquième bande (ou 4ème catégorie), la Taxe dégressive de protection communautaire (TDPC) et la Taxe de sauvegarde communautaire (TSC) devraient être utilisées pour préserver la production communautaire des agressions résultant du commerce international.

En vérité, les autorités douanières répondaient ainsi aux besoins exprimés par les autorités politiques. Le soubassement théorique des régimes douaniers ne les préoccupait guère. Que pourrait-il apporter de plus à partir du moment où les objectifs étaient souvent atteints ?

Alors, faute d'intérêt et de masse critique intellectuelle dans la sous-région et même dans les pays cités plus haut, le fondement théorique de la notion de régime douanier n'a pas été posé.

Il en est ainsi au Sénégal où les régimes douaniers hérités de la colonisation ont alors été conservés et parfois légèrement modifiés pour tenir compte de certaines contraintes particulières.

1.3. DES CHOIX DE RÉGIMES DOUANIERS LIÉS AUX POLITIQUES PUBLIQUES

Des codes des douanes ont été adoptés dans les pays d'Afrique francophone, qui reconduisent les mêmes dispositions et évidemment les mêmes régimes douaniers que le colonisateur utilisait. Les choix de régimes douaniers y opérés résultaient tout naturellement des préoccupations économiques des puissances coloniales. Et celles-ci consistaient à encadrer le renforcement et l'enrichissement de l'empire colonial.

Si pour les ex-colonies anglaises, les différents actes pouvant être considérés comme des régimes douaniers ne présentent que très peu d'intérêt puisque la fonction douanière elle-même est réduite pratiquement au recouvrement de certaines taxes et à l'interdiction des marchandises prohibées, dans les ex-colonies françaises, les objectifs d'accaparement et de protection des marchés fixés par l'État colonial ont été maintenus.

Entre le 20e et le 21e siècle, cette législation a légèrement évolué en fonction des particularités de ces pays et des contraintes nées des accords et conventions.

1.3.1. Les régimes douaniers hérités de l'État colonial

Les services des douanes ont accompagné la politique coloniale d'occupation et d'exploitation des ressources des territoires conquis. Les douanes françaises ont transposé leurs règles, lesquelles présentaient un aspect protectionniste. Elles concernent généralement les marchandises étrangères importées. Les intérêts de l'État colonial ou des grandes compagnies commerciales françaises étaient en cause.

Concrètement, ces règles permettaient de :

- stocker les marchandises importées en attendant de pouvoir les réexpédier à l'étranger ou à défaut les mettre à la disposition des consommateurs locaux ;
- transformer sur place certaines matières premières importées ;
- transporter les marchandises importées d'un territoire à un autre afin de parer à l'éloignement de certaines zones de consommation ;
- d'utiliser certains matériels importés pour des besoins spécifiques et de les réexpédier en l'état à l'étranger,

Ces règles ont été analysées par les professionnels et formateurs des douanes et classées dans des catégories distinctes.

Elles présentent un aspect fonctionnel puisqu'elles permettent de réaliser l'objectif précis annoncé. Ces règles ont mis en place les régimes douaniers suivants :

- l'entrepôt pour le stockage des marchandises étrangères ;

• l'admission temporaire normale et les usines exercées pour la transformation des matières premières ou produits semi-finis étrangers ;

• le transit pour le transport des marchandises étrangères vers les marchés intérieurs ;

• l'admission temporaire exceptionnelle et spéciale pour l'utilisation provisoire de certains matériels d'origine et de provenance étrangères.

Les ex-colonies françaises ont ainsi choisi de garder ces régimes douaniers et la classification fonctionnelle qui les sous-tendait.

1.3.2. Les régimes douaniers « suspensifs »

Pour des besoins de mobilisation des recettes douanières, ces états ont presque tous actualisé les régimes douaniers mis en place et surtout insisté sur la vieille technique de suspension des droits et taxes applicables aux marchandises non destinées à la consommation. Au Sénégal, les codes des douanes de 1932, 1974 et 1987 ont expressément consacré la distinction entre l'importation et l'exportation d'une part, les régimes douaniers suspensifs et certaines opérations dénommées « *drawback*, exportation préalable et exportation temporaire » d'autre part. C'est dans ce sens que les codes des douanes de la Tunisie, du Cameroun, de la Côte d'Ivoire et du Maroc ont également été rédigés.

Avec une telle distinction, les autorités douanières faisaient de la fiscalité la pierre angulaire des régimes douaniers, c'est-à-dire l'élément par lequel il fallait qualifier tous les régimes douaniers. La conceptualisation de cet élément a conduit les États à ignorer totalement le régime douanier de la mise à la consommation et à ranger l'exportation dans la catégorie des règles de conduite en douane.

Les régimes douaniers étaient en principe tous suspensifs. Le drawback, l'exportation préalable et l'exportation temporaire constituaient les exceptions.

1.3.3. La nouvelle classification fonctionnelle

La nouvelle classification fonctionnelle provient des analystes des techniques douanières et des formateurs, mais aussi et surtout des orientations prises par les autorités douanières sénégalaises dans les différents textes d'application des régimes douaniers. Elle consiste à opérer une distinction entre les régimes douaniers ouverts aux activités de transformation et les régimes douaniers ouverts aux activités de commerce, de transport et de service.

1.3.3.1. La catégorie des régimes douaniers ouverts aux activités de transformation

Elle comprend :

- l'admission temporaire normale devenue admission temporaire pour perfectionnement actif ou plus simplement perfectionnement actif ;
- l'entrepôt industriel ;
- les usines exercées ;
- la transformation ;
- le drawback ;
- l'exportation préalable.

1.3.3.2. La catégorie des régimes douaniers ouverts au commerce

Elle ne comprend que les entrepôts de stockage.

Mais la Convention de Kyoto révisée a ajouté au chapitre 2 de l'annexe D, le régime douanier de la zone franche.

Au Sénégal, le nouveau régime de la « consignation » a été créé par note de service et classé dans cette catégorie. Il a été confirmé par les articles 250 et 251 du nouveau code des douanes dans le chapitre « des régimes autorisés ».

1.3.3.3. La catégorie des régimes douaniers ouverts au transport

Elle comprend :

- le transit ordinaire ;
- le transit international ;
- le transbordement ;
- le cabotage a été ajouté comme régime douanier, mais rangé sous le titre réservé à la conduite et à la mise en douane et au chapitre dénommé « importation ».

1.3.3.4. La catégorie des régimes douaniers ouverts aux activités de service

Elle comprend :

- l'avitaillement ;
- l'exportation temporaire pour perfectionnement passif.

Il convient de préciser que l'avitaillement est considéré dans les articles 262 à 268 du code des douanes et les articles 167 à 174 du code communautaire des douanes, comme une opération privilégiée et non comme un régime douanier[1].

1.3.4. L'approche fonctionnelle tunisienne

Une autre distinction fonctionnelle a été opérée par les autorités douanières tunisiennes lors des travaux préparatoires de la dernière réforme des régimes douaniers. Elle consiste à répartir les régimes douaniers en trois familles sur la base de leurs fonctions : la fonction de stockage, la fonction de transformation et la fonction d'utilisation.

Mais, cette distinction n'a pas été traduite dans le code des douanes tunisien. Les régimes dits « suspensifs » et les régimes dits « douaniers économiques » ont été reconduits, rangés dans le titre VI du code et répartis dans les différents chapitres suivants et selon un ordre identique à celui des codes des douanes des ex-colonies françaises.

Chapitre 1 : dispositions générales

Chapitre 2 : régime général des acquits-à-caution

Chapitre 3 : transit douanier qui comprend outre le transit douanier, le transbordement et le cabotage

Chapitre 4 : entrepôts douaniers qui comprennent l'entrepôt public et l'entrepôt privé

Il importe de souligner que ni l'entrepôt industriel, ni les entrepôts de produits énergétiques ou pétroliers ne sont prévus. Ces derniers sont considérés comme des entrepôts privés dits « spéciaux » et sont régis par les mêmes règles de fonctionnement que tous les autres entrepôts.

Chapitre 5 : transformation sous douane qui comprend la transformation sous douane pour l'exportation totale, la transformation sous douane pour l'exportation partielle et la transformation sous douane pour le marché local

Chapitre 6 : le perfectionnement actif

Chapitre 7 : l'admission temporaire

Chapitre 8 : le perfectionnement passif

Chapitre 9 : l'exportation temporaire

---

[1] Cf. *Guide de procédures de dédouanement*, Jean-Baptiste Diouf, Éditions Sénégalaises de l'Import/Export, 2009.

Ce rangement n'indique pas la fonction à laquelle il convient de rattacher chacun de ces régimes ou groupes de régimes douaniers.

1.3.5. Forces et faiblesses de ces classifications

Les classifications des régimes douaniers résultent des analyses réalisées par des professionnels de la douane et quelques juristes français de renom spécialisés en droit privé. Elles sont motivées par le besoin d'établir les fondements théoriques du régime douanier sous son aspect fonctionnel.

Elles s'accordent toutes sur l'idée selon laquelle le régime douanier constitue un mécanisme mis en place par les États pour répondre aux besoins économiques des pays. Mais elles présentent quelques différences qu'il importe de souligner.

- Les régimes douaniers choisis par l'État colonial français, notamment l'entrepôt, le transit et l'admission temporaire, montrent des signes d'une volonté d'expansion et d'accaparement des marchés des territoires sous administration française. À l'analyse, le stockage, la transformation, le transport et l'utilisation spécifique des marchandises étrangères ne constituaient-ils pas les piliers d'une organisation de ces marchés contre les produits étrangers ? Les textes adoptés à l'époque contenaient des contraintes difficiles à satisfaire. Ils prévoyaient des champs d'application, des conditions d'agrément et des modalités de fonctionnement hors de portée d'une nouvelle entreprise promotrice de nouveaux produits étrangers. Au lieu de porter exclusivement sur la marchandise, le régime douanier était accordé à des entreprises bien installées et disposant de capacités techniques et financières évidentes.

Au même moment, les marchandises originaires ou plus exactement les produits « made in France » n'étaient soumises à aucune formalité contraignante. Elles ne rentraient pas dans le champ d'application des régimes douaniers. Elles étaient simplement transportées d'un territoire français à un autre sans passage de frontières conformément à l'article 47 du code des douanes de 1932.

Par ailleurs, les textes coloniaux considéraient les mises à la consommation et les exportations comme de simples opérations douanières dont les contours n'étaient pas définis.

Toutefois, il convient de reconnaître que cette classification fonctionnelle présente les régimes douaniers comme des formes d'accompagnement des opérations commerciales internationales par le service des douanes. Ce sont des facultés que l'administration publique des douanes accorde aux importateurs et exportateurs installés dans le pays. Sous ce rapport, les régimes douaniers constituent des mécanismes permettant, dans le contexte actuel des pays en développement, de gérer le commerce extérieur dans le respect de la liberté d'entreprise, de la mondialisation qui en découle et des engagements internationaux. Ils présentent ainsi une rationalité externe pouvant justifier leur appropriation et leur maintien dans le corpus législatif et réglementaire en vigueur.

C'est probablement dans ce sens que les ex-colonies françaises ont compris les régimes douaniers. Elles ont alors reconnu l'essentiel des règles douanières en la matière.

• S'agissant de la notion de régimes suspensifs que l'on retrouve dans la plupart des textes officiels, il convient de préciser que les justifications théoriques n'ont pas été apportées dans lesdits documents. Les termes « régimes suspensifs » et « en suspension des droits et taxes » sont systématiquement présentés sous la forme d'un titre, d'une dénomination ou d'une caractéristique essentielle, mais surtout comme un mécanisme utilisable en tout lieu et en tout temps. Les justifications se trouvent dans la formulation des textes français et dans leur compréhension.

Dans les codes de douanes d'inspiration française, il est toujours prévu une disposition du genre « les marchandises qui entrent ou qui sortent, sont passibles selon le cas, des droits d'importation ou des droits d'exportation inscrits au tarif des douanes ». En plaçant cette disposition dans les premiers chapitres du titre I relatif aux principes généraux des douanes de ces codes, les législateurs ont voulu introduire le tarif des douanes dans le corpus législatif et lui donner une valeur juridique telle qu'il échappe aux pouvoirs des gouvernements et autorités administratives.

Mais cette disposition est comprise par la plupart des autorités douanières comme une obligation d'appliquer le tarif des douanes dès que la marchandise franchit la frontière. Autrement dit le franchissement de la frontière constitue le fait générateur de la dette douanière des importateurs ou exportateurs de marchandises. Les nombreux entretiens et discussions avec ces autorités d'ici et d'ailleurs ont fini de convaincre que cette disposition justifie pour eux, l'emploi du terme régime suspensif. Ils sont presque tous convaincus que les droits et taxes sont suspendus s'ils n'ont pas été payés ou exonérés au franchissement du cordon douanier.

Pourtant, le terme « passibles » utilisé dans cette disposition renvoie à une faculté et non à une obligation. Les marchandises qui entrent ou sortent des pays peuvent, en termes clairs, payer des droits et taxes dans certaines conditions, ou en être dispensées.

Mieux, le terme « régime suspensif » renvoie aux actes suspensifs de délai souvent utilisés en droit administratif et en droit civil pour indiquer des reports ou des différés de l'exécution d'une obligation. Dans ces matières, l'obligation doit être exécutée, à date échue, par le débiteur désigné dans la loi ou le règlement.

Appliqué au contexte douanier, il convient de comprendre que le paiement des droits et taxes est reporté à une date ultérieure, plus précisément à la fin du délai accordé pour le bénéfice du régime douanier. À titre d'exemple, les importateurs seraient tenus de payer les droits et taxes à l'issue d'une année de séjour en entrepôt de stockage de leurs marchandises.

Juridiquement, c'est le sens qu'il convient de donner à la notion de régimes douaniers suspensifs.

Or, à la lecture du contenu des régimes dits « suspensifs », il apparaît que non seulement les marchandises doivent en principe être réexportées à l'étranger, par conséquent, leurs ventes sur le marché national ne sont pas initialement envisagées, mais encore les droits et taxes ne peuvent être liquidés que sur celles qui ont été mises à la consommation, suite à une autorisation administrative expresse. Cela résulte des objectifs de réexportation des marchandises étrangères importées que visent en général, tous les régimes douaniers reconnus dans les codes des douanes d'inspiration française.

Manifestement, lors de l'adoption de ces régimes douaniers, la mise à la consommation était considérée comme une sortie accidentelle voire exceptionnelle desdits régimes. Évidemment, le paiement des droits qui constitue une de ses modalités d'application ressemblait beaucoup plus à une sanction qu'à un avantage. En sortie d'entrepôt, les droits et taxes sont liquidés sur la valeur actualisée de la marchandise et aux quotités du jour du dépôt de la déclaration de marchandise. En sortie d'admission temporaire, les droits et taxes liquidés sont majorés d'un intérêt de crédit.

Il y a lieu de faire remarquer que, au lieu des éléments qui caractérisent le régime douanier (l'objet, le champ d'application, le séjour, les contraintes douanières), cette analyse repose sur la seule liquidation des droits et taxes.

En définitive et *a contrario*, le seul régime douanier susceptible d'être considéré comme suspensif est l'admission temporaire spéciale. Les matériels admis au bénéfice de ce régime acquittent obligatoirement des droits et taxes à l'issue d'un délai déterminé et sont réexpédiés à l'étranger dès la fin des travaux engagés et déclarés. Les droits et taxes sont effectivement suspendus jusqu'à l'échéance fixée.

Dans la Convention de Kyoto révisée, tous les principes généraux de douane ont été dégagés sans que cette notion de régime douanier suspensif n'ait été évoquée. Les termes « en suspension des droits et taxes » n'ont pas été systématiquement employés dans tous les régimes douaniers prévus dans les différentes annexes de la convention.

Enfin, la notion de régime suspensif a été abandonnée dans le nouveau code des douanes du Sénégal de 2014 et remplacée par celle des régimes économiques douaniers. C'est le signe d'une remise en cause.

• Quant à la classification actuelle qui distingue les régimes douaniers selon qu'ils favorisent le secteur du commerce, les services ou l'industrie, il convient d'en apprécier la valeur, mais aussi de souligner ses limites.

La distinction entre les régimes douaniers favorables aux activités de commerce et de service et ceux ouverts aux activités industrielles constitue une tentative de classification fonctionnelle des régimes douaniers. En cela, elle souligne la volonté politique des autorités douanières de promouvoir le transport, l'industrie, le commerce et les travaux publics en réponse aux besoins réels des importateurs et exportateurs desdits secteurs de l'économie. À titre d'exemple, le perfectionnement actif permet aux unités industrielles d'importer et de transformer des matières premières ou des produits semi-finis et de réexporter les produits finis à moindre coût et dans les meilleurs délais. L'entrepôt permet le stockage des marchandises étrangères en attendant de pouvoir les vendre sur le marché ou à l'étranger. Les opérateurs économiques trouvent ainsi un cadre juridique approprié pour le traitement des marchandises importées et dans le but de réaliser leur projet. Sous cet aspect, la classification fonctionnelle est pertinente et rationnelle.

Mais, cette classification exclut la mise à la consommation et l'exportation des régimes douaniers. Or les régimes douaniers les plus utilisés dans le monde sont, de loin, les mises à la consommation et les exportations.

C'est pour cette raison qu'elle est largement insuffisante pour établir les bases théoriques des régimes douaniers.

1.4. Une autre approche du régime douanier

Pour bien cerner la notion de régime douanier, il nous paraît important d'examiner les opérations qu'ils sont censés couvrir, de ranger les choix opérés en fonction des objectifs et de la contrainte de surveillance douanière et, par ce biais, de dégager les éléments ou critères permettant de proposer une définition.

1.4.1. Le classement des régimes douaniers par l'opération ou l'objectif

Comme indiqué plus haut, la classification fonctionnelle des régimes douaniers présente une rationalité externe telle qu'elle constitue la plus pertinente de toutes. Elle distingue les régimes douaniers en fonction de la nature des opérations à réaliser et des objectifs recherchés par les importateurs et exportateurs. Il s'agit d'abord :

➢ du stockage des marchandises étrangères : les marchandises sont importées, puis conservées en l'état dans un endroit sûr, qu'il convient d'agréer pendant une période, avant d'être placées ailleurs. Le régime douanier ouvert pour cette opération et qui répond exactement à ce besoin est l'entrepôt de douane. Il peut être public ou privé, général ou spécial, banal ou particulier.

La Convention de Kyoto a ajouté le régime douanier de la zone franche à cette catégorie.

Avec le nouveau code des douanes, la consignation qui a été rangée sous le chapitre des « régimes autorisés » vise également le stockage des marchandises étrangères.

➢ de la transformation de marchandises étrangères : les marchandises sont importées ou exportées, prises en charge par des industries puis transformées en d'autres produits, montées, réparées ou améliorées. Après transformation, ces marchandises peuvent être utilisées à l'intérieur ou à l'extérieur du territoire douanier ou retournées à leur pays de provenance. Les régimes douaniers ouverts pour ces opérations sont : le perfectionnement actif, la transformation, l'admission temporaire pour perfectionnement actif, l'exportation temporaire pour perfectionnement passif, les usines exercées et l'entrepôt industriel. De cette catégorie, il convient de retenir le perfectionnement actif, désigné au Sénégal sous le nom d'« admission temporaire pour perfectionnement actif » comme le régime douanier de référence puisqu'il répond exactement au besoin exprimé. Pour donner plus de poids à ce choix, il y a lieu d'examiner les textes d'application de tous les autres régimes de transformation pour constater qu'ils renvoient tous aux dispositions prévues pour l'admission temporaire dénommée aujourd'hui « admission temporaire pour perfectionnement actif.

➢ du transport des marchandises étrangères : les marchandises sont transportées de leur lieu de débarquement, plus exactement du premier bureau des douanes d'entrée, jusqu'à un autre endroit du territoire douanier étatique ou communautaire. Les régimes douaniers ouverts pour ce type d'opérations sont : le transit ordinaire, le transit international. La Convention de Kyoto et le code communautaire des douanes de l'UEMOA ont ajouté le régime douanier du transbordement et du cabotage. De cette catégorie, il convient de considérer le transit ordinaire comme le régime douanier de référence pour tenir compte de l'objectif visé, du volume des opérations traitées et des emprunts dont il fait l'objet dans les régimes douaniers similaires.

➢ de l'expédition des marchandises hors du territoire douanier : les marchandises sont expédiées hors du territoire douanier. Les régimes douaniers ouverts pour ce type d'opération sont : l'exportation en simple sortie, l'exportation temporaire pour perfectionnement passif (appelé perfectionnement passif ailleurs). Le code des douanes de l'UEMOA a ajouté le régime douanier de la réexportation. De cette catégorie, il convient de considérer l'exportation en simple sortie comme le régime douanier de référence pour tenir compte du volume des opérations et de la réponse exacte qu'elle fournit au besoin exprimé.

➢ de l'utilisation des marchandises étrangères : les marchandises sont importées et laissées à la libre disposition de l'importateur, utilisées conformément à leur mode d'usage.

Elles peuvent être consommées ou laissées définitivement sur le territoire douanier. C'est le cas des produits alimentaires qui sont absorbés par les êtres vivants et des produits d'usage courant qui se perdent ou qui perdent leurs propriétés après utilisation. Dans ces cas, l'opération prend le nom de mise à la consommation.

Contrairement aux codes des douanes d'inspiration française, cette opération a été officiellement affichée dans la Convention de Kyoto où la mise à la consommation a été ajoutée aux régimes douaniers, pour prendre en charge l'utilisation personnelle définitive des marchandises ou leur cession à un autre opérateur économique.

Les marchandises peuvent également, après usage, être retournées à l'étranger, lorsque leurs propriétés sont restées intactes et que l'état de l'objet le permet. C'est le cas des produits destinés à être exposés, des matériels, des engins de travaux publics et des véhicules spéciaux. De telles opérations sont généralement appelées « utilisation spécifique » dans le langage douanier. Le régime douanier ouvert pour l'opération d'utilisation spécifique de la marchandise est l'admission temporaire. Au Sénégal, malgré toutes les similitudes entre ces opérations et contrairement aux autres ex-colonies françaises, la douane distingue l'admission temporaire spéciale réservée aux gros engins et matériels de travaux publics de l'admission temporaire exceptionnelle pour les autres matériels.

Pour cette catégorie d'opération d'utilisation des marchandises étrangères, il convient de considérer la mise à la consommation comme le régime douanier de référence. L'importance du volume des opérations de mise à la consommation dans le monde justifie amplement ce choix de régime douanier de référence.

Le classement des régimes douaniers par objectif ou par type d'opération ci-dessus est le résultat d'une simple observation des nombreux textes pris en la matière et de leur application pratique. Il est surtout une actualisation de la classification fonctionnelle retenue depuis la création des régimes douaniers.

Toutefois, il dégage des régimes douaniers de référence qui sont plus utilisés et mieux connus dans le milieu des douanes. À la lecture attentive des textes portant application des régimes douaniers dérivés, il apparaît que, pour leurs organisations et fonctionnements, ils renvoient souvent aux textes des régimes douaniers de référence.

1.4.2. Le classement des régimes douaniers en fonction de la contrainte de surveillance douanière

Il distingue les régimes douaniers pour lesquels une surveillance est exercée après admission conforme de la déclaration de marchandise, désignés sous le nom de « régimes douaniers provisoires », et ceux pour lesquels la marchandise est laissée à la libre disposition du destinataire ou du transporteur, dénommés « régimes douaniers définitifs ».

Les régimes douaniers provisoires comprennent tous les régimes douaniers qui placent la marchandise sous la responsabilité du destinataire ou du transporteur et en même temps sous la surveillance douanière en attendant qu'une sortie définitive soit déclarée. L'entrepôt, l'admission temporaire, le transit ordinaire et le perfectionnement actif en constituent l'essentiel.

Les régimes douaniers définitifs comprennent la mise à la consommation, l'exportation en simple sortie et la réexportation. Ils placent les marchandises à la libre et définitive disposition du destinataire ou du transporteur.

La contrainte de surveillance douanière se traduit, pour le bénéficiaire, par une obligation de présenter les marchandises à toute réquisition des agents des douanes, de tenir un sommier et un registre de magasin (sauf pour le transit) et surtout de déposer une déclaration de marchandise au bureau des douanes compétent dans le but de mettre fin au régime douanier ou de le proroger. Les marchandises ne peuvent être manipulées ou transformées que dans les conditions prévues par décision de l'autorité douanière.

En pratique, cette contrainte laisse une liberté surveillée et un délai considérables permettant à l'importateur ou à l'exportateur de réaliser son projet.

Pour le service des douanes, la surveillance est généralement virtuelle. Au Sénégal, elle s'effectue par le biais du système informatique GAÏNDE, lequel présente à tout moment la situation des marchandises telle qu'elle ressort des fichiers informatiques ouverts, ou plus simplement des déclarations de marchandises enregistrées. Elle comporte un inconvénient majeur, celui d'ignorer les manipulations et sorties des marchandises des lieux où elles sont censées avoir été normalement déposées.

Cette surveillance revêt un caractère réel et physique pour les régimes du transit et de l'entrepôt public et lors des contrôles exercés sur les entrepôts privés et les entreprises industrielles de transformation.

Si pour le transit, l'escorte jusqu'à destination et la décharge des acquits-à-caution constituent des opérations obligatoires de surveillance douanière et pour l'entrepôt public, la présence des agents des douanes est indispensable à l'ouverture journalière des magasins agréés. Pour les autres régimes provisoires, les contrôles sont laissés à l'appréciation des services des douanes compétents.

1.5. ESSAI DE DÉFINITION DU RÉGIME DOUANIER

S'il fallait simplement satisfaire le lecteur, il convenait de se limiter à la définition donnée dans le site « le dico de l'international » (http://www.glossaire-international.com/), selon lequel le régime douanier doit être compris comme « le statut douanier de la marchandise ».

Cette définition présente le régime douanier sous tous ses angles et de la manière la plus simple et la plus compréhensible.

Pour un professionnel, une définition renvoie aux fondements théoriques du système ou de l'opération à définir. Elle suppose un examen des éléments à prendre en compte ou à écarter.

Elle renvoie surtout à sa place dans l'ordonnancement juridique et plus exactement à la catégorie juridique dont relève le régime douanier.

1.5.1. Le régime douanier relève du droit administratif

La matière douanière a très souvent été étudiée et traitée par des universitaires spécialistes de droit privé. Ainsi, le droit douanier a toujours été perçu sous l'angle d'un droit pénal spécial qu'il convenait de donner en exemple. Il attire la curiosité des chercheurs, puisque l'infraction à partir de laquelle est construit le droit pénal général, n'est composée que de deux éléments (élément légal et élément matériel) au lieu de trois. L'élément moral, l'intention, n'est pas une condition de l'existence de l'infraction douanière.

Pour beaucoup d'usagers, le droit douanier se réduit au contentieux douanier.

Pourtant, le droit douanier régit non seulement les relations entre l'administration des douanes et les usagers, parmi lesquelles les litiges, mais encore l'organisation et le fonctionnement du service des douanes. Et pour cela, il relève du droit administratif, au sens strict de sa définition. Le droit douanier regroupe un ensemble de règles exorbitantes de droit commun applicables à l'Administration des douanes.

S'agissant du régime douanier, il convient de la considérer comme une catégorie juridique propre à l'intérieur du droit douanier. D'abord, parce qu'il s'agit d'un ensemble d'actes pris par le service des douanes pour organiser le passage des marchandises au cordon douanier. Ensuite, parce qu'il s'agit de mesures destinées à assurer le service public du commerce extérieur et à rechercher l'intérêt général. Par l'organe et par l'objectif, de tels actes peuvent être rangés dans le droit douanier et dans le droit administratif.

Et, sachant que le régime douanier regroupe un ensemble de règles destinées à offrir aux entreprises importatrices ou exportatrices un cadre de travail permettant de réaliser leurs projets et d'exécuter convenablement leurs métiers, il a été retenu de le considérer comme une catégorie juridique propre du droit administratif relationnel tout comme le sont la fonction publique, les marchés publics et autres.

1.5.2 Éléments de définition du régime douanier

Toutes les classifications ci-dessus présentées, constituent en vérité des tentatives de justification des régimes douaniers choisis. De ces classifications, quelques éléments importants ressortent comme étant les plus évidents, les plus essentiels et les plus déterminants parmi les caractéristiques des régimes douaniers. Il s'agit de :

❖ *L'expression des besoins des importateurs et exportateurs :* les régimes douaniers ont été créés sans aucun doute pour répondre aux besoins des personnes qui font entrer des marchandises dans le territoire douanier ou qui les expédient hors de celui-ci. Ces personnes ont des préoccupations de satisfaction de leurs besoins personnels, de respect de leurs engagements, de concurrence sur les marchés intérieurs ou extérieurs, de gains de temps, de profits et même d'exercice normal de leurs activités professionnelles ou d'amateurs. Il reste entendu que ces préoccupations sont directement liées au dynamisme de la population active, à son niveau de vie, à l'ouverture de son marché, aux potentialités économiques et aux politiques publiques menées. C'est sur la base de ces besoins et des justifications particulières apportées par les importateurs et exportateurs que les autorités douanières ont conçu les régimes douaniers.

Ces besoins sont généralement exprimés à l'occasion des importations et exportations de marchandises. Ils peuvent également être recueillis lors des rencontres entre l'administration et le secteur privé. Enfin, les autorités douanières procèdent souvent à des évaluations et sur ces bases, recensent certains besoins des importateurs et exportateurs.

En réponse à ces besoins, les autorités douanières proposent des solutions acceptables, discutables ou supportables qui finalement conviennent aux opérateurs économiques et à l'administration. Il importe de faire observer que pour satisfaire ces besoins, il est nécessaire et conseillé d'expérimenter plusieurs fois les solutions envisagées.

C'est le cas de l'entrepôt industriel qui a permis aux entreprises industrielles de s'affranchir de l'obligation d'exporter 90 % de leur production. Le régime douanier trouvé répondait à leur besoin de gagner une part du marché national pouvant atteindre 60 % de la production de l'entreprise bénéficiaire et de rassurer les investisseurs.

C'est également le cas des industries pharmaceutiques, qui ont supporté pendant longtemps une distorsion fiscale entre les droits applicables aux intrants et l'exemption tarifaire accordés aux médicaments qu'elles produisent. Outre la concurrence des produits étrangers auxquels elles faisaient face, elles étaient tenues de payer des droits et taxes sur les intrants et de supporter une TVA rémanente année après année. Après avoir essayé plusieurs recettes, l'Administration des douanes a saisi l'occasion offerte à l'annexe F de la Convention de Kyoto révisée, pour proposer une solution, avec le régime douanier de la transformation, aux charges fiscales excessives de ces unités industrielles.

Il importe de souligner que pour choisir un régime douanier et apporter une réponse satisfaisante aux difficultés des entreprises, l'administration des douanes doit analyser les besoins exprimés. Les problèmes posés doivent être strictement ou essentiellement douaniers. Il s'agit là d'une tache rendue très difficile avec les multiples contrôles frontaliers exercés pour le compte d'autres administrations.

Il ne faudrait pas, par exemple, qu'un régime douanier soit créé ou ait pour conséquence la dispense des formalités du commerce extérieur et des changes. Tel est le cas du nouveau régime douanier de la consignation (article 250 du nouveau code des douanes). L'analyse sérieuse du besoin permettra d'éviter de telles erreurs.

❖ *La destination de la marchandise ou la nature de l'opération* : les importateurs et exportateurs sont tous des porteurs de projets. Ils envisagent de réaliser un projet avec leurs marchandises. Quelle opération ou combien d'opérations doivent-ils exécuter à cet effet ? Quelle destination veulent-ils donner à ces marchandises pour satisfaire leurs besoins économiques ? Les multiples réponses à ces questions pourraient être réduites en quelques points :

• l'utilisation personnelle et définitive des marchandises ou objets importés : l'utilisation d'un produit dépend de sa nature. Les produits alimentaires sont destinés à être avalés par l'homme en l'état ou après traitement. Les produits d'usage courant assurent le bien-être des citoyens. Les appareils et outils permettent à l'homme de fabriquer d'autres produits ou de rendre des services. L'utilisation des marchandises est considérée ici comme la jouissance par et pour l'homme de leurs propriétés essentielles. C'est le cas pour un voyageur résident ou non qui rentre au Sénégal avec son ordinateur personnel, une caméra ou les pièces détachées de son véhicule ou qui commande un appareil quelconque de réalisation de travaux publics ou privés. C'est également le cas du commerçant qui commande des marchandises pour les céder à des clients ou directement à des consommateurs. Pour l'importateur, la marchandise est destinée à demeurer définitivement dans les pays d'importation. Après usage, celle-ci perd ses propriétés principales et il en résulte des produits appelés déchets, qu'il n'est pas possible de placer en l'état, dans le marché.

- l'utilisation spécifique des objets et matériels étrangers : c'est le cas des voyageurs non-résidents qui importent du matériel professionnel ou de l'entreprise de travaux publics qui exécute un marché avec un matériel importé de l'étranger. Ces voyageurs et cette entreprise envisagent de réexpédier en l'état les objets et matériels à l'étranger dès la fin des opérations envisagées. Il s'agit ici d'objets ou de matériels dont l'usage ne fait pas perdre les caractéristiques et fonctions principales.

- le stockage des marchandises, objets et matériels étrangers : c'est le cas des marchandises que l'importateur n'a pas encore décidé d'utiliser. Il envisage alors de les conserver momentanément à l'intérieur des frontières nationales en attendant de trouver un client résident ou étranger ou d'obtenir un meilleur prix de cession. Les raisons qui conduisent au stockage de marchandises sont nombreuses.

- le transport des marchandises importées à un autre endroit, différent du lieu d'introduction : pour des raisons liées à l'éloignement de leur lieu d'installation et à certains risques, certaines personnes préfèrent ou sont obligées de rapprocher les marchandises et de les placer à une distance telle qu'elles pourraient en disposer à temps et dans les meilleures conditions. Le transport des marchandises peut être demandé pour un endroit placé à l'intérieur des frontières ou vers l'étranger. C'est le cas des commerçants domiciliés à Kaolack ou à Tambacounda qui préfèrent ouvrir les containers des marchandises commandées dans leurs magasins plutôt qu'à Dakar. Les coûts du transport, les frais de manutention et les retards de livraison constituent des charges et des risques inestimables.

• la transformation des marchandises étrangères : il s'agit là de l'activité des unités industrielles qui consiste à mettre en œuvre des matières premières ou des produits semi-finis importés pour fabriquer des marchandises techniquement plus élaborées et plus aptes à la consommation. La transformation peut également être réalisée à l'étranger sous la forme de complément d'ouvraison, de réparation ou autres, dans le but de valoriser ou de rendre fonctionnels des produits sénégalais ou « sénégalisés » par le paiement des droits et taxes.

• l'expédition de marchandises à l'étranger : les marchés étrangers offrent très souvent des opportunités que les hommes d'affaires saisissent pour écouler des produits d'origine sénégalaise disponibles et concurrentiels ou même des produits étrangers. La position géographique du pays et la bonne information de ses hommes d'affaires constituent des atouts de premier ordre dans la réalisation de ces activités d'expédition de marchandises vers l'étranger. Mais cette activité devient une nécessité pour les pays dont les marchés sont étroits et incapables de satisfaire les productions nationales en série.

Il importe de noter que pour chacune de ces opérations, l'opérateur économique est tenu de choisir le régime douanier approprié. Autrement dit, quel que soit le nombre d'opérations à réaliser pour son projet, il sera toujours obligé d'utiliser un régime douanier par opération. Dans le cas du voyageur non-résident qui envisage de faire connaître son produit par des présentations et démonstrations, deux opérations sont réalisables : l'importation pour utilisation spécifique du produit dans le territoire douanier et la réexpédition du produit. Il devrait par conséquent déclarer son produit en admission temporaire pour la première opération et à la réexportation pour la seconde opération. Ce qui suppose une bonne analyse du besoin avant de choisir le régime douanier.

Il importe surtout de faire observer que l'autorité douanière sénégalaise a utilisé dans les textes d'application du nouveau code des douanes les termes « stockage », « utilisation spécifique », « transformation » pour présenter les traits caractéristiques des régimes douaniers de l'entrepôt de stockage, de l'admission temporaire spéciale et du perfectionnement actif. Elle admet de ce fait la destination de la marchandise comme un critère important dans la définition du régime douanier.

❖ *La reconnaissance par les autorités étatiques* : en fait, seule la loi, conformément aux dispositions des articles 8 et 67 de la Constitution du Sénégal, peut fixer le régime des obligations civiles et commerciales. La liberté d'entreprendre et le régime des biens qui sous-tendent les opérations d'importation et d'exportation constituent la pierre angulaire de ces obligations civiles et commerciales. Il ne s'agit donc pas d'un simple traitement de marchandises par les autorités douanières, lequel pourrait se baser sur une instruction, une pratique ou sur une initiative personnelle. Il faut plutôt une loi pour créer des droits et des obligations applicables aux entrepreneurs qui importent ou exportent. Ces droits et obligations peuvent également résulter d'une disposition à caractère international signée par le Gouvernement et ratifiée par le Parlement. Le législateur a tenu ainsi à concilier les intérêts des particuliers à l'intérêt général, en mettant en place un cadre juridique approprié pour satisfaire les besoins des importateurs et exportateurs.

Dans les pays de tradition douanière française, des lois sont toujours votées par les parlements pour reconnaître ces régimes douaniers.

Au Sénégal, le nouveau code des douanes a prévu *in extenso* l'ensemble des régimes économiques douaniers reconnus au titre 6, page 48.

❖ *La marchandise, objet du régime douanier* : l'objet du régime douanier porte sur la marchandise. Il s'agit d'indiquer les conditions de séjour de la marchandise à l'intérieur du territoire douanier. Autrement dit, avec le régime douanier, l'autorité douanière place la marchandise dans un cadre juridique approprié. Il conviendra par conséquent, pour la satisfaction des besoins des opérateurs économiques, de limiter les dispositions législatives et réglementaires principalement à cet objet.

Le régime douanier devrait donc définir les marchandises assujetties, poser les conditions d'octroi des avantages et préciser les bénéficiaires, les avantages consentis, leur durée, leur localisation et les contraintes douanières.

Il importe de rappeler que l'activité du service des douanes consiste essentiellement à exercer un contrôle sur les marchandises importées ou à exporter. Tel est le sens à accorder à l'article 3 alinéa 2 du nouveau code des douanes du Sénégal et à l'article 1er du statut du personnel des douanes du Sénégal. C'est également dans ce sens qu'il convient de comprendre la définition donnée au régime douanier dans le site internet « le dico de l'international » (http://www.glossaire-international.com/) et déclinée comme suit : « le statut juridique donné à la marchandise à la suite de son dédouanement ».

Évidemment, le régime douanier comporte des dispositions susceptibles d'être contraignantes pour les opérateurs économiques. C'est le cas du postulant à un régime de transformation des marchandises qui doit présenter son unité industrielle au service des douanes avant de bénéficier de l'agrément prévu. C'est également le cas du commerçant qui envisage de transporter ses marchandises dans une autre localité et qui est tenu pour ce faire, de présenter un camion adapté et sûr.

1.5.3. Élément à écarter : les droits et taxes

L'utilisation excessive des termes « droits et taxes » dans les textes d'application des régimes douaniers a fait croire que lesdits droits et taxes constituaient la pierre angulaire du droit douanier. L'emploi du terme « régime suspensif » pour qualifier la plupart des régimes douaniers dans les codes des douanes a conforté cette idée auprès des professionnels du secteur. En réalité, cela traduisait simplement les préoccupations financières conjoncturelles des États.

À l'analyse, il apparaît que le régime fiscal d'une marchandise, dont dépendent ces droits et taxes, est rarement compris parmi les caractéristiques principales des régimes douaniers. Sur l'ensemble des régimes douaniers existants, seules la mise à la consommation et l'exportation comportent un régime fiscal, c'est-à-dire que les marchandises y déclarées sont susceptibles d'acquitter des droits et taxes.

Dans tous les autres régimes douaniers, le régime fiscal ne peut être évoqué car la marchandise n'est pas soumise à la fiscalité (de porte ou intérieure). Elle reste dans une situation, un espace réel ou virtuel dans lequel elle est placée hors du marché local. Pour les douanes, la marchandise est placée « sous douane », plus exactement sous surveillance douanière.

Les entrepôts, les industries bénéficiaires de perfectionnement actif sont des endroits placés hors du marché local, dans lesquels sont conservées les marchandises en attendant que les responsables décident de la destination à leur donner. La question des droits et taxes ne se pose pas.

Il en est de même des marchandises en transit ou en admission temporaire exceptionnelle qui sont toutes placées sous douane en attendant que leur destinataire en décide autrement.

Par conséquent, il apparaît que le fait générateur des droits et taxes est la mise à la consommation des marchandises ou leur expédition vers l'étranger. Certes, nulle part dans le code des douanes, cette déduction n'est confirmée. Mais, l'article 362 alinéa 4 du code général des impôts du Sénégal indique bien que la mise à la consommation au sens douanier du terme constitue le fait générateur de la taxe sur la valeur ajoutée (TVA), la taxe indirecte de référence de la fiscalité indirecte.

Autrement dit, la dette douanière ne résulte pas du simple franchissement de la frontière, comme pourrait le laisser croire l'article 13 du code des douanes selon lequel « les marchandises importées ou à exporter sont soumises au tarif des douanes dans l'état où elles se trouvent au moment où celui-ci leur devient applicable ». Pour la plupart des professionnels du secteur, cet article signifie que l'importation ou l'exportation constituent les faits générateurs de l'application du tarif des douanes. Pourtant une bonne lecture du texte et notamment des termes « au moment où celui-ci leur devient applicable » éclaire le lecteur sur les deux situations possibles. Il y a donc, après importation ou exportation, des cas où le tarif douanier est applicable et des cas où la dispense est de droit.

La dette douanière constitue plutôt la suite logique d'un choix de l'importateur d'utiliser définitivement sa marchandise dans le marché national ou de l'exportateur de céder sa marchandise ou de l'expédier à l'étranger.

Il nous paraît important d'évoquer la question des prélèvements opérés en douane sur des marchandises placées sous régime douanier. Au Sénégal, les prélèvements institués par l'UEMOA, la CEDEAO, le COSEC et le Fonds pastoral ne sont pas considérés comme des droits et taxes. Ils ne sont pas prévus au budget général. Ce sont plutôt des cotisations dont le prélèvement a été confié au service des douanes par ces institutions pour des raisons d'efficacité. Le fait générateur et le champ d'application de ces cotisations ont été définis dans les différents textes instituant les prélèvements. Aussi conviendra-t-il de dissocier l'application des droits et taxes de celle des prélèvements.

1.5.4. Proposition de définition du régime douanier

Sur la base des développements précédents, il est proposé de définir le régime douanier comme un « cadre légal dans lequel l'importateur ou l'exportateur choisit de placer ses marchandises pour réaliser une opération commerciale au moment de déposer une déclaration de marchandises en douane ».

Cette proposition de définition repose sur les quatre éléments répertoriés plus haut, à savoir le besoin de l'importateur ou de l'exportateur, la destination de la marchandise, le cadre juridique, et la marchandise qui est la préoccupation principale. Elle indique notamment la nature et l'opération à définir.

Mais aussi, elle met en exergue le moment du choix de l'opération commerciale et le document qui indique les choix opérés. Ce sont des éléments importants pour la compréhension du lecteur, mais accessoires dans une définition.

À la lumière de l'ensemble des développements ci-dessus, il nous paraît important de présenter les régimes douaniers sous la forme d'un tableau.

1.5.5. Tableau des régimes douaniers

Sur la base des éléments ainsi dégagés dans cette définition, un tableau a été confectionné pour faciliter la compréhension des régimes douaniers. Il rapproche les opérations commerciales des régimes douaniers utilisés.

Tableau de correspondance entre les opérations commerciales et les régimes douaniers

Opérations commerciales	Origine des marchandises	Destination des marchandises	Régime douanier
Vente et expédition	***étrangères***	étranger	**Réexportation**
	étrangères	Sénégal	**Mise à la consommation**
	locales	étranger	**Exportation en simple sortie**
	locales	Sénégal	**aucun**
Utilisation spécifique	***étrangères***		**admission temporaire**
	locales		**aucun**
Utilisation définitive	***étrangères***		**Mise à la consommation**
	locales		**aucun**
Transformation	***étrangères***		**perfectionnement actif**
	locales		**aucun**
Stockage	***étrangères***		**entrepôt**
	locales		**aucun**
Transport	***étrangères***		**transit**
	locales		**aucun**

Commentaire :

• Ce tableau a été confectionné pour établir une correspondance entre les opérations commerciales et les régimes douaniers de référence. À cet effet, le langage utilisé dans les trois premières colonnes est celui qui est parlé par les commerçants et les professionnels du secteur du commerce extérieur. Il est accessible et compréhensible pour tout le monde. Les termes « opérations commerciales », « origine » et « destination » ne font l'objet d'aucun doute pour les usagers et les commerçants.

Par contre, celui utilisé dans la colonne de droite relève du jargon douanier, strictement réservé aux professionnels du secteur des douanes. En dehors des déclarants en douane qui sont chargés d'apporter des réponses directes aux commerçants et des agents des douanes, très peu de personnes comprennent le sens et la portée exacte des termes « mise à la consommation », « admission temporaire », « entrepôt », etc.

Il convient par conséquent de prêter une attention particulière au langage douanier dont le sens est très souvent différent de celui que les usagers lui donnent.

• Le tableau ci-dessus ne traite que du besoin de l'opérateur économique pour sa marchandise et des possibilités offertes par le service des douanes. C'est dire que dans le choix du régime douanier, seul le besoin de l'opérateur économique doit être pris en compte.

Dans la pratique, telles qu'elles sont présentées par les importateurs et exportateurs, les opérations commerciales peuvent paraître plus complexes parce qu'elles intègrent très souvent des conditions de paiement, de livraison ou de détention. Il est possible que lesdites conditions de paiement, de livraison, de transport ou de détention soient déterminantes pour le commerçant au moment de l'expression de ses besoins et de ce fait, influencent le choix du régime douanier. Pour le déclarant, il convient, dans ces cas, de tenir compte de ces conditions et de se focaliser sur la liaison directe entre ce que l'opérateur économique envisage de faire avec la marchandise et le régime douanier.

C'est dire que le régime douanier ne dépend pas des spécificités des transactions commerciales internationales. Il n'est pas non plus conçu pour remédier aux difficultés nées des législations autres que douanières.

Le régime douanier ne prend pas en compte le statut de l'importateur ou de l'exportateur. L'État, les collectivités locales, les établissements publics, les entreprises privées bénéficiant ou non d'avantages particuliers, les entreprises franches, etc., sont considérés comme des importateurs et exportateurs et sont placés sur le même pied. À ce propos, il importe de préciser que la douane utilise les termes « régimes économiques » ou « régimes particuliers » lorsque des avantages de toute sorte sont consentis à des entreprises, des organisations non gouvernementales, des institutions consulaires ou des établissements.

• Les termes « utilisation spécifique », « transformation » et « stockage » ont été employés dans les nouveaux textes d'application du code des douanes de juillet 2015 et notamment pour caractériser les régimes douaniers de l'admission temporaire, du perfectionnement actif, de l'entrepôt industriel, de la transformation et de l'entrepôt de stockage. Ils correspondent exactement aux opérations commerciales répertoriées sur le tableau. C'est le signe d'un nouvel état d'esprit, plus exactement d'une volonté de l'autorité douanière d'apporter plus de rationalité dans les régimes douaniers.

• Enfin, seuls les régimes douaniers de référence sont prévus sur ce tableau. Sont considérés comme régimes douaniers de référence les régimes qui répondent exactement aux besoins des importateurs et exportateurs tels qu'ils ressortent du tableau ci-dessus. Il s'agit de la mise à la consommation, de l'exportation en simple sortie, de l'admission temporaire, de l'entrepôt, du transit et du perfectionnement actif. Ces régimes douaniers apparaissent comme étant les plus répandus et les plus utilisés par les importateurs et exportateurs.

D'autres régimes douaniers répondant aux mêmes besoins ont été créés pour traiter des opérations commerciales identiques ou similaires à celles reprises sur le tableau. Ils présentent une particularité telle que le cadre juridique du régime douanier de référence ne suffit plus pour assurer une bonne gestion de la marchandise. Ils sont appelés « régimes douaniers dérivés ou apparentés ». Évidemment, la particularité desdits régimes douaniers relève de la marchandise ou des principes généraux de la législation douanière. Aucune autre réglementation n'est déterminante lors de la création ou du choix du régime douanier dérivé.

Généralement, les modalités d'application des régimes douaniers dérivés ou apparentés sont calquées sur celles des régimes douaniers de référence.

Des distinctions opérées sur ce tableau, il ressort quelques six (6) grandes catégories de régimes douaniers dont les têtes de file sont : la mise à la consommation, l'exportation en simple sortie, le transit, l'entrepôt, le perfectionnement actif et l'admission temporaire. Chacune de ces catégories comprend un régime douanier de référence et un ou plusieurs régimes douaniers dérivés ou apparentés.

Pour les examiner et dans le but de mieux faire ressortir leurs spécificités, il a été choisi de présenter ces catégories sous deux rubriques : les régimes douaniers définitifs et les régimes douaniers provisoires.

TITRE II

LES RÉGIMES DOUANIERS DÉFINITIFS

Comme indiqué plus haut, les régimes douaniers définitifs sont caractérisés par le placement de la marchandise à la libre disposition de l'importateur, de l'exportateur ou d'un mandataire dès accomplissement des formalités douanières. Par formalités douanières, il convient de comprendre l'enregistrement de la déclaration de marchandises, la délivrance de l'autorisation d'enlever (bon à enlever ou BAE) et l'enlèvement des marchandises.

Les régimes douaniers définitifs de référence sont : la mise à la consommation et l'exportation en simple sortie.

L'on examinera également le régime douanier de la réexportation qui est un régime dérivé de l'exportation en simple sortie pour tenir compte de sa spécificité.

2.1. LA MISE À LA CONSOMMATION : RÉGIME DE RÉFÉRENCE DE L'UTILISATION DÉFINITIVE DES MARCHANDISES

La mise à la consommation n'était pas considérée comme un régime douanier. Elle n'est traitée ni dans les ouvrages, ni dans les cours de législation ou de procédures douanières. Ce traitement trouve sa justification dans les codes des douanes qui omettent de le citer parmi les régimes douaniers.

C'est avec la Convention de Kyoto révisée et le code des douanes communautaire de 2001 que le régime douanier de la mise à la consommation est apparu dans les textes.

Mais, c'est surtout avec la Convention que son cadre juridique a été évoqué.

Or, à n'en pas douter, c'est le régime douanier le plus important pour les administrations douanières, en termes de nombre d'opérations, d'énergie à dépenser par les déclarants et agents des douanes, de systèmes déployés pour le contrôle douanier et de recettes qu'il procure aux États.

Les caractéristiques de la mise à la consommation se présentent comme suit :

2.1.1. Définition

La mise à la consommation a été officiellement définie pour la première fois à l'annexe B de la Convention de Kyoto au point F2/E1 comme « le régime douanier qui permet aux marchandises importées d'être mises en libre circulation dans le territoire douanier lors de l'acquittement des droits et taxes à l'importation éventuellement exigibles et de l'accomplissement de toutes les formalités douanières nécessaires ».

À l'examen de cette définition, il apparaît que la Convention a présenté l'objectif recherché, la libre circulation et les préalables que sont le paiement des droits et taxes et l'accomplissement des formalités du commerce extérieur. L'objet et la forme de la mise à la consommation ont été omis.

Dans le code des douanes de l'Union européenne, en lieu et place de la mise à la consommation, le régime douanier de la mise en libre pratique a été présenté comme suit à l'article 172 : « les marchandises non-UE destinées à être versées sur le marché ou à un usage privé ou à la consommation privée à l'intérieur du territoire douanier de l'Union font l'objet d'une mise en libre pratique ». Ici aussi, seuls l'objectif et le lieu de réalisation de l'opération sont pris en compte.

Ces présentations sont manifestement incomplètes pour servir de définition.

La définition d'une opération doit contenir l'objet, la forme, l'objectif, la localisation et éventuellement la principale caractéristique de ladite opération.

Sur cette base, la mise à la consommation peut être définie comme le cadre juridique dans lequel sont placées les marchandises étrangères qu'un importateur déclare en douane, vouloir mettre à sa libre disposition à titre définitif et utiliser à l'intérieur du territoire douanier.

2.1.2. Les conditions de réalisation de la mise à la consommation

En principe, outre l'obligation de déposer une déclaration de marchandise et le recours à un commissionnaire en douane agréé, aucune condition n'est posée pour la mise à la consommation. Toutefois, pour accomplir les missions que les autres administrations ont confiées au service de douane, quelques formalités sont souvent exigées.

2.1.2.1. La déclaration de marchandises

La mise à la consommation d'une marchandise suppose le dépôt d'une déclaration de marchandises au bureau des douanes compétent. Tel est le sens de l'article 110 alinéa 1 du nouveau code des douanes selon lequel « toutes les marchandises importées ou exportées doivent faire l'objet d'une déclaration en détail leur assignant un régime douanier ».

Le terme « déclaration de marchandises » a été préféré au terme « déclaration en détail » utilisé dans le code des douanes, par respect pour la Convention de Kyoto révisée qui est la référence mondiale actuelle en douane. Dans l'ensemble des textes adoptés, celle-ci a totalement omis cette notion de déclaration en détail.

Il faut reconnaître que la notion de « déclaration en détail », tout comme celle de la « déclaration sommaire », à laquelle elle est toujours associée n'est pas précise. Elle n'indique pas l'objet de la déclaration. Or l'appellation d'un document officiel doit informer sur l'objet du document. Par ailleurs, à l'examen des documents qui l'accompagnent, il n'est pas possible d'affirmer que les déclarations présentées en douane sont exhaustives et détaillées.

La déclaration de marchandises peut prendre toutes les formes possibles. À l'article 113 du nouveau code, les formes ci-après sont admises :

- l'écrit sur support électronique ou sur support papier ;
- la déclaration verbale ;
- et tout autre acte par lequel le détenteur des marchandises marque sa volonté de les placer sous un régime douanier, si cette possibilité est prévue par les dispositions arrêtées par le service des douanes.

L'on s'interroge sur cet autre acte par lequel un déclarant place sa marchandise sous un régime douanier. Aucune justification n'a été produite dans l'exposé des motifs de la loi et même à l'occasion des travaux préparatoires de la réforme du code. Ce texte ressemble à une loi d'habilitation qui accorde au service des douanes des attributions dans le domaine législatif.

La déclaration de marchandise est aujourd'hui standardisée. Elle se présente sous la même forme, quel que soit le régime douanier choisi. Elle comporte des segments, des lignes et des cases dans lesquelles sont portées des informations codées relatives à l'opération envisagée.

Sur la déclaration de mise à la consommation, il est porté au segment des données d'ordre général, pour les besoins du traitement informatique de l'opération, un code alphanumérique désigné sous le vocable « code régime douanier » que les services informatiques douaniers ont attribué selon une certaine logique et en fonction de la provenance ou de la spécificité de la marchandise. Il s'agit de :

– le code C1 concerne les marchandises en provenance directe de l'étranger ;

– le code C2 concerne les produits pétroliers en provenance de l'étranger ;

– le code C3 concerne les marchandises en provenance de l'entrepôt de stockage ;

– le code C4 concerne les produits pétroliers en provenance de l'entrepôt de stockage ;

– le code C5 concerne les marchandises en provenance d'admission temporaire (actuel perfectionnement actif) ;

– le code C6 concerne les marchandises provenant du régime de l'importation temporaire ;

– le code C8 concerne les marchandises en retour d'exportation temporaire ;

– le code C9 concerne les marchandises provenant d'une entreprise franche d'exportation.

Les déclarations de marchandises doivent également contenir l'identification du déclarant et du destinataire de la marchandise et éventuellement les garanties de paiement des droits et taxes exigibles.

Sur ce point, il convient de préciser que le paiement des droits et taxes n'est pas une condition nécessaire à la réalisation de la mise à la consommation. Le paiement des droits et taxes est directement lié au tarif des douanes qui prévoit les marchandises soumises à la fiscalité de porte et les marchandises non soumises à ladite fiscalité. Ainsi, pour l'application des droits et taxes, il faut non seulement une mise à la consommation, mais encore une inscription des droits et taxes sur la position tarifaire de la marchandise importée. Compte tenu de son caractère aléatoire, le paiement des droits et taxes n'a donc pas été retenue comme un élément de définition du régime douanier de la mise à la consommation.

Les déclarations de marchandises doivent contenir tous les renseignements nécessaires à l'identification, au dénombrement et à l'évaluation des marchandises conformément à l'article 113 du nouveau code des douanes.

Toutefois, elles peuvent être incomplètes au cas où le déclarant ignore certains renseignements obligatoires (article 120 du nouveau code des douanes). Des déclarations provisoires ou à compléter sont alors autorisées par le chef de bureau des douanes compétent après dépôt et acceptation d'une soumission cautionnée d'origine ou de facture.

Pour les produits pondéreux, les bureaux de douane reçoivent parfois des déclarations à compléter sans soumission cautionnée mais avec la garantie que les renseignements sur les poids des marchandises soient fournis dès achèvement du pesage.

Pour des raisons d'urgence ou lorsque la marchandise est sans valeur commerciale, les bureaux de douane acceptent des déclarations simplifiées en application de l'article 113 alinéa 5. C'est le cas des autorisations provisoires d'enlèvement à Dakar Port (APDE) et des déclarations d'enlèvement provisoire à Dakar-Yoff (DEP) qui doivent être régularisées dans un délai généralement inférieur à trente (30) jours. C'est également le cas pour les déclarations d'enlèvement spécial (DES) du bureau des douanes de Dakar-Yoff qui ne sont pas régularisées. Les dépouilles mortelles, les valises diplomatiques, les colis de documents administratifs et techniques sont généralement dédouanés sous la forme de déclaration d'enlèvement spécial (DES).

2.1.2.2. Le déclarant en douane

La déclaration de marchandises doit être déposée par le commissionnaire agréé en douane conformément à l'article 122 du nouveau code des douanes. Le législateur choisit ainsi de réserver la profession de déclarant en douane aux commissionnaires agréées en douane, les seules personnes autorisées par le ministre chargé des Finances dans les conditions prévues au titre premier du décret 85-863 du 9 août 1985. Il exclut par conséquent les bénéficiaires de crédit d'enlèvement d'une part et les titulaires d'autorisation de dédouaner pour autrui prévue au titre 2 du décret précité d'autre part.

Toutefois, comme dans le code de 1987, il admet la possibilité pour les propriétaires et détenteurs de marchandises de faible valeur (valeur CAF inférieure à 1 000 000 francs CFA dans certains bureaux de douane ou inférieure à 500 000 francs CFA dans les postes de douane suivant diverses notes de services) de procéder eux-mêmes à la déclaration de leurs marchandises.

La nouveauté réside par conséquent dans la suppression des autorisations de dédouaner et dans l'interdiction de déclarer prononcée à l'encontre des bénéficiaires de crédit d'enlèvement et des titulaires d'autorisation exceptionnelle de dédouaner.

Pour ces titulaires d'autorisations de dédouaner, les alinéas 3 et 4 de l'article 122 accordent un traitement différencié, inégal et surtout non justifié dans l'exposé des motifs de la loi.

À l'alinéa 3, il est indiqué que « les entreprises intervenant dans l'importation et le stockage des produits pétroliers ainsi que les personnes morales dont la nature des activités ou le montant élevé du crédit d'enlèvement le justifie, continueront, sous réserve de certaines conditions fixées par le décret prévu à l'article 127, à bénéficier d'une autorisation exceptionnelle de déclarer pour elles-mêmes ou pour autrui, en dérogation aux dispositions du paragraphe 1er du présent article ».

Par contre à l'alinéa 4, il est écrit que « les propriétaires de marchandises titulaires d'un crédit d'enlèvement et bénéficiant d'une autorisation de dédouaner pour eux-mêmes ou pour autrui continueront à pouvoir déclarer, pendant une période transitoire d'une année, après l'entrée en vigueur de la présente loi ».

Le code des douanes permet ainsi à certains titulaires d'autorisation de dédouaner de bénéficier d'un droit acquis définitif et en prive d'autres en leur accordant un délai d'usage d'un (1) an. Les raisons qui ont motivé l'abandon des autorisations exceptionnelles de dédouaner paraissent valables autant pour les pétroliers que pour les autres entreprises des autres secteurs. Alors pourquoi applique-t-on un tel traitement discriminatoire sans le justifier dans l'exposé des motifs de la loi ?

Par ailleurs, il convient de noter que l'Accord de Bali sur la facilitation des échanges des 3-6 décembre 2013 s'oriente vers la libéralisation du droit à dédouaner ses propres marchandises. Des dispositions y sont prévues pour abroger tout critère tendant « à permettre ou à créer une discrimination arbitraire ou injustifiable entre les opérateurs pour lesquels les mêmes conditions existent » (point 7.3 de l'annexe à l'accord).

Dans la Convention de Kyoto révisée, il est également prévu au chapitre 3 relatif aux formalités de dédouanement une norme 3-7 qui stipule que « toute personne ayant le droit de disposer des marchandises peut agir en qualité de déclarant ».

Il faudra s'attendre à ce que, dans les prochaines années, ces dispositions internationales qui accordent à tout importateur ou exportateur le droit de déclarer sa marchandise directement auprès des bureaux des douanes soient imposées au Sénégal.

2.1.2.3. Les formalités du commerce extérieur

Compte tenu de sa position stratégique aux portes d'entrée et de sortie du territoire, mais aussi de son efficacité, les États confient généralement le contrôle des formalités du commerce extérieur au service des douanes. Ce contrôle consiste à recevoir les documents exigés par les textes législatifs et réglementaires émanant des départements ministériels, à vérifier leur régularité et leur conformité par rapport aux opérations en cours et aux marchandises présentées.

Au Sénégal, ces documents sont délivrés par les services techniques des :

• ministère chargé du Commerce, pour la carte d'import-export, la déclaration d'importation de produits alimentaires ou d'instrument de mesure, le certificat de qualité (sel, tomate), etc. ;

• ministère chargé de la Santé, pour l'autorisation d'importation de produits pharmaceutiques et le visa des factures de produits cosmétiques ;

• ministère chargé de l'Élevage, pour le certificat sanitaire ou zoo-sanitaire ;

• ministère chargé de l'Agriculture, pour le certificat phytosanitaire et le procès-verbal d'inspection sanitaire ;

• ministère de l'Intérieur, pour l'autorisation d'importation d'armes ;

• Le ministère chargé des Eaux et Forêts, pour le permis de circulation des œuvres d'art en bois et des arbres ;

• Le ministère chargé de la Pêche maritime, pour le certificat de salubrité et d'origine des produits de la mer.

La liste des départements ministériels et des documents exigibles n'est pas exhaustive.

Ces documents sont obtenus aujourd'hui, pour la plupart, par un routage électronique mis en place dans le réseau informatique ORBUS.

À ces formalités du commerce extérieur, il convient d'ajouter les documents produits par l'importateur pour décrire les marchandises et désigner leur propriétaire ou détenteur. Il s'agit de la facture, du titre de transport, de la liste de colisage, du certificat d'origine et des documents techniques que les expéditeurs étrangers transmettent pour permettre à l'importateur de procéder au dédouanement des marchandises.

S'agissant de l'assurance de la marchandise qui dépend normalement et habituellement des conditions contractuelles retenues entre le fournisseur et le client, la loi 83-47 du 18 février 1983 et le décret d'application 83-1201 du 24 novembre 1983 ont rendu obligatoire la prise en charge des risques de transport par une compagnie établie au Sénégal et évidemment la présentation d'une attestation ou d'un certificat signé par ladite compagnie à l'occasion de toute importation ou exportation. L'attestation d'assurance est transmise à l'importateur, sur sa demande, par le canal du réseau ORBUS.

Enfin, ces formalités comprennent les documents institués depuis 1991 pour l'application du programme de vérification des importations du Sénégal. Il s'agit de la déclaration préalable d'importation (D.P.I.) et de l'attestation de vérification (A.V.) qui sont délivrées par la COTECNA, une entreprise française chargée depuis 2000 de contrôler à l'étranger les valeurs des marchandises expédiées. Ces documents sont également transmis à l'importateur par le canal du système ORBUS.

L'on s'interroge sur l'utilité de ce programme de vérification des importations qui coûte plusieurs milliards (source : budget du Sénégal), alors même que le Sénégal applique depuis 2000 la valeur transactionnelle résultant de l'accord de l'Organisation mondiale du Commerce. Cet accord pose des règles d'évaluation et interdit formellement aux administrations des douanes de fixer ou de modifier les valeurs des marchandises.

2.1.2.4. Les formalités de change

Comme pour les formalités du commerce extérieur, le service des douanes a été désigné par les autorités monétaires pour contrôler la domiciliation bancaire et le règlement financier des importations et exportations. À cet effet, conformément au règlement 9/CM/2010 du 1er octobre 2010 de l'UEMOA, deux documents sont exigibles lors de la mise à la consommation des marchandises importées. Il s'agit de l'attestation d'importation et de l'autorisation d'importation que délivrent les banques intermédiaires agréées ou la Direction de la monnaie et du crédit au cas il n'y a pas de paiement effectif. Ces documents sont en principe transmis aux importateurs par le canal du réseau ORBUS.

Ainsi présentées, les conditions de réalisation de la mise à la consommation paraissent complexes. Avec la dématérialisation des procédures du commerce extérieur, elles sont devenues faciles et réalisables dans un laps de temps relativement court.

En fait, deux systèmes d'information, ORBUS et GAÏNDE, fonctionnent en plein temps pour assurer le routage et les contrôles formels des documents et de la déclaration de mise à la consommation.

2.1.3. Les bénéficiaires du régime

Tout importateur ou tout détenteur peut mettre ses marchandises à la consommation. Ce droit résulte de l'obligation qui lui incombe de lever une déclaration « en détail » assignant aux marchandises un régime douanier de l'article 110 du nouveau code des douanes.

Étant donné que la mise à la consommation est reconnue à l'article 1 alinéa 21 comme un régime douanier, il convient d'admettre l'importateur ou le détenteur dans la catégorie des bénéficiaires dudit régime.

Toutefois, il ne lui est plus possible de signer et de déposer une déclaration de marchandises. Le nouveau code des douanes réserve la fonction de déclarant en douane aux seuls commissionnaires agréés en douane lorsque la valeur des marchandises est considérable (plus d'un million de francs CFA). Pour les marchandises de faible valeur, l'importateur ou le détenteur pourra déposer une déclaration verbale ou écrite au bureau des douanes.

Il importe de préciser que le recours obligatoire aux commissionnaires agréés en douane vise essentiellement « les personnes physiques ou morales dont les activités exercées à titre principal nécessitent des opérations d'importation ou d'exportation de marchandises » et qui, pour ce faire, doivent être titulaires d'une carte spéciale dite « carte d'import-export » et d'un identifiant unique (cf. articles 26 et 128 du code des douanes).

C'est dire que, conformément au code des douanes et au décret 87-646 du 15 mai 1987, cette carte d'import-export ou une autorisation ponctuelle du ministre chargé du Commerce constitue une condition nécessaire à la réalisation d'opérations d'importation ou d'exportation.

Dans la pratique, les services des douanes ne l'exigent pas. Considèrent-ils, comme l'indique le préambule de la loi 94-69 du 22 août 1994 fixant le régime d'exercice des activités économiques, que « l'obtention de la carte professionnelle n'est pas une condition préalable à l'exercice d'une profession » ?

2.1.4. Champ d'application

En l'absence de dispositions exclusivement réservées à la mise à la consommation, il convient de se reporter au champ d'application de l'importation.

Conformément à l'article 21 du code des douanes, relatif au principe général de la prohibition, toutes les marchandises peuvent être importées à l'exception de celles qui sont prohibées à titre absolu.

Pour bien comprendre les limites de ce champ d'application, il convient de définir la notion de « marchandise » et de présenter l'étendue des prohibitions.

Le terme « marchandise » est couramment utilisé dans les textes de douane mais très peu défini. Pour les formateurs en douane (voir divers cours de législation douanière), il s'agit d'un « objet ou produit susceptible d'être déplacé et d'être acheté ou vendu ».

L'on retiendra cette définition pour les besoins de la délimitation du champ d'application de la mise à la consommation. Ainsi, en dehors des biens immatériels et des biens immeubles, tous les biens susceptibles d'être présentés en douane peuvent être considérés comme des marchandises.

Pour les prohibitions, aucune distinction n'est opérée entre les marchandises échangées entre fournisseurs et clients et les bagages et effets personnels transportés par des voyageurs. L'intérêt d'une telle distinction réside ailleurs, dans le traitement douanier accordé à chaque cas.

Le champ d'application du régime de la mise à la consommation ne comprend pas les marchandises prohibées à l'importation à titre absolu au Sénégal. Ces prohibitions résultent des dispositions de la réglementation du commerce extérieur. Il s'agit de :

• du décret du 26 janvier 1926 portant interdiction absolue d'importation, d'exportation, d'entreposage et de dépôt des stupéfiants, des drogues et des produits hallucinogènes ;

• du décret du 26 mai 1937 relatif au diamant brut non clivé ni taillé ;

• du décret du 3 juillet 1942 relatif aux publications obscènes ;

• de la loi 64-52 du 10 juillet 1964 portant interdiction absolue d'importation, de fabrication, de détention, et de transport des explosifs et des engins meurtriers ou incendiaires ;

• de la loi 66-03 du 16 janvier 1966 relatifs aux armes et munitions ;

• du décret 2001-72 du 26 janvier 2001 modifié par le décret 2012-444 du 12 avril 2012 portant interdiction d'importation des véhicules d'occasion dont l'âge dépasse la limite fixée et des cycles et cyclomoteurs d'une cylindrée n'excédant pas 50 cm^3.

En pratique, avec le développement des activités industrielles, touristiques ou autres, les départements ministériels compétents autorisent l'importation de certains produits hallucinogènes, de certains explosifs et de certaines armes et munitions, qui, en vertu de ces textes sont prohibés à titre absolu.

L'administration sénégalaise utilise ainsi la technique de la prohibition relative et réduit fortement ces prohibitions absolues.

La technique de la prohibition relative est également employée pour protéger un secteur économique ou une catégorie sociale. Il en est ainsi de beaucoup d'autres produits qui sont encore soumis à autorisation préalable, malgré le mouvement de libéralisation déclenchée en 1994 avec le Programme d'Ajustement sectoriel pour la Compétitivité (PASCO), à la suite de la dévaluation du franc CFA. Il s'agit principalement :

• de l'argent et de l'alliage d'argent brut en lingots du 71.05.10 (décret 6961126 du 17 octobre 1969) ;

• de l'or et de l'alliage d'or brut en lingots du 71.05.01 (décret 6961126 du 17 octobre 1969) ;

• de la friperie du 63.01.90 (décret 78-200 du 08 mars 1978) ;

• des produits alimentaires ;

• du sel, de la tomate et du ciment (produits soumis à des normes de qualité) ;

• des produits pharmaceutiques et réactifs de laboratoires ;

• des animaux vivants, viandes et abats ;

• des produits végétaux, pesticides, fongicides et produits similaires ;

• des explosifs, des armes et des munitions.

Le nouveau code des douanes (article 21 à 24) et le code communautaire des douanes de l'UEMOA ont ajouté à cette liste des prohibitions relatives à la protection des marques, de la propriété intellectuelle et des indications d'origine. Des pouvoirs d'interprétation sont accordés aux agents des douanes pour distinguer les marchandises prohibées ou non, même si la loi n'est pas exhaustive. Est-ce à dire, par exemple, que le service des douanes pourra directement interdire « tous produits étrangers portant soit sur eux-mêmes (...) ou sur tous autres emballages, une marque de fabrique ou de commerce, un nom, un signe ou une indication quelconque de nature à faire croire qu'ils sont d'origine sénégalaise ou qu'ils ont été fabriqués au Sénégal » ? Qu'en est-il de « tous les produits étrangers qui ne satisfont pas aux obligations imposées en matière d'indication d'origine et d'appellation géographique » et « des marchandises présentées sous une marque contrefaite » ?

L'on s'interroge sur la compétence du service des douanes à prendre des dispositions relevant normalement du ministère chargé du Commerce, mais prévues dans le nouveau code des douanes aux articles 22 à 24.

2.1.5. Le traitement de la déclaration de mise à la consommation

Le traitement de la déclaration de mise à la consommation est soumis à un certain nombre de conditions avant que le service n'admette conforme l'opération.

2.1.5.1. Le bureau des douanes de dédouanement doit être compétent

En principe, le bureau des douanes d'entrée est seul habilité à recevoir et à traiter les déclarations de marchandises arrivées par ledit bureau.

Mais au Sénégal, pour des raisons pratiques ou de bonne gestion, le dédouanement de certaines marchandises est domicilié parfois sur décision du Directeur général des douanes, dans un bureau de douane différent du bureau frontière d'entrée. C'est le cas des colis et paquets postaux, des véhicules automobiles, de certains produits sensibles à la fraude et de toutes les marchandises dont la valeur dépasse certains montants fixés. C'est également le cas des déclarations de conteneurs rangés par le système d'analyse des risques dénommé « TAME » dans le circuit de contrôle « orange » qui sont systématiquement traitées par le nouveau bureau des douanes du scanner.

Ces contraintes limitent sensiblement les droits des importateurs à disposer de leur bien à l'endroit souhaité. L'on considère que si l'administration des douanes a ouvert un bureau ou une unité de douane aux lieux d'entrée et de sortie des marchandises, c'est uniquement pour accomplir les missions douanières et par conséquent exécuter toutes les tâches que requiert le passage des marchandises au cordon douanier. Les arguments relatifs à l'organisation de la douane et au niveau de compétence des agents des douanes ne peuvent plus être recevables à un moment où les technologies de l'information et de la communication ont réduit les distances.

2.1.5.2. La conformité de la déclaration aux propriétés de la marchandise

Traditionnellement, les bureaux de douane procédaient à un contrôle formel de recevabilité des déclarations de marchandises. Aujourd'hui, ce contrôle est assuré par le système informatique GAÏNDE.

Il ne reste plus que le contrôle documentaire et la vérification de la déclaration au niveau du bureau des douanes compétent. Pour les déclarations de mise à la consommation, le vérificateur peut procéder en cas de doute, à l'ouverture des colis aux fins d'identification et de reconnaissance des éléments déclarés. Ces contrôles portent généralement sur l'origine, l'espèce tarifaire, le poids et la valeur des marchandises.

Si les éléments déclarés sont conformes et si les droits sont payés, consignés ou garantis, le vérificateur autorise l'enlèvement.

Après cette opération, le déclarant peut éditer une copie de la déclaration appelée « bon à enlever » qui permet d'enlever les marchandises et de les transporter hors du cordon douanier.

2.1.5.3. L'accomplissement des formalités du trésor

Il s'agit du paiement éventuel des droits et taxes dont le service des douanes est chargé de contrôler l'effectivité. Les droits et taxes sont payés par l'importateur, l'exportateur ou leur mandataire au comptable du trésor assignataire. Les droits et taxes peuvent être liquidés pour le paiement immédiat ou différé, exonérés ou suspendus.

À cet effet, il est créé un code appelé « régime fiscal » à deux chiffres pour indiquer la fiscalité applicable sur la déclaration de marchandise. Les régimes fiscaux sont de trois ordres :

– le paiement des droits et taxes inscrits au tarif des douanes

– la suspension des droits et taxes : les cas de suspension sont rares. L'on peut citer la TVA suspendue pour les entreprises agréées au code des investissements, les droits et taxes dus par la SENELEC et les paiements partiels annuels des droits en cas d'admission temporaire spéciale.

– l'admission en franchise des droits et taxes : c'est le terme utilisé par la Convention de Kyoto, le code communautaire des douanes et le code des douanes en cas de non-paiement des droits et taxes. Au Sénégal, ce sont les termes « exonération » ou « exemption » des droits et taxes qui sont indistinctement employés dans les notes de service officielles. À l'origine, l'exemption est considérée comme une dispense légale de paiement des droits et taxes, tandis que l'exonération est définie comme une dispense de paiement accordée par décision de l'autorité douanière sur la base de l'article 260 du code des douanes et du décret 83-504 du 17 mai 1983.

Pour indiquer le régime fiscal applicable, le déclarant est invité à porter le code « régime fiscal » correspondant sur une case du segment des données spécifiques à la marchandise de la déclaration. Les codes suivants ont été créés :

-00, 01, 02, 03 pour le paiement des droits et taxes inscrit au tarif des douanes. Ils remplacent l'ancien visa « TN » (taxation normale) qui était porté sur les déclarations de mise à la consommation par les vérificateurs. Les codes 01, 02 et 03 sont respectivement utilisés en cas de mise à la consommation en suite d'entrepôt (C 3 01), d'admission temporaire (5 02 ATPA) et d'entrepôt industriel (C 3 03). Il convient de constater qu'en créant ces codes, les informaticiens ont ainsi tenu compte une deuxième fois du régime douanier et commis un double emploi.

-11, 12, 13 et 14 pour les franchises accordées aux dons et aides. Ainsi, le 11 est attribué aux dons et aides destinés à l'État, le 12 aux dons et aides destinés à la Croix rouge, le 14 aux dons et aides à caractère culturel ou social.

-21, 22, 23, 24 et le 25 pour les franchises conditionnelles ou exceptionnelles accordées. Ainsi, le 21 est attribué aux marchandises en franchise exceptionnelle (terme non défini), le 22 aux marchandises en franchise conditionnelle (terme non défini), le 23 pour les déménagements, le 24 pour les effets personnels usagés.

-31, 32 et 38 pour les régimes fiscaux applicables par suite d'agrément au code des investissements. Ainsi le 31 est attribué pour la franchise totale des droits et taxes en application du code des investissements, le 32 pour la franchise partielle des droits et taxes en application du code des investissements, le 33 pour le régime stabilisé des entreprises agréées avant la loi sur le code des investissements (par conséquent paiement des droits applicables à l'époque) et le 38 pour la suspension des droits et taxes par suite d'agrément au code des investissements. Le paiement des droits et taxes est différé dans ce cas, très souvent pour un délai de trois ans. À l'issue de ce délai, les droits et taxes sont payés ou exonérés.

-40 pour les franchises diplomatiques ;

-53 pour le paiement des droits en suite des entreprises franches ;

-80 pour le paiement des droits et taxes lors des avitaillements de moyens de transport en parcours intérieur ;

-90 pour les liquidations supplémentaires de droits et taxes.

Pour le régime de la mise à la consommation, ces codes correspondent effectivement à un régime fiscal et traduisent l'application ou non des droits et taxes.

Outre les indications relatives au code du régime fiscal, les vérificateurs des bureaux de douane procèdent au contrôle des paiements avant d'autoriser l'enlèvement des marchandises. En attendant que la plateforme CORUS soit opérationnelle, ces vérificateurs exigent une quittance ou une copie de la déclaration visée par le percepteur de Dakar Port.

2.1.6. Localisation des marchandises

Lorsqu'elles sont mises à la consommation, les marchandises sont laissées à la libre disposition du destinataire dès que les formalités de dédouanement sont accomplies. Elles sont généralement transportées dans les locaux de l'importateur ou de son mandataire. Elles peuvent également être conservées dans des locaux appartenant à des tiers avec lesquels le destinataire entretient des relations commerciales, contractuelles, familiales ou autres.

Elles peuvent surtout être librement déplacées partout dans le territoire douanier avec comme document justificatif la déclaration de mise à la consommation ou même une simple facture de l'importateur.

Toutefois, il est interdit de les placer dans des locaux agréés pour le stockage de marchandises sous surveillance douanière comme les entrepôts et les magasins et aires de dédouanement.

2.1.7. Contraintes douanières

Les marchandises placées sous le régime de la mise à la consommation ne sont soumises à aucune contrainte douanière. Aucune surveillance douanière formelle n'est exercée sur elles.

Toutefois des contrôles a posteriori et des contrôles d'identification et de reconnaissance peuvent être effectués en cas de doute.

Les contrôles a posteriori sont généralement effectués par le service des enquêtes douanières sur la base des déclarations déposées en douane et des documents joints.

En revanche, la reconnaissance et l'identification des marchandises mises à la consommation constituent des opérations douanières systématiquement réalisées lors de leur enlèvement, par les agents des brigades commerciales des douanes du Port de Dakar. La plupart des marchandises conteneurisées sont escortées à leur sortie du port et déchargées en présence d'un agent des douanes.

Il s'agit d'une mesure visant à rapprocher les éléments déclarés de la marchandise effectivement reçue par l'importateur. Dans la situation actuelle où, selon les statistiques douanières, le contrôle exercé par les bureaux des douanes du port de Dakar ne dépasse guère le tiers des marchandises conteneurisées déclarées, ces opérations deviennent salutaires pour les autorités douanières.

Par ailleurs, il importe de rappeler que ces opérations font partie des contrôles à l'enlèvement.

Toutefois, il convient de souligner l'image particulièrement négative que perçoivent les commerçants et les citoyens de l'escorte et du dépotage des containers dans les centres urbains. Les agents des douanes détiennent en réalité tous les pouvoirs face aux importateurs, qu'il y ait infraction ou pas.

Face au transporteur qui doit retourner le conteneur dans un délai fixé d'avance et l'agent des douanes qui exerce son contrôle selon son propre calendrier et ses exigences, les importateurs se soumettent et acceptent toute sorte de compromis pour disposer de leurs marchandises.

Il s'agit là d'un problème très sérieux que la Direction générale des douanes n'est pas arrivée à résoudre depuis déjà plus de 30 ans.

S'agissant des contrôles de routine exécutés à l'occasion des barrages sur route ou des opérations de circulation de douane, il convient de les considérer comme exceptionnels. Ils ne constituent pas une entrave à la liberté des détenteurs de marchandises qui présentent la déclaration et les factures de revente à toute réquisition des agents des douanes.

2.2. La réimportation : un cas de mise à la consommation

À la lecture du chapitre 2 de l'annexe B de la Convention de Kyoto révisée, la réimportation est considérée comme un régime douanier. Elle y est définie comme « le régime douanier qui permet de mettre à la consommation, en franchise des droits et taxes à l'importation, des marchandises qui ont été exportées, à condition qu'elles n'aient subi à l'étranger aucune transformation, ouvraison ou réparation et à condition que toutes les sommes exigibles en raison d'un remboursement, d'une remise ou d'une suspension des droits et taxes ou de toute subvention ou autre montant accordé à l'occasion de l'exportation, soient acquittées ».

La qualification de régime douanier de la réimportation résulte des éléments ou opérations spécifiques suivants :

- les marchandises proviennent du marché national, qu'elles aient été originaires ou nationalisées par le paiement des droits et taxes ;
- les marchandises ont été exportées avec ou sans réserve de retour ;
- les marchandises peuvent avoir été utilisées, endommagées ou même détériorées à leur retour ;
- les marchandises peuvent avoir été placées sous régime douanier à l'étranger ;

• les marchandises doivent être retournées dans les délais prévus par la législation interne par les bureaux où elles ont été déclarées à la sortie ;

• les droits et taxes ne sont pas dus.

Dans le code des douanes de l'Union européenne (refonte de 2012), la réimportation est considérée comme un cas de mise en libre pratique où une exonération est accordée. Mais, elle a pris une autre dénomination, « les marchandises en retour », à l'article 174 de ce code.

Dans le code des douanes du Sénégal et des autres pays francophones d'Afrique, ce régime douanier n'est pas prévu. C'est plutôt une opération privilégiée dénommée « marchandises en retour » pour laquelle une franchise des droits et taxes est accordée par l'article 260 alinéa 1 du code des douanes. Par contre, la réimportation y est considérée comme une opération nécessaire à l'application du régime de l'exportation temporaire. Elle ne présente, du reste, aucune différence par rapport à l'exportation temporaire.

À l'analyse, il apparaît que la réimportation constitue le cadre juridique d'une opération commerciale identique à l'utilisation normale et définitive des marchandises. Elle doit par conséquent être classée, au regard des critères de définition des régimes douaniers, dans la catégorie des mises à la consommation.

Les éléments spécifiques dégagés par la Convention de Kyoto ne constituent pas des critères de définition d'un régime douanier. Ils permettent certes d'identifier l'opération de réimportation par rapport à d'autres opérations comme l'utilisation de marchandises étrangères provenant directement de l'étranger ou l'utilisation de marchandises provenant d'un régime économique douanier.

Par contre, les critères de définition que sont le besoin de l'importateur, la destination de la marchandise, la reconnaissance de l'opération par les autorités douanières dans la catégorie des régimes douaniers sont identiques à ceux du régime douanier de la mise à la consommation examiné plus haut.

Par conséquent, pour tenir compte de l'identité de ces critères de définition des régimes douaniers, de l'identité de l'opération commerciale traitée par rapport à celle prévue dans le régime douanier de l'exportation temporaire et de la rareté des cas de réimportation de marchandises, il convient d'éviter le double emploi et de s'abstenir de considérer une telle opération comme un régime douanier.

La position affichée par les autorités douanières dans le code des douanes apparaît ainsi comme une bonne solution au plan juridique et pratique au problème des marchandises en retour au Sénégal.

2.3. L'EXPORTATION EN SIMPLE SORTIE : LE RÉGIME DOUANIER DE RÉFÉRENCE DE L'EXPÉDITION DE MARCHANDISES À L'ÉTRANGER

Tout comme la mise à la consommation, l'exportation en simple sortie est le régime douanier le plus utilisé dans le monde et le moins bien traité dans les ouvrages, codes des douanes et cours de législation. Au Sénégal, elle occupe le 2ème rang dans la série des opérations traitées par le service des douanes.

Mais, elle n'est pas traitée comme un régime douanier.

Dans le code des douanes (titre 3, chapitre 2, article 92,) et dans le code communautaire de l'UEMOA (article 60), outre la définition qui a été retenue à l'article 1, elle est simplement évoquée dans la rubrique relative à la conduite en douane des marchandises à l'étranger.

C'est avec la Convention de Kyoto révisée (annexe C, chapitre 1) et le code des douanes de l'Union européenne (articles 161 et 162 de l'ancien code) que l'exportation à titre définitif a été reconnue pour la première fois comme un régime douanier.

Mais, malgré tout l'intérêt que portent les États à la promotion de l'exportation, cette convention ne consacre que très peu d'articles au texte, donc très peu d'obligations, tant les pays signataires ont voulu libéraliser les expéditions de marchandises à l'étranger et, par ce biais, accélérer le processus de mondialisation recherché par l'OMC et l'OMD.

Dans le code communautaire de l'UEMOA du 20 novembre 2001, l'exportation a été classée à l'article 1 alinéa 15-b sur la liste des régimes douaniers reconnus.

Dans le code de l'Union européenne refondu en 2006, les opérations d'exportation et de réexportation ont été rangées dans le titre 8 désormais dénommé « sortie des marchandises du territoire de l'Union ». Les articles 228 à 242 les considèrent et les traitent comme un seul et même régime douanier. La seule différence portant sur l'origine des marchandises n'a probablement pas suffi pour en faire deux régimes douaniers distincts.

Dans le nouveau code des douanes, le régime de l'exportation est tout juste cité à l'article 1 alinéa 21-b.

Au Sénégal, les contours du régime douanier de l'exportation se présentent comme suit :

2.3.1. Définition

L'exportation a été définie à l'article 1 alinéa 13 du nouveau code des douanes comme « l'expédition à partir du territoire douanier, à destination de l'étranger, de marchandises nationales ou nationalisées par le paiement des droits et taxes ou par l'exonération ». Le législateur Sénégalais a omis de préciser qu'il s'agit d'un régime douanier conformément à l'article 1 alinéa 21-b du même code.

Au chapitre 1 de l'annexe C de la Convention de Kyoto, l'exportation à titre définitif est considérée comme « le régime douanier applicable aux marchandises en libre circulation qui quittent le territoire douanier et qui sont destinées à demeurer définitivement en dehors de celui-ci ». Ici, le champ d'application du régime douanier a été réduit puisque les marchandises en exportation temporaire et les marchandises en retour ont été exclues. Évidemment l'exportation en simple sortie telle qu'indiquée par le code des douanes est différente de l'exportation à titre définitif.

Ces définitions paraissent incomplètes, car elles décrivent l'opération de manière insuffisante.

Pour ces raisons, il a été proposé de considérer l'exportation comme le cadre juridique dans lequel sont placées les marchandises en libre circulation expédiées hors du territoire douanier.

Sous ce rapport, le régime douanier de l'exportation regroupe plusieurs types d'opérations dans lesquelles les marchandises sont expédiées à l'étranger. L'on citera l'exportation temporaire, l'exportation préalable et le drawback. C'est pour cette raison que dans le tableau dressé à la page 42, elle est considérée comme un régime douanier de référence auquel sont dérivés d'autres régimes douaniers et des cas particuliers. Ces opérations seront traitées séparément dans les chapitres suivants.

2.3.2. Les conditions de réalisation de l'exportation

L'exportation est un régime douanier dont l'usage est libre. Néanmoins, l'exportateur est tenu d'accomplir certaines formalités rendues nécessaires pour l'établissement de statistiques douanières, le contrôle des changes et le respect de la réglementation du commerce extérieur. En pratique, ces formalités se réduisent à la présentation de la déclaration de marchandises et des documents obligatoires avant de procéder à l'opération d'expédition.

2.3.2.1. Le bénéficiaire

Conformément à la liberté d'entreprendre, les personnes qui expédient leurs marchandises à l'étranger ne sont soumises ni à l'agrément, ni à l'autorisation préalable des autorités douanières. Toutefois, comme indiqué dans le cas du régime de la mise à la consommation, l'exportateur de marchandises doit détenir une carte d'importateur-exportateur ou être autorisé expressément par le ministre chargé du Commerce.

S'il exerce une profession non commerciale, il est également assujetti à la formalité de l'inscription au registre du commerce et à l'obtention d'une carte professionnelle. Tel est le sens de l'article 128 du code des douanes.

C'est le cas pour les exportateurs de produits miniers, de produits de la pêche. Pour cette catégorie d'exportateurs, il y a lieu de s'interroger sur la pertinence de l'obligation de présenter une carte d'import-export.

S'agissant des particuliers qui transportent des bagages (accompagnés ou non) et des marchandises de faible valeur, les administrations de douanes accordent généralement des tolérances aux expéditeurs au point de ne rien leur exiger au moment où ils déclarent leurs exportations.

2.3.2.2. Les formalités du commerce extérieur

Comme pour la mise à la consommation, les exportations sont assujetties aux formalités du commerce extérieur.

Au titre de ces formalités, il importe de citer en premier lieu la production d'une facture et du titre de transport qui matérialise la volonté d'expédier les marchandises à l'étranger.

S'agissant des formalités qui résultent de l'application des politiques sectorielles définies par les départements ministériels, elles consistent en des normes et obligations dont le respect est matérialisé par des attestations et certificats que délivrent les autorités suivantes :

- le ministère chargé du Commerce, pour la carte d'import-export, le certificat de qualité (sel, tomate, ciment), etc. ;

• le ministère chargé de l'Élevage, pour le certificat sanitaire ou zoo-sanitaire ;

• le ministère chargé de l'Agriculture, pour le certificat phytosanitaire ;

• le ministère chargé des Eaux et Forêts, pour les permis de circulation pour les œuvres d'art en bois et les arbres ;

• le ministère chargé de la Pêche maritime, pour le certificat de salubrité et d'origine produits de la mer ;

• l'Agence sénégalaise de Promotion des Exportations (ASEPEX) pour le certificat d'origine ;

• les compagnies d'assurances sénégalaises pour le certificat d'assurance.

La liste des départements ministériels ou institutions et des documents exigibles n'est pas exhaustive.

Ces documents sont obtenus aujourd'hui par un routage électronique mis en place avec le système ORBUS.

2.3.2.3. Les formalités de change

Elles résultent du règlement 9/CM/UEMOA du 1er octobre 2010 qui sert de base juridique aux obligations de domiciliation bancaire et de rapatriement bancaire en cas d'exportation de marchandises. Deux documents bancaires sont généralement demandés par le bureau des douanes.

- l'attestation d'exportation pour la domiciliation bancaire ;
- l'attestation d'engagement de change qui indique que la banque signataire s'engage à recevoir la contrepartie financière de la transaction commerciale des marchandises.

Mais, lorsque les transactions se font sans règlement financier, des documents similaires sont délivrés par la Direction de la monnaie et du crédit.

Ces documents sont également obtenus aujourd'hui par un routage électronique mis en place avec le système ORBUS.

2.3.2.4. Le déclarant en douane

Comme indiqué plus haut pour la mise à la consommation, les opérations d'expédition de marchandises devront désormais être déclarées par un commissionnaire agréé en douane, sauf pour les bénéficiaires d'autorisation exceptionnelle de dédouaner dans les cas prévus par l'article 122 du code des douanes.

2.3.2.5. La déclaration d'exportation des marchandises

La déclaration d'exportation de marchandises est obligatoire pour l'expéditeur avant toute expédition de colis.

Comme indiqué plus haut pour le régime de la mise à la consommation, toutes les déclarations de marchandises sont standardisées et se présentent sous les mêmes formes. Ainsi la déclaration d'exportation de marchandises ressemble à toutes les autres déclarations d'entrée dans les régimes douaniers.

La différence réside notamment dans le code régime douanier déclaré. Les codes en vigueur pour l'exportation sont les suivants :

- E 1 pour les exportations de marchandises
- E 2 pour les exportations de produits pétroliers
- E 8 pour les exportations avec réserves de retour
- E 9 pour les exportations de marchandises originaires fabriquées par les entreprises franches.

Dans la pratique, les services des douanes acceptent aussi des déclarations simplifiées ou provisoires d'exportation de marchandises. C'est le cas des autorisations provisoires d'embarquer (APE) utilisées dans les bureaux des douanes du Port de Dakar.

Il nous paraît important de faire observer qu'aucune obligation de déclarer le chargement à l'exportation n'est imposée au transporteur dans les codes des douanes et dans la Convention de Kyoto révisée.

2.3.2.6. Les formalités du Trésor Public

Le code communautaire des douanes de l'UEMOA n'a pas prévu de droits de douane à l'exportation. De ce fait, il rend inopérantes les dispositions de l'article 5 du code des douanes qui accordent la faculté de soumettre certains produits à des droits fiscaux à l'exportation.

Le code général des impôts a prévu des exonérations pour les taxes intérieures et les taxes spécifiques (articles 361 alinéa n et 410) pour les marchandises exportées.

Seuls le prélèvement au profit du Fond pastoral et la contribution spéciale sur les produits des mines et carrières qui revêtent un aspect de cotisation professionnelle pour les secteurs considérés, sont liquidés à l'exportation.

Le prélèvement au profit du fond pastoral est de :

- 1000 f la tonne nette d'aliments de bétail usinés et de mélasses ;
- 100 f la tonne nette de tourteaux d'arachide et de coton ;
- 200 f la tonne nette de farine de poisson ;
- 2000 f la tonne de cuir, peaux phanères et produits issus d'animaux domestiques ;
- 10 000 f par tête de bovins sur pied.

La contribution spéciale sur les produits des mines et carrières est liquidée au taux de 3 % sauf pour l'or qui a été réduit à 2 % à partir de 2016.

Par conséquent le contrôle douanier des formalités du trésor se fait très rarement. Il se limite à l'examen des quittances de paiement de ce prélèvement pour ces produits.

Quant au régime fiscal de ces exportations, il devait figurer sur la déclaration sous la forme d'un code à deux (2) chiffres. Mais leur signification est totalement différente par rapport à l'applicabilité des prélèvements. Ainsi :

- Le 00 signifie « sans restitution de TVA » pour les E1 et E2 ;
- Le 01 signifie « avec restitution de TVA » pour les E1 et E2 ;
- Le 80 signifie « avitaillement sans restitution de TVA » pour les E1 et E2 ;
- Le 81 signifie « avitaillement avec restitution de TVA » pour les E1 et E2 ;
- Le 30 signifie « exportation en simple sortie de marchandises originaires » pour le E9 ;

Le code régime fiscal utilisé à l'exportation n'a pas la même signification que dans les cas de mise à la consommation. Il y a par conséquent une incohérence dans l'attribution des codes « régime fiscal ».

Sauf si la Direction des systèmes informatiques douaniers a fait du cas par cas, cette incohérence apparente pourrait être justifiée par la rationalité interne des procédures informatiques et la différence entre les logiciels de gestion de la mise à la consommation et ceux des autres régimes douaniers. Dans ce cas, une rationalité externe des deux logiciels devrait être assurée.

2.3.3. Le champ d'application

Toutes les marchandises peuvent être exportées à l'exclusion de celles qui sont prohibées à titre absolu par la législation du commerce extérieur ci-dessous. Il s'agit :

- du décret du 26 janvier 1926 portant interdiction absolue d'importation, d'exportation, d'entreposage et de dépôt des stupéfiants, des drogues et des produits hallucinogènes ;
- du décret du 26 mai 1937 relatif au diamant brut non clivé ni taillé ;
- du décret du 3 juillet 1942 relatif aux publications obscènes (en application de la Convention internationale du 12 septembre 1923) ;
- de la loi 66-03 du 16 janvier 1966 relatifs aux armes et munitions.

S'agissant des marchandises soumises auparavant à autorisation préalable, les décrets 94-668 du 30 juin 1994 et 94-1170 du 31 octobre 1994 ont consacré la libéralisation de leur exportation à la suite de la dévaluation du franc CFA et dans le cadre du Programme d'Ajustement structurel pour la Compétitivité (PASCO).

Toutefois, en application du décret 88-956 du 12 juillet 1988 et pour protéger des filières sensibles, l'exportation de certaines marchandises reste soumise à autorisation préalable, malgré les dispositions prises pour la libéralisation du commerce extérieur en 1994. Il s'agit :

- de l'arachide destinée à l'ensemencement du 12.01.10 ;
- de l'arachide d'huilerie non grillée en coque ou décortiquée, des positions tarifaires 12.01.21 et 12.01.31 ;
- de l'arachide des 12.01.29 et 12.01.39 ;
- du sucre de canne ou de betterave à l'état solide ;
- des métaux précieux du chapitre 71.

2.3.4. Le traitement de la déclaration d'exportation

Le traitement des déclarations de marchandises est en principe identique d'un régime douanier à un autre et d'un bureau des douanes à un autre. Il porte sur les éléments essentiels de la marchandise, sur la capacité du déclarant et de l'expéditeur à réaliser une opération d'exportation.

Toutefois, pour tenir compte de l'intérêt que portent les autorités douanières à l'exportation, des facilités sont généralement accordées par arrêtés ou notes de service :

- des bureaux de domiciliation des exportations ont été choisis, indépendamment des lieux de sortie des marchandises (Dakar-Pétrole, Dakar-Yoff, Dakar Port, etc.) ;
- des autorisations automatiques d'expédition vers l'étranger sont délivrées par les bureaux de douane dès l'enregistrement des déclarations d'exportation ;
- des guichets spécialisés sont ouverts à l'intérieur de ces bureaux des douanes pour l'exportation ;
- des déclarations provisoires sont acceptées.

À l'issue des contrôles, il est délivré une autorisation dénommée « bon à expédier » pour attester la conformité de la déclaration par rapport aux exigences douanières.

2.3.5. Localisation des marchandises

Les marchandises déclarées sous le régime de l'exportation doivent être immédiatement expédiées à l'étranger conformément à l'article 92 du code des douanes. Elles sont par conséquent placées sur des moyens de transport.

Toutefois, en attendant qu'elles soient expédiées, pour des raisons tenant à la disponibilité de ces moyens de transport et de place sur les quais, tarmacs et gares, ces marchandises peuvent être provisoirement conservées dans des magasins et aires d'exportation, dénommés « dépôt temporaire » dans la Convention de Kyoto révisée.

Le délai de séjour en magasins et aires d'exportation est fixé par l'article 72 alinéa 4 et 5 du code communautaire des douanes de l'UEMOA à 30 jours maximum avec une possibilité de prorogation de 60 jours, lorsque les circonstances l'exigent.

2.3.6. Les contraintes douanières

L'exportation est définie comme un régime douanier définitif dans lequel la marchandise est laissée à la libre disposition du transporteur. Par conséquent, aucune contrainte n'est exercée sur la marchandise qui, du reste, a quitté le territoire douanier en dehors duquel les agents des douanes sont incompétents.

Les seules possibilités offertes relèvent des contrôles à l'embarquement et à la sortie du territoire et des contrôles à postériori.

Les contrôles à l'embarquement sont exercés en principe par les agents des brigades commerciales des douanes. Ils portent sur les colis et containers. Ils consistent à vérifier l'exactitude des informations portées sur les déclarations par rapport aux marques et numéros des moyens de transport, colis et containers. Il n'est pas permis à ces agents de procéder à des ouvertures de colis ou de containers. En revanche, lorsqu'il y a un doute sérieux, le chef de brigade pourra autoriser l'ouverture de ces colis et containers après avis de l'autorité douanière compétente.

Les contrôles à la sortie du territoire sont exercés par les agents des postes de douanes situés à la frontière terrestre. Ils sont identiques aux contrôles à l'embarquement.

Les contrôles a posteriori sont exercés sur les documents déposés en douane par les expéditeurs ou déclarants en douane ou sur les pièces fournies par les administrations des douanes des pays de destination.

De tels contrôles ne constituent pas une contrainte pour des opérateurs économiques normaux. Leur objectif consiste à rassurer l'autorité douanière sur l'effectivité et la régularité de l'opération d'exportation ou sur le rapatriement de la contrepartie financière.

2.4. L'EXPORTATION PRÉALABLE : UN CAS DE FRANCHISE DES DROITS ET TAXES

L'exportation préalable est classée dans la catégorie des régimes douaniers par l'article 1 alinéa 21-i du code des douanes et définie comme le régime du « réapprovisionnement en franchise » aux articles 233 et 234 dudit code.

Cette nouvelle appellation qui ressort d'un langage non douanier est apparue pour la première fois aux articles 151 et 152 du code communautaire des douanes de l'UEMOA.

Mais à l'analyse, il apparaît que ce prétendu régime douanier regroupe plusieurs opérations :

- l'achat de marchandises étrangères régulièrement importées et mises à la consommation sur le marché national ;
- l'incorporation de ces marchandises dans des produits fabriqués au Sénégal ;

• l'exportation de ces produits à l'étranger ;

• l'importation et la mise à la consommation de marchandises étrangères identiques à celles incorporées dans les produits exportés.

Chacune de ces opérations fait l'objet d'une déclaration de marchandises dans un régime douanier approprié. Ainsi les régimes douaniers de la mise à la consommation, de l'admission temporaire pour perfectionnement actif (ou un autre régime de transformation de marchandises), de l'exportation et de la mise à la consommation ont été successivement utilisés pour des marchandises étrangères identiques. C'est dire que le régime de l'exportation préalable est une succession de divers régimes douaniers.

Par ailleurs, l'objectif recherché par le bénéficiaire de ce régime consiste exclusivement à s'affranchir du paiement des droits et taxes sur des produits étrangers importés de même espèce que ceux prélevés sur le marché national et incorporés dans des marchandises préalablement exportées. Cet objectif est très éloigné du cadre juridique dans lequel la marchandise peut être placée. Le paiement des droits et taxes ne constitue pas un critère de définition des régimes douaniers.

Aucune des situations exposées dans le tableau de correspondance entre les opérations commerciales et les régimes douaniers (page 42) ne répond à ce cas d'exportation préalable. Par conséquent, les marchandises doivent être placées sous les régimes douaniers correspondant aux opérations commerciales qui sont normalement déclarées.

Et la législation douanière s'accommoderait difficilement d'un double emploi, plus exactement de deux régimes douaniers pour une même opération commerciale.

À la lecture des textes accordant le bénéfice du régime de l'exportation préalable, il ressort que seules les conditions et la procédure d'octroi de la franchise des droits et taxes sur ces marchandises importées ont été prévues. Il apparaît une claire volonté des autorités douanières de réduire les coûts de production des entreprises industrielles qui n'utilisent pas directement les régimes douaniers provisoires.

Dans la pratique, un seul cas d'exportation préalable a été noté avec les arrêtés d'agrément n° 10941/MEF du 29 novembre 1995 et 3065/MEF du 28 avril 1995 signés en faveur des Grands Moulins de

Dakar, en l'absence de règlement d'application des articles 175 et 176 du code des douanes de 1987.

En fait, cette entreprise sollicite la franchise des droits et taxes à chaque fois qu'elle importe des produits identiques (ou exceptionnellement de même espèce) à celles qu'elle avait achetées sur le marché et incorporées à des marchandises exportées. Conformément à la décision du Directeur général des douanes n° 4850 du 29 décembre 1989, une demande d'exonération doit être déposée auprès de l'autorité douanière et satisfaite par le ministre de l'Économie et des Finances.

En définitive, il s'agit d'un simple cas de franchise des droits et taxes qu'il convenait de prévoir dans le titre 8 du code des douanes réservé aux admissions en franchise des droits et taxes.

La définition donnée à l'exportation préalable dans les codes des douanes « régime qui accorde l'importation en franchise totale ou partielle de droits et taxes aux produits de même espèce que ceux pris sur le marché intérieur, qui ont été utilisés à la fabrication des marchandises préalablement exportées à titre définitif » précise davantage qu'il s'agit d'un cas pratique qu'il convient de régler avec les textes en vigueur.

Autrement dit, l'appellation « régime douanier » ou la reconnaissance d'une opération dans un texte officiel de douanes ne suffit pas pour qu'un régime douanier soit admis comme tel.

Sur ce point, il importe de faire observer que l'exportation préalable n'est pas prévue par la Convention de Kyoto révisée, laquelle sert de référence pour les régimes douaniers.

Elle n'est pas non plus prévue dans les codes des douanes du Maroc, du Cameroun et de la Tunisie, des pays dans lesquels le dynamisme des services de douane est mondialement reconnu.

2.5. LE DRAWBACK : UN CAS DE REMBOURSEMENT DES DROITS ET TAXES

Tout comme l'exportation préalable, le drawback est une succession d'opérations commerciales à la suite de laquelle, le bénéficiaire sollicite le remboursement des droits et taxes payés sur des produits importés et incorporés dans des marchandises exportées.

Il combine l'importation et la mise à la consommation de matières premières ou de produits semi-finis, la transformation (ou mise en œuvre) et l'exportation à titre définitif des marchandises fabriquées.

Trois opérations commerciales sont ainsi regroupées dans ce prétendu régime douanier.

Pour bénéficier du remboursement partiel ou total des droits et taxes payés sur les produits mis en œuvre, l'arrêté 13719 du 14 juillet 2015 pris en application des articles 235 à 238 du code des douanes et abrogeant les dispositions de l'arrêté interministériel 4077/MEF/MDIA du 28 décembre 1987 fixe les conditions suivantes :

❖ Le champ d'application : ce sont les matières premières et produits finis ayant servi à la fabrication des marchandises exportées, destinées à l'exportation, consommées en mer ou cédées à des personnes bénéficiant d'exonérations ou d'exemptions douanières (article 2 de l'arrêté précité). Outre les destinations des marchandises sus-indiquées, qui ne peuvent pas être connues au moment du dépôt du dossier et les exclusions qui ont été prises en compte au moment de la mise à la consommation de ces matières premières et produits semi-finis, ce champ d'application est identique à celui des régimes de transformation.

❖ L'agrément : il est accordé aux personnes qui disposent des installations et de l'outillage nécessaires à l'ouvraison ou à la transformation des marchandises importées et réalisent des exportations ou des ventes à des bénéficiaires d'exonérations. De telles conditions d'agrément ne diffèrent en rien de celles exigées pour les régimes ouverts les activités industrielles, les régimes de transformation.

❖ Les conditions d'octroi du régime : elles sont également identiques à celles prévues pour les régimes de transformation puisque les documents et renseignements à fournir sont les mêmes, l'enquête préalable est effectuée et le rapport d'expertise peut être demandé par le service des douanes. La seule différence notée sur ces conditions est relative à l'avis du ministre chargé de l'Industrie avant que le ministre chargé des Finances n'accorde le régime du drawback.

❖ La procédure de remboursement : le bénéficiaire du régime transmet au Directeur général des douanes, dans un délai de trois (3) ans, un dossier comprenant une demande et des pièces justificatives de l'importation des intrants, de leur mise en œuvre et de l'exportation des produits compensateurs ou de leur cession à des personnes bénéficiant d'exonérations légales. Si le dossier est recevable, un titre de remboursement est établi par le Directeur général des douanes et transmis au ministre chargé des Finances pour approbation et remis au bénéficiaire pour paiement par le Trésor.

Le drawback devrait par conséquent être considéré comme un cas de remboursement des droits et taxes qu'il convenait de prévoir dans le chapitre du code des douanes réservé aux liquidations, annulations et remboursements.

Contrairement à l'arrêté 13719 du 14 juillet 2015, l'article 141 du code des douanes a indiqué les cas possibles de remboursements des droits et taxes. Il s'agit :

- du renvoi au fournisseur des marchandises défectueuses, altérées ou non conformes ;
- de la destruction sur place des marchandises défectueuses, altérées ou non conformes ; sur ordre du fournisseur et sur autorisation de l'Administration,
- de l'erreur de liquidation de l'administration ;
- et des marchandises déclarées par anticipation et non parvenues.

Le drawback n'est pas prévu parmi les cas possibles de remboursement des droits et taxes.

Il convient par conséquent de mettre en cohérence toutes ces dispositions relatives aux cas de drawback.

Par ailleurs, la situation juridique des marchandises ne présente aucune particularité qui puisse justifier la création ou l'utilisation d'un régime douanier différent de la mise à la consommation, du perfectionnement actif et de l'exportation.

Certes le drawback est reconnu dans la plupart des législations douanières comme un régime douanier. Il en est ainsi dans les articles 153 à 155 du code communautaire des douanes de l'UEMOA, 235 à 238 du code des douanes du Sénégal, 249 à 259 du code des douanes du Cameroun et 159 à163 du code des douanes du Maroc.

La Convention de Tokyo révisée a également consacré le chapitre 3 de l'annexe F au drawback.

Mais aucun de ces textes ne présente une particularité dans la prise en charge et la gestion douanières des marchandises admises au bénéfice du « régime douanier ».

La seule préoccupation consiste à rembourser des droits et taxes à un industriel qui ne bénéficie pas des avantages des régimes de transformation.

Au Sénégal, un seul cas de drawback a été retrouvé au cours des recherches. Il s'agit de celui de la SAEC pour laquelle la décision n° 1791MEF/MDB du 10 février 2000 a été prise par le ministre délégué chargé du Budget.

Pour cela, il convient de revoir ce dispositif.

Le drawback apparaît à l'analyse comme un recours pour les entreprises qui n'ont pas été agréées aux autres régimes douaniers de transformation. Il devrait permettre tout juste le remboursement des droits payés sur des mises à la consommation déjà déclarées.

Dans ces conditions, n'est-il pas plus rationnel d'unifier les régimes de transformation industrielle et de prendre en charge les particularités des entreprises potentiellement bénéficiaires du drawback ?

2.6. La réexportation : un régime douanier dérivé de l'exportation

La réexportation est une opération consistant à expédier à l'étranger des marchandises étrangères importées. Elle est généralement menée par les entreprises industrielles, les concessionnaires de grandes marques de produits et les représentants commerciaux qui disposent d'un marché hors du territoire douanier où ils sont installés.

Au Sénégal, pour des raisons historiques liées aux infrastructures portuaires et aéroportuaires et à la place centrale de Dakar dans le commerce ouest-africain, les entreprises industrielles et commerciales ont joué un rôle de distributeur de marchandises dans la sous-région. À cet effet, les douanes sénégalaises ont prévu des dispositions particulières pour encadrer cette activité.

Pourtant cette opération commerciale n'est pas considérée comme un régime douanier. Elle ne figure comme tel ni dans le code des douanes du Sénégal, ni dans la Convention de Kyoto révisée, ni dans les codes des douanes du Maroc et du Cameroun.

Dans le code des douanes de l'Union européenne refondu, la réexportation est classée dans un même régime douanier que l'exportation sous la rubrique « sortie de marchandises du territoire de l'Union ». Le traitement douanier des deux opérations y est pratiquement le même à la lecture des articles 234 et 235 dudit code.

Par contre, le code communautaire des douanes de l'UEMOA est le seul texte qui prévoit (à l'article 1 alinéa 15-j) le régime douanier de la réexportation. Toutefois aucune autre disposition n'y a été ajoutée pour en définir la particularité.

Au Sénégal, il s'agit d'une opération qui, en pratique, présente tous les aspects d'un régime douanier et satisfait aux critères de définition dégagés plus haut. C'est pourquoi, le nouveau code des douanes a repris intégralement, à l'article 1 alinéa 20, les dispositions prévues dans le code des douanes de l'UEMOA.

2.6.1. Définition

Aucun acte n'a été pris pour déterminer les conditions d'application de la réexportation prévue à l'article 1 alinéa 21-L du code des douanes. Et évidemment, aucune n'a définition n'a été donnée.

Mais puisqu'elle est régulièrement prévue et fréquemment utilisée, il y a lieu de la définir sur la base des traits caractéristiques de l'opération commerciale qu'elle est censée prendre en charge.

La réexportation serait alors le cadre juridique douanier réservé aux marchandises étrangères cédées et expédiées définitivement à l'étranger. Il s'agit donc d'un régime douanier définitif puisque les marchandises sont laissées à la libre disposition d'un destinataire domicilié à l'étranger via le transporteur et ou le tiers détenteur.

Mais aussi, elle est considérée comme un régime douanier dérivé du régime de l'exportation puisque l'opération commerciale de cession et d'expédition de marchandises est la même. La seule différence notable par rapport au régime douanier de l'exportation réside dans l'extranéité de la marchandise expédiée.

Pour les douanes, l'origine constitue un élément essentiel dans la description des marchandises. Elle justifie toutes les contraintes de surveillance douanière. Aussi, faudrait-il considérer la réexportation, contrairement au code de l'Union européenne, comme un régime douanier distinct de l'exportation.

2.6.2. Les conditions de réalisation de la réexportation

La réexportation est un régime douanier dont l'usage est libre. Ainsi, comme pour l'exportation, les conditions de réalisation sont pratiquement identiques. Il s'agit de certaines formalités résultant du besoin de statistiques douanières, de la réglementation des changes et du commerce extérieur.

2.6.2.1. Le bénéficiaire

Le régime de la réexportation est ouvert à tout opérateur économique qui envisage d'expédier une marchandise étrangère à l'étranger. Mais il importe de préciser que l'expéditeur doit être, sauf exception, le même que celui qui a placé et conservé la marchandise sous régime douanier provisoire (ou dit suspensif).

2.6.2.2. Les formalités du commerce extérieur et des changes

Elles sont identiques à celles exigées pour l'exportation des marchandises.

2.6.3. Le champ d'application

En l'absence de disposition législative ou réglementaire en la matière, il apparaît de l'observation des pratiques douanières, que toutes les marchandises étrangères peuvent être réexportées à condition qu'elles aient été préalablement placées en régime douanier provisoire.

En revanche, si elles ont été préalablement placées dans le régime définitif de la mise à la consommation, elles sont exclues du champ d'application de la réexportation. Dans un tel cas, elles doivent plutôt être déclarées sous le régime de l'exportation en simple sortie.

La réexportation est également ouverte aux produits étrangers incorporés dans des marchandises expédiées à l'étranger, à condition qu'ils aient été déclarés sous régime douanier provisoire.

Ainsi l'admission d'une marchandise en régime de réexportation est impérativement assujettie à son séjour préalable en régime douanier provisoire, notamment l'entrepôt, l'admission temporaire et le perfectionnement actif.

2.6.4. Le traitement de la déclaration de réexportation

Il présente quelques différences par rapport au traitement de la déclaration d'exportation.

2.6.4.1. La déclaration de marchandises

Elle est obligatoire pour toute opération de réexpédition à l'étranger. Comme pour la déclaration d'exportation en simple sortie, elle n'est assujettie à aucun dépôt préalable de la déclaration de chargement par le transporteur.

Les déclarations utilisées portent les codes « régime douanier » suivants :

– R 1 : réexportation directe de marchandises étrangères en suite de dépôt, de transit ou en cas de transbordement ou d'avitaillement direct ;

– R 2 : réexportation directe de produits pétroliers étrangers en suite de dépôt, de transit ou en cas de transbordement ou d'avitaillement direct ;

– R 3 : réexportation de marchandises étrangères en suite d'entrepôt privé, public ou industriel ;

– R 4 : réexportation de produits pétroliers étrangers en suite d'entrepôt privé, public ou industriel ;

– R 5 : réexportation de marchandises étrangères en suite d'admission temporaire spéciale, exceptionnelle ou normal ;

– R 6 : réexportation de marchandises étrangères en suite d'importation temporaire ;

– R 9 : réexportation de marchandises étrangères en suite des entreprises franches ;

Ces déclarations portent aussi au segment des données relatives à la marchandise les codes « régime fiscal » suivants :

– 00 signifie marchandises provenant :

-- du dépôt de douane avec comme code « régime douanier » prévu R 1 et R 2 ;

-- de l'entrepôt fictif dont le code « régime douanier » est R 3 et le R 4 ;

-- et de l'importation temporaire dont le code « régime douanier » est le R 6 ;

– 10 signifie marchandises en :

-- transbordement pour le R 1 et le R 2 ;

-- en provenance d'entrepôt public pour le R 3 ;

-- et en provenance d'admission temporaire spéciale pour le R 5 ;

– 20 signifie marchandises :

-- en provenance du régime du transit après rupture de charge avec comme code « régime douanier » le R 1 et le R 2 ;

-- en provenance de l'entrepôt industriel dont le code « régime douanier » est le R 3 et le R 4 ;

-- et en provenance de l'admission temporaire exceptionnelle dont le code « régime douanier » est le R 5 ;

– 30 signifie marchandises en provenance d'admission temporaire normale (actuel perfectionnement actif) dont le code « régime douanier » est le R 5 et des entreprises franches dont le code « régime douanier » est le R 9 ;

– 50 signifie marchandises provenant d'usine exercée dont le code « régime douanier » est le R 4 ;

– 80 signifie marchandises destinées à l'avitaillement des moyens de transport dont le code « régime douanier » peut être le R 1, le R 2, le R 3, et le R 4.

D'autres codes « régime fiscal » ont été créés pour marquer une particularité par rapport à celles-ci.

L'on constate ici, comme pour le régime douanier de l'exportation en simple sortie, que les codes « régime fiscal » attribués n'ont aucun rapport avec l'application ou non des droits et taxes. Est-ce parce que les droits et taxes de sortie ne sont pas prévus dans le tarif des douanes ?

2.6.4.2. Les contrôles au bureau des douanes

Ils sont exercés avec les mêmes tolérances et dans les mêmes conditions que sur la déclaration d'exportation ou de mise à la consommation, sous réserve que le bureau des douanes compétent pour l'opération soit saisi.

Toutefois, une attention particulière doit être portée sur le sommier que la déclaration de réexportation apure. Les quantités de marchandises réexportées doivent être déduites de celles qui avaient été préalablement placées sous régime douanier provisoire.

Les contrôles formels sont exercés systématiquement par le réseau GAÏNDE. Un bon à enlever automatique est délivré par ledit réseau.

Au niveau du bureau des douanes, la déclaration de réexportation est traitée par le guichet « exportation » du bureau des douanes dans les mêmes conditions que les déclarations d'exportation. Les vérificateurs assurent les contrôles de fonds des éléments de la déclaration de marchandises et délivrent l'autorisation d'expédition dénommée « bon à expédier ».

Au niveau des autres services du bureau des douanes, les agents des douanes de la section « régimes suspensifs » veillent à la conformité des éléments déclarés par rapport à ceux portés sur les déclarations d'entrée en régime douanier provisoire (dit suspensif) et au respect des délais.

Quant aux agents de la section « suivi », ils veillent, en cas d'utilisation d'un acquit-à-caution et de passage aux frontières terrestres, au retour du triplicata de la déclaration de réexportation (troisième copie de la déclaration) que le déclarant doit leur faire parvenir après passage à la frontière.

2.6.5. Localisation des marchandises

Comme pour l'exportation en simple sortie, les marchandises déclarées pour la réexportation doivent être immédiatement embarquées sur les moyens de transport et expédiées à l'étranger. Mais en attendant d'être prises en charge par les transporteurs, elles peuvent être conservées dans les magasins et aires d'exportation.

À ce niveau, elles sont surveillées en permanence par des agents des douanes pendant un délai de 30 jours. Ce délai peut être prorogé de 60 jours si des circonstances exceptionnelles invoquées par l'expéditeur sont acceptées par le service des douanes.

2.6.6. Les contraintes douanières

Comme dans le régime de l'exportation en simple sortie, les marchandises sont laissées à la libre disposition du transporteur, du tiers détenteur ou du destinataire, étant entendu qu'elles doivent quitter immédiatement le territoire douanier dès que le bon à expédier a été délivré par la douane. Toutefois, pour tenir compte de la disponibilité des moyens de transport ou de l'éloignement du poste de douane de sortie par rapport au bureau des douanes de domiciliation, ces marchandises peuvent séjourner provisoirement dans des magasins et aires d'exportation ou dans lesdits moyens de transport.

À l'enlèvement, un certificat d'embarquement est dressé par les agents des brigades commerciales pour attester l'identité et le nombre de colis enlevés par rapport à ceux dont les marques et numéros sont portés sur la déclaration de réexportation. Auparavant, ils sont tenus d'identifier les colis de marchandises et les moyens de transport et de prendre quelques mesures de sécurité comme les scellements.

L'escorte est souvent prescrite pour éviter les versements frauduleux de marchandises étrangères sur le marché national. Pour cela le service des douanes rencontre des problèmes de disponibilité des agents des douanes escorteurs.

La sortie à la frontière est enfin attestée par les agents des douanes des bureaux et postes de douane de sortie. La formule « vu sortir à l'étranger » est portée sur des copies de la déclaration. Le triplicata (troisième copie de la déclaration) est remis au déclarant et une autre copie est transmise au bureau des douanes d'émission par voie officielle.

Les contrôles a posteriori sont également organisés par les services des enquêtes douanières pour rassurer l'autorité douanière sur l'effectivité et la régularité de la réexportation des marchandises.

Néanmoins, il y a lieu de faire observer que des facilités sont accordées qui consistent en un ensemble de dispositions tendant à accélérer le déroulement de l'opération.

TITRE III

LES RÉGIMES DOUANIERS PROVISOIRES

Ils sont appelés ainsi parce que les marchandises déclarées sont placées sous la surveillance du service des douanes. Aucune liberté n'est accordée au destinataire de ces marchandises. Il sera par conséquent obligé de les employer pour satisfaire exclusivement les besoins exprimés auprès du service des douanes et conformément aux engagements pris.

Les régimes douaniers provisoires de référence sont les suivants : le transit, l'entrepôt de stockage, l'admission temporaire et le perfectionnement actif.

3.1. LE TRANSIT : LE RÉGIME DOUANIER DE RÉFÉRENCE DU TRANSPORT DE MARCHANDISES

De manière générale, le transit répond au besoin des opérateurs économiques de transporter des marchandises étrangères du lieu d'entrée dans le territoire douanier à un autre endroit dudit territoire. Ce transport est généralement effectué pour rapprocher la marchandise de son lieu de distribution ou de stockage.

Le transit est considéré ici comme le régime douanier de référence de l'opération de transport.

Si le transport se fait par voie terrestre ou aérienne, le régime douanier correspondant est appelé transit. Mais s'il est réalisé par voie maritime, il est appelé cabotage.

Si le transport est fait d'un territoire douanier à un autre, il est dénommé, en cas d'accord entre les deux pays, transit international.

Qu'en est-il du changement de navires qui nécessite le transport de marchandises d'un moyen de transport à un autre et que la douane désigne par « le transbordement » ?

Plusieurs régimes douaniers ont ainsi été créés pour prendre en charge le transport des marchandises à l'intérieur du territoire douanier.

Pour tenir compte de leur importance, ces régimes douaniers seront présentés dans les paragraphes suivants.

Le régime douanier du transit ordinaire, qui est le régime douanier de référence pour l'opération de transport, sera par conséquent seul examiné dans ce chapitre.

3.1.1. Définition

Plusieurs définitions ont été données au transit.

À l'article 118 du code des douanes de 1987, le transit consiste dans la faculté de transporter des marchandises dans un délai fixé et suivant un itinéraire donné, à l'exclusion de la voie maritime, d'un bureau de douane à un autre du territoire douanier, en suspension des mesures de prohibition et des droits et taxes.

Dans le code des douanes françaises, l'article 125 stipule que « le transit consiste dans la faculté de transporter des marchandises sous douane soit à destination, soit au départ d'un point déterminé du territoire douanier ».

Le code des douanes du Cameroun (article 156), de la Tunisie (article 156) et du Maroc (article 155) ont repris pratiquement la même définition du transit que les douanes françaises.

Aux articles 105 du code communautaire des douanes de l'UEMOA et 160 du nouveau code des douanes du Sénégal, le transit est défini comme « le régime douanier sous lequel sont placées les marchandises transportées sous contrôle douanier d'un bureau de douane à un autre en suspension des droits et taxes et mesures de prohibition ».

À l'annexe spécifique E de la Convention de Kyoto révisée, le transit douanier est « le régime douanier sous lequel sont placées les marchandises transportées d'un bureau des douanes à un autre ».

Si le transport est reconnu partout comme étant l'opération commerciale à gérer, il ressort de ces définitions quelques différences importantes :

- les préoccupations des autorités douanières sont manifestement différentes ;
- les situations dans lesquelles sont placées les marchandises peuvent être différentes ;
- apparemment le transit vient d'être reconnu par le code des douanes de l'UEMOA et du Sénégal comme un régime douanier ;

• la suspension des droits et taxes n'est pas unanimement acceptée comme un élément de la définition du régime douanier du transit ;

• ces définitions couvrent l'ensemble des régimes du transit, c'est-à-dire le transit ordinaire, le transit international, le transbordement et le cabotage.

Pour ces raisons, il paraît important de proposer une définition du transit ordinaire sur la base des critères évoqués au titre 1 du présent ouvrage.

Le transit ordinaire peut alors être défini comme le cadre juridique douanier prévu pour les marchandises étrangères transportées par voie terrestre ou aérienne sous surveillance douanière d'un bureau des douanes à un autre.

Cette définition écarte toute allusion aux droits et taxes et mesures de prohibition comme élément de définition du régime douanier du transit ordinaire. En fait, les droits et taxes ne sont pas prévus au moment où l'importateur déclare ses marchandises, car il n'a pas encore exprimé la destination finale desdites marchandises. S'agissant des mesures de prohibition, la règle est la même : la destination des marchandises est encore inconnue. Par conséquent, seules les prohibitions absolues peuvent être appliquées aux marchandises déclarées pour le transit.

Ainsi, à l'instar de la définition adoptée par la Convention de Kyoto révisée, seules l'opération de transport par voie terrestre ou aérienne des marchandises d'un bureau des douanes à un autre et la surveillance douanière sont prises en compte. Ces deux éléments réunissent les critères du régime douanier.

3.1.2 Les conditions de réalisation du transit ordinaire

3.1.2.1. Le bénéficiaire

En principe tous ceux qui veulent transporter des marchandises étrangères d'un bureau des douanes à un autre doivent pouvoir le faire, en application de la liberté d'entreprendre.

Le code communautaire des douanes de l'UEMOA a adopté cette position en s'abstenant de prendre des dispositions sur le bénéficiaire du régime du transit.

Le code des douanes a été plus explicite à l'article 166 alinéa 2 : « le transit ordinaire peut être utilisé par n'importe quel usager ».

En revanche, dans la convention de Kyoto révisée, la norme 4 de l'annexe E 1 invite les États à désigner, vis-à-vis de la douane, un responsable de l'accomplissement des obligations découlant du transit.

Il convient d'en déduire que le régime du transit est ouvert à toutes les personnes qui désirent transporter des marchandises étrangères d'un endroit à un autre du territoire douanier.

Toutefois, relativement à l'invitation faite dans la Convention de Kyoto révisée, quelle est la personne responsable auprès de la douane de l'accomplissement des obligations découlant du transit ? S'agit-il de l'ayant droit qui pourrait être le propriétaire, le tiers détenteur ou le consignataire de la marchandise ?

Le code des douanes du Sénégal a désigné l'usager, un terme qui, au lieu d'indiquer le lien entre la personne et la marchandise, trace le lien entre une personne et le service public.

Il faut toutefois comprendre que seuls les ayants droit peuvent agir auprès de la douane en vertu de leurs droits et possibilités d'agir sur la marchandise.

Par ailleurs, sur le plan pratique, il nous paraît important de s'interroger sur le domicile du bénéficiaire du régime. Doit-on autoriser un commerçant établi à Dakar, à transporter ses marchandises à Kaolack, où il ne dispose ni d'entreprise, ni de magasin ? L'on s'exposerait alors à de gros risques de fraudes. Des dispositions réglementaires précises devraient être prises pour mieux identifier le bénéficiaire du transit.

3.1.2.2. La déclaration de transit ordinaire

La déclaration de transit ordinaire est le document douanier que ce bénéficiaire du régime doit lever au bureau des douanes compétent pour l'opération d'expédition de marchandises étrangères d'une unité de douane à une autre. Au Sénégal, elle se distingue des autres régimes douaniers par les codes « régime douanier » utilisés suivants :

S 1 correspondant au transit ordinaire de marchandises générales ;

S 2 correspondant au transit ordinaire de produits pétroliers.

La déclaration de transit ordinaire comporte également des codes « régime fiscal » 10 et 11, qui, en lieu et place de la fiscalité applicable, indiquent la provenance de la marchandise.

Le code 10 signifie que la marchandise a été importée directement de l'étranger et déclarée sous le régime du transit.

Le code 11 signifie que la marchandise a été déclarée sous le régime du transit en suite d'entrepôt.

Pour lever une telle déclaration, le bénéficiaire est tenu de recourir à un commissionnaire agréé en douane ou à une personne titulaire d'une autorisation de dédouaner.

Toutefois, le Directeur général des douanes peut, en application de l'article 170 du code des douanes du Sénégal, dispenser de « déclaration en détail » l'opération d'expédition de marchandises étrangères, sous réserve qu'une déclaration sommaire accompagnée de titres de transport soit produite.

3.1.2.3. La caution de l'opération

En l'absence d'agrément du bénéficiaire, l'opération de transport de marchandises étrangères à l'intérieur du territoire douanier doit être garantie dans le but de prévenir tout risque de versement frauduleux. Ainsi les articles 154 et 155 du code des douanes du Sénégal, tout comme les articles 102 et 103 du code communautaire des douanes de l'UEMOA, ont rendu obligatoire la levée d'une déclaration de marchandises portant engagement solidaire du principal obligé (le bénéficiaire) et de sa caution. Et pour éviter toute difficulté, l'article 145 du code des douanes soumet cette caution à l'agrément du Trésorier général. C'est dire que les personnes physiques ou morales qui s'engagent pour garantir la réalisation des opérations de transit doivent être connues par le Trésor et être solvables. Si, auparavant (entre 1970 et 1985), les bureaux de douanes acceptaient des cautions signées par des commissionnaires agréés en douanes, aujourd'hui, seules les banques et assurances sont agréées par le Trésor et autorisées par les chefs de bureau des douanes à garantir de telles opérations. En revanche, les autorités douanières peuvent toujours, en vertu de l'article 102 du code communautaire de l'UEMOA, remplacer cette caution par la consignation des droits et taxes, si la marchandise n'est pas prohibée.

Dans la Convention de Kyoto révisée, l'annexe E 1 relative au transit douanier n'a pas prévu de caution. L'on considère à ce niveau qu'il s'agit d'une contrainte inutile et coûteuse.

Les documents portant caution des expéditions de marchandises sont dénommés « acquit-à-caution » par les articles 154 du code des douanes et 102 du code communautaire des douanes.

Ils sont utilisés :

- pour une opération de transport de marchandises étrangères d'un bureau de douane à un autre ;
- pour les expéditions déclarées dans un bureau de douane selon les formes prescrites ;
- en tant que garantie par un établissement financier ;
- dans un délai précis.

Outre le transit, l'acquit-à-caution est exigé dans d'autres régimes douaniers comme la réexportation et le perfectionnement actif pour couvrir le transport des marchandises sous douanes.

Il importe de rappeler que la caution a posé et pose encore de sérieux problèmes aux banques. Ce sont des engagements hors bilan qui, lorsque le risque couvert se produit, ont un impact négatif sur les résultats de la banque. Pour le règlement du dossier Adel Korban, de grandes banques sénégalaises avaient supporté le paiement d'amendes importantes résultant de leurs engagements cautionnés. Ces amendes transactionnelles avaient d'ailleurs été limitées au montant de la caution en lieu et place du montant du préjudice. Néanmoins, elles avaient été jugées excessives alors même qu'elles ne couvraient que la valeur des marchandises portées sur une seule opération. Il convient de préciser qu'au regard des principes du contentieux douanier, les risques doivent être évalués sur la base des marchandises transportées lors de chacune des opérations de transit et non sur celle du seul montant porté sur la soumission annuelle agréée par le Trésor.

Dans ces conditions, la caution de l'opération de transit constitue un obstacle difficile à franchir pour les opérateurs économiques. Les conditions imposées par les banques sont devenues plus lourdes et plus sélectives et son coût beaucoup plus important.

Il est par conséquent proposé d'utiliser des solutions douanières simples pour garantir le transport des marchandises à leur destination déclarée. L'escorte et les scellements douaniers recommandés par la Convention de Kyoto et pratiqués par les douanes sénégalaises suffisent largement et constituent les seules possibilités offertes pour se prémunir contre tout versement frauduleux. En fait le transport de marchandises en transit ne peut être garanti que par les agents d'escorte et les agents placés au départ et à l'arrivée des expéditions.

3.1.2.4. Les formalités du commerce extérieur et des changes

L'article 160 du code des douanes prévoit la suspension des droits et taxes et mesures de prohibition pour le régime du transit ordinaire. Si les termes « suspension des droits » ne sont pas appropriés à l'opération de transport réalisée puisqu'aucun droit de douanes n'est exigible, il convient de reconnaître tout au moins que ce texte dispense des formalités du commerce extérieur et des changes, lesquelles sont considérées comme des mesures de prohibition au sens de l'article 21 du code des douanes.

En fait, les formalités du commerce extérieur et des changes sont rendues nécessaires par l'utilisation des marchandises dans le marché national et sur le territoire douanier. Or, au moment où la déclaration de transit est déposée au bureau des douanes, personne ne sait quelle est la prochaine destination douanière de la marchandise transportée.

Ces formalités ne seront donc exigibles qu'en cas d'utilisation de la marchandise dans le cadre des régimes douaniers de la mise à la consommation ou de l'admission temporaire.

3.1.3. Le champ d'application

Le régime du transit est ouvert à toutes les marchandises. Il est précisé aux articles 160 et 166 du code des douanes et 105 du code communautaire des douanes de l'UEMOA que les mesures de prohibition sont « suspendues ».

Toutefois, les articles 161 du code des douanes et 106 du code communautaire de douanes de l'UEMOA prévoient la possibilité pour les autorités douanières communautaires d'exclure certaines marchandises du régime.

Au plan national, certaines marchandises comme les stupéfiants, les armes de guerre, les organes humains, les publications obscènes ou subversives sont prohibées à titre absolu sur la base des textes du commerce extérieur visés plus haut.

Ces dispositions ont été rappelées par l'arrêté 4430/MFAE du 05 mai 1975 et la note de service n° 1526 du 12 décembre 1995 qui fixent une liste limitative mais différente de marchandises exclues du régime du transit.

Il y a lieu de noter que le service des douanes a fait une distinction entre les prohibitions à titre absolu qui sont décidées par les autorités chargées du commerce extérieur et les exclusions qui sont des mesures douanières. Comme motif de cette distinction, il invoque la sensibilité à la fraude.

En application de cet arrêté et pour tenir compte de cette sensibilité à la fraude, le Directeur général des douanes a prévu, par note de service n° 1212/DGD du 15 mai 1992, la possibilité de délivrer des autorisations exceptionnelles pour certaines marchandises sensibles à la fraude comme les langoustes vertes, le thé, le riz, le sucre, la purée de tomate, le vin, les médicaments, les explosifs, les savons ordinaires et de ménage, les allumettes, les textiles, les chaussures, les carreaux et matériaux de couverture du sol, les tuyaux et accessoires, les pots de fleurs, les boisseaux, les diamants, les alambics, les piles électriques et les produits originaires ou en provenance d'Afrique du Sud.

Au niveau de l'UEMOA, conformément aux articles 19 et 106 du code communautaire des douanes, les prohibitions tout comme les exclusions du régime du transit sont décidées par le Conseil des ministres par voie de règlement. Ces dispositions abrogent les textes nationaux antérieurs.

Ainsi par règlement n° 12/2008 du 26 septembre 2008, l'UEMOA a exclu les marchandises ci-après du régime du transit :

- les marchandises prohibées à titre absolu, conformément aux dispositions de l'article 18 de l'annexe au règlement n° 09/2001/CM/UEMOA ;
- les produits étrangers énumérés à l'article 21 de l'annexe au règlement n° 09/2001/CM/UEMOA du 26 novembre 2001, concernant la protection des marques et indications d'origine ;
- les poudres et substances explosives ;
- les articles de pyrotechnie (pétards, amorces paraffinées, fusées, paragrêles et similaires) ;
- les armes de guerre, pièces d'armes et munitions de guerre ;
- les armes blanches (sabres, épées, baïonnettes), leurs pièces détachées et leurs fourreaux ;
- les projectiles, les mines et leurs parties et pièces détachées ;
- les revolvers et pistolets ;
- les fusils de chasse, carabines de chasse ou de tir et leurs munitions ;
- les stupéfiants et les substances psychotropes ;

- les écrits, imprimés, dessins, affiches, gravures, peintures, photographies, clichés, matrices, reproductions pornographiques et tous objets contraires aux bonnes mœurs ou de nature à troubler l'ordre public ;
- les produits avariés ;
- les marchandises contrefaites ou piratées.

Dans la Convention de Kyoto révisée, le champ d'application du régime douanier du transit n'est pas limité. Aucune prohibition de marchandises n'y est prévue.

Il y a lieu de comprendre que, contrairement aux États et aux ensembles sous-régionaux, les organisations internationales et notamment les partenaires techniques et financiers rejettent toute idée de limitation de la liberté de transport. Ils tiennent ainsi à renforcer le mouvement de la mondialisation du commerce.

Pour les États en voie de développement dont les marchés sont déjà ouverts au marché mondial, des choix s'imposent. Faut-il libérer les opérateurs économiques à la recherche d'opportunités d'affaires, et s'abstenir de limiter le champ d'application du régime douanier du transit pour tirer le maximum de profit de sa position géographique et de leur dynamisme ?

Par ailleurs, il y a lieu de s'interroger sur l'admissibilité des marchandises originaires du Sénégal au régime du transit dans la mesure où aucun des textes précités n'apporte de précision sur la nationalité des marchandises à admettre au bénéfice dudit régime. Le code communautaire des douanes de l'UEMOA et le code des douanes du Sénégal n'excluent pas les marchandises originaires du Sénégal du champ d'application du régime. En fait, les marchandises nationales peuvent circuler librement sur le territoire douanier sans document douanier. Il n'est donc pas nécessaire de soumettre ces marchandises à un régime douanier contraignant.

C'est pour prendre des précautions contre les activités de fraude que le service des douanes du Sénégal a prévu un passavant de douane lorsque de telles marchandises circulent dans le rayon des douanes (articles 271 du code des douanes et 175 du code communautaire). Cette législation n'est du reste pas respectée.

3.1.4. Le traitement de la déclaration de transit

Les déclarations de marchandises sous le régime du transit ordinaire sont établies, enregistrées et traitées comme toutes les autres déclarations.

Au niveau des bureaux des douanes, elles sont soumises à une autorisation du chef de bureau des douanes.

Les itinéraires et délais de transport doivent y être inscrits clairement.

Comme pour les autres régimes douaniers, elles sont contrôlées selon les normes établies dans les différentes sections des bureaux des douanes.

Lorsque le transit s'effectue par voie ferrée, les vérificateurs sont invités à exiger un état de chargement signé par un agent de la Société nationale des chemins de fer du Sénégal et par un préposé des douanes du bureau des douanes de la gare pour prévenir les embarquements fictifs.

3.1.5. La localisation des marchandises

Lorsqu'elles sont déclarées sous le régime du transit ordinaire, les marchandises doivent être immédiatement placées sur un moyen de transport en direction du bureau des douanes de destination. Toutefois, pour des raisons liées à l'indisponibilité du moyen de transport ou à des cas de force majeure, elles peuvent séjourner provisoirement dans des magasins ou aires de dédouanement ou dans les entrepôts douaniers.

3.1.6. Les contraintes douanières

Elles sont nombreuses et variées. Certaines ont été évoquées dans les rubriques précédentes. Mais les plus significatives pour le régime douanier du transit ordinaire seront énumérées ci-dessous.

Toutefois, il importe de signaler qu'elles sont toutes liées au mode de transport. Or au Sénégal, seul le transport terrestre est utilisé par les opérateurs économiques pour l'acheminement des marchandises sous le régime douanier du transit ordinaire.

Les marchandises transportées par avion, notamment les colis postaux, sont directement prises en charge par le bureau des douanes de l'aéroport ou celui des colis et paquets postaux. Un traitement spécifique simplifié différent du régime douanier du transit est appliqué.

3.1.6.1. Les délais de transport

Ils sont fixés par les autorités douanières, quel que soit le mode de transport. Dans le cas du transit routier, ils sont portés sur les déclarations par les déclarants, puis acceptés par les chefs de bureau des douanes.

Mais, c'est au niveau des subdivisions et brigades de douanes que les délais sont effectivement examinés et modifiés au besoin.

Enfin, il revient aux agents des douanes des brigades commerciales ou des postes de douane de veiller au respect de ces délais.

3.1.6.2. À l'enlèvement des marchandises

L'enlèvement des marchandises et le chargement des moyens de transport sont effectués en présence des agents des services de surveillance douanière, lesquels sont chargés d'identifier les colis de marchandises et les moyens de transport et de prendre des mesures de sécurité comme le scellement, l'escorte, etc. Un certificat d'embarquement est établi sur la déclaration en guise de preuve de l'enlèvement des colis de marchandises.

Mais en pratique, ce certificat ne donne jamais une indication claire des contrôles effectués. Or, l'importance de ces contrôles est telle qu'ils méritent d'être portés à l'attention de l'autorité douanière. Ces contrôles portent sur :

- la régularité du moyen de transport par rapport à la législation du transport : le certificat de la visite technique du véhicule doit être présenté, les pneus et freins doivent être vérifiés, le permis de conduire et l'attestation d'assurances doivent être en règle, le chauffeur doit être sain et lucide.

- la régularité par rapport à la législation douanière : la capacité à transporter tous les colis déclarés, l'absence de partie cachée, les possibilités de scellement de la totalité de l'expédition, l'accessibilité de la marchandise pour les éventuelles visites douanières doivent être clairement indiquées sur la déclaration de marchandises.

Pour le transport par voie ferrée, en plus de ces contrôles à l'enlèvement exécutés au niveau des magasins et aires de dédouanement ou des entrepôts, un état de chargement indiquant la prise en charge des marchandises par la Société des chemins de fer (TRANSRAIL) est normalement signé par un agent des douanes.

3.1.6.3. Les moyens de transport

Le transport des marchandises placées sous le régime du transit ordinaire est assuré en toute liberté par les moyens de transport appropriés.

S'agissant du transport par voie ferrée, le seul exploitant des chemins de fer, TRANSRAIL assure le déplacement des marchandises d'un bureau des douanes à un autre.

Quant au transport routier, il est assuré par des camions qui remplissent les conditions générales de transport de marchandises. Ces conditions sont relatives à l'état du véhicule, à sa capacité, à l'absence de cachette, aux dispositifs de scellement douanier, à l'assurance et au conducteur.

S'il s'agit d'un container, un agrément du transporteur et du camion est désormais requis pour assurer le transport sous le régime du transit en vertu de l'arrêté interministériel 0965/MEMPTM du 10 juin 2009.

3.1.6.4. Les itinéraires de transport

En application du régime du transit, les moyens de transport doivent suivre un itinéraire précis conformément aux articles 160 alinéa 2 du code des douanes et 107 alinéa 2 du code communautaire des douanes de l'UEMOA et à la norme 15 de l'annexe E 1 de la Convention de Kyoto révisée.

En exécution de cette prescription, le Directeur général des douanes a fixé par note de service n° 1526 du 12 décembre 1995 et pour le transport routier, des itinéraires en tenant compte des destinations des marchandises. À l'examen de cette note ainsi que des précédentes mesures prises à cet effet, il apparaît que ces itinéraires ont été fixés pour des marchandises destinées aux pays voisins. À l'annexe III de la note, les itinéraires se présentent comme suit :

- marchandises à destination de la République Islamique de Mauritanie : Dakar ----Rosso, Karang----Rosso, Kaolack ----Rosso ;
- marchandises à destination de la Gambie : Dakar----Karang, Dakar----Keur Ayib, Kaolack----Karang, Kaolack----Keur Ayib, Tanaff----Badiara, Salikenie----Badiara, Mpack----Badiara, Ouassadou----Senoba, Salikénie----Senoba, Kalifourou----Senoba ;
- marchandises à destination du Mali : Badiara----Kidira, Karang----Kidira, Keur Ayib----Kidira ;

• marchandises à destination de la Guinée (Conakry) : Badiara----Kédougou, Badiara----Kalifourou, Badiara----Ouassadou ;

• marchandises à destination de la Guinée-Bissau : Dakar----Tanaff, Dakar----Salikenie, Senoba----Mpack, Senoba----Tanaff, Selety----Mpack, Selety----Tanaff, Badiara----Salikenie, Badiara----Mpack, Dakar---- Mpack.

Il convient de faire remarquer que la note de service n° 1526 du 12 décembre 1995 avait pour objectif d'indiquer aux agents des douanes les étapes du transport des marchandises qu'ils sont chargés d'escorter. Elle a placé les bureaux et postes de douane comme des lieux de départ et d'arrivée des marchandises sans tenir compte de l'obligation d'expédier la marchandise à partir d'un bureau des douanes vers un autre bureau des douanes.

Néanmoins, les itinéraires ainsi fixés permettent au service des douanes de s'assurer de l'effectivité du transport des marchandises à destination et surtout de réagir très vite en cas de détour ou d'anomalie.

Pour le transit routier, cette note met en place un dispositif de contrôle efficace qui permet de renseigner à temps l'autorité douanière sur les marchandises transportées.

Toutefois, ces notes de service imposent des arrêts aux moyens de transport à plusieurs étapes, des itinéraires ainsi que des visas à chaque unité douanière traversée. Ce qui provoque un ralentissement des opérations de transport de marchandises, des retards et des surcoûts importants.

Or, aucune loi ou disposition internationale ne prévoit des arrêts programmés des expéditions sous le régime du transit. Il conviendrait par conséquent de revenir à l'orthodoxie douanière et de se limiter aux prescriptions des textes initiaux. Ainsi, seuls les contrôles inopinés sur route, réalisés dans le cadre des opérations douanières de barrages sur route ou de circulation devraient être admis.

Aujourd'hui, ces itinéraires sont combinés avec le système de surveillance électronique sur les axes routiers Dakar-Tambacounda et Dakar-Rosso et donnent des résultats satisfaisants.

S'agissant du transport par voie ferrée, seuls les bureaux de douane de départ et d'arrivée sont habilités à assurer le contrôle des colis placés dans les wagons de marchandises.

3.1.6.5. Les précautions de surveillance douanière

Six (6) mesures sont régulièrement prises pour surveiller les colis depuis leur enlèvement jusqu'à leur déchargement à l'arrivée au bureau des douanes de destination :

- *1– Le scellement douanier* : il n'était pas autorisé au Sénégal. Les compagnies internationales apposaient des scellements non déclarés et non reconnus par le Directeur général des douanes. C'est véritablement à la suite du rapport du consultant Rossel que l'apposition des plombs sur les moyens de transport a été officiellement autorisée par note de service n° 104/DGD du 27 janvier 1999. Au cas où le plombage est prescrit, le déclarant achète le dispositif auprès de la brigade commerciale concernée à 5266 francs (sauf changement ultérieur). Lorsque ces plombs numérotés sont apposés sur les moyens de transport, il n'est pas possible d'accéder aux marchandises sans laisser de traces nettes.

- *2– L'escorte*, en revanche, constitue la précaution douanière la plus utilisée de tout temps. Elle consiste, pour l'agent des douanes à monter sur le moyen de transport et à accompagner les colis de marchandises depuis le bureau de douane de départ (magasin et aire de dédouanement ou entrepôt) jusqu'au bureau des douanes d'arrivée. Elle est considérée comme la mesure de surveillance la plus sûre. C'est pourquoi, tenant compte des nombreux incidents constatés, beaucoup de notes de service ont été signées par les différents directeurs généraux de douane pour rappeler les obligations des escorteurs et des chefs d'unités douanières qui les prescrivent (les cas où l'escorte est obligatoirement prescrite, les conditions de l'escorte, les contrôles préalables du moyen de transport, la tenue de l'agent, l'ordre de mission, la communication aux autorités douanières, les visas aux points de passage, et la décharge à l'arrivée, etc.).

- *3– La présentation des colis de marchandises au bureau des douanes de destination :* il s'agit d'une obligation légale qui incombe au transporteur. À ce niveau les colis sont pris en charge et les documents qui couvrent le transport sont annotés « vu arriver au bureau ou poste des douanes… ».

- *4– La décharge de l'acquit-à-caution* constitue une obligation légale qui conditionne la bonne exécution du régime du transit. Un certificat de décharge doit être transcrit sur une copie de la déclaration et sur le triplicata par les agents habilités à cet effet au bureau des douanes de destination. Il doit indiquer tous les renseignements utiles sur le moyen de transport et sur les quantités de colis déchargés.

- *5– Le retour des acquits-à-caution :* ces déclarations portant certificat de décharge doivent être retournées à la section « suivi » du bureau des douanes d'enregistrement desdites déclarations et à la Cellule centrale de suivi des acquits-à-caution de transit.

Cette cellule avait été créée à la Subdivision des douanes de Dakar Port, dans un contexte de fraude massive sur les acquits-à-caution, pour servir de relais entre les différentes unités douanières par lesquelles passent les moyens de transport. Des sommiers spéciaux y étaient ouverts et une copie supplémentaire de déclaration était déchargée pour les besoins d'un suivi pointu à temps réel.

Évidemment, un climat de méfiance a régné en douane dans les années 70 à 90 pour que les actes significatifs de contrôle soient multipliés au point de donner raison à ceux qui considèrent la procédure douanière comme « un parcours de combattant ».

La décharge de l'acquit-à-caution de transit met fin à l'opération de transit. Les engagements pris sont censés être exécutés. Par conséquent, sauf en cas de découverte ultérieure des colis et marchandises à des endroits non prévus, le déclarant, le bénéficiaire et la caution ne peuvent plus être poursuivis par la douane.

- *6– Le placement des colis sous la surveillance des agents des douanes* : après décharge des acquits, les colis de marchandises doivent être rangés dans des magasins et aires de dédouanement ou dans les dépendances des bureaux ou postes de douane de destination. Les colis doivent être en permanence à portée de vue des agents des douanes.

3.1.6.6. La levée d'une déclaration assignant un régime douanier à la marchandise

Il s'agit là d'une obligation incombant au destinataire de la marchandise. Étant donné que le régime du transit ordinaire est un régime douanier provisoire, ce dernier sera tenu de déposer dans les délais impartis par la réglementation ou immédiatement à l'arrivée du moyen de transport, une déclaration des marchandises reçues.

Il me paraît important de signaler que pour le transit routier, cette formalité n'est pas toujours remplie. Les destinataires expédient les marchandises dans les pays limitrophes sur la base de l'acquit-à-caution de transit déchargé, en application des protocoles d'accords signés avec les autorités douanières de ces pays.

Ainsi, dans le cadre des accords avec le Mali, la déclaration de transit ordinaire permet le franchissement de la frontière de la marchandise en lieu et place de la déclaration de réexportation.

3.1.6.7. Le système de surveillance électronique

Dans le cadre du programme de vérification des importations élargi et renégocié, l'Administration des douanes sénégalaises a mis en place courant 2009, en plus du dispositif traditionnel, un système de surveillance des marchandises en transit à partir de Dakar.

Suivant note de service n° 2089/DGD du 17 novembre 2009 et 1545/DGD du 04 août 2011, tous les camions transportant des marchandises en transit vers Kidira et Rosso doivent être munis de balise permettant de suivre à distance et en temps réel leur déplacement jusqu'à destination.

Ce système très moderne requiert quelques formalités auprès de la COTECNA, l'entreprise qui gère le système et abrite le centre de contrôle technique de l'opération. Et dans le cas où les marchandises sont sensibles à la fraude, l'escorte est obligatoirement prescrite.

Toutefois, ce système ne couvre pas la totalité des opérations de transport placées sous le régime douanier du transit ordinaire.

3.2. LE TRANSIT INTERNATIONAL : UN RÉGIME DOUANIER DÉRIVÉ POUR LE TRANSPORT DE MARCHANDISES ÉTRANGÈRES À L'ÉTRANGER

Il répond au besoin des opérateurs économiques de transporter des marchandises étrangères directement vers l'étranger ou de leur faire traverser un pays. Au Sénégal, ce transport est généralement effectué pour le compte des opérateurs économiques installés dans les pays voisins, lesquels ne disposent pas de port d'escale des grandes compagnies maritimes. Les marchandises sont déchargées au port de Dakar, puis rechargées dans des trains ou des véhicules à destination de ces pays voisins. Le territoire national est alors utilisé comme une étape obligatoire pour l'acheminement des marchandises vers leurs destinataires.

Le rôle de la douane consiste par conséquent à prendre les dispositions utiles pour la traversée du territoire douanier ou pour l'introduction des marchandises dans le pays. Les douanes des pays de départ des marchandises et celles des pays d'accueil doivent, par conséquent, prévoir le cadre juridique du transit international, un régime douanier provisoire dérivé du régime du transit ordinaire.

Pour les douanes sénégalaises, le régime du transit international défini à l'article 174 du code des douanes est accordé aux entreprises de transport agréées qui effectuent le transport de marchandises. Il est exécuté en suspension de droits et taxes et mesures de prohibition, qu'il y ait franchissement ou non des frontières nationales.

En revanche, dans le code communautaire des douanes, précisément à l'article 118 alinéa 1, le transit international est considéré comme le régime douanier des marchandises transportées sous contrôle douanier entre le territoire douanier de l'UEMOA et celui d'un État tiers, en suspension des droits et taxes et autres mesures de prohibition. Et à l'alinéa 2 de cet article, il est précisé que le transit routier entre un État-membre de l'UEMOA et un État-membre de la CEDEAO est celui en vigueur au sein de la CEDEAO.

Ces deux dispositions sont différentes, incomplètes et insuffisantes pour définir le régime du transit international.

Dans le corps de la convention de Kyoto révisée et notamment à l'annexe E relative au transit, le régime douanier du transit international n'est pas prévu. Il en est de même dans le code des douanes françaises.

Dans le code des douanes de l'Union européenne, c'est le terme « transit externe » qui est utilisé à l'article 193 pour le transport des marchandises non européennes à l'intérieur de la communauté. Le transit interne est, au contraire, réservé au transport des marchandises originaires des pays membres à l'intérieur de la communauté (article 194).

Ces différentes approches nous invitent à une tentative de définition.

3.2.1. Définition du transit international

Pour définir le transit international, il nous paraît important de dégager, outre les éléments retenus dans la définition du régime douanier (pages 34 à 39), un ensemble de critères communs perceptibles dans les différentes conventions appliquées dans le monde. On pourrait prendre comme exemples la Convention douanière relative au Transit International Routier en Europe (TIR, 1975), le protocole d'accord sur le régime du Transit International par voie ferrée (TIF) entre le Sénégal et le Mali (signé en 1975 et applicable à partir de 1976) et le régime du TRIE (AP/4/ du 29 mai 1982 de la CEDEAO).

De l'examen de ces conventions, il apparaît que le régime du transit international :

• doit être prévu par un accord international entre deux ou plusieurs États : le transport de marchandises à l'intérieur d'un pays ne concerne pas les pays étrangers. Il doit être géré par des dispositions nationales. Par contre, lorsque ce transport concerne un pays étranger, soit parce que les marchandises proviennent de ce pays, passe par ce pays ou sont destinées à ce pays, les dispositions nationales ne peuvent pas en couvrir tout le transport. Dans ce cas, un accord international est nécessaire entre les deux pays pour réguler ou faciliter ce transport de marchandises.

• doit être prévu pour le transport de marchandises d'un pays à un autre avec franchissement de frontières nationales : le transport de marchandises à l'intérieur d'un pays est régi par les dispositions internes. Par contre, le transport vers un autre pays oblige le transporteur à passer la frontière. Or, sans ce franchissement de frontières, l'opération n'a pas un caractère international et il n'y a pas de transport international. L'article 174 alinéa 2 du code des douanes ne considère pas le franchissement de frontières comme une condition nécessaire au transit international.

• est réservé au transport international de marchandises étrangères : le transport de marchandises originaires d'un pays étranger est soumis au régime douanier de l'exportation en simple sortie. C'est lorsque les marchandises sont étrangères que l'on utilise le régime du transit international.

Il convient de faire remarquer que le mot « transit » est souvent employé dans un langage non douanier pour désigner le transport à travers un pays. Ce concept est souvent partagé avec des autorités de la douane de sorte qu'il arrive que certains textes de douane comportent des dispositions utilisées dans le même sens. Dans le langage douanier, le transit ordinaire ou international ne porte que sur des marchandises étrangères.

• doit comporter les mesures de surveillance douanière des marchandises : un accord international de transport de marchandises qui ne comporte pas de mesures de surveillance douanière est considéré comme un simple accord commercial. Lorsque l'État doit signer cet accord, les services de douane sont forcément invités à définir des mesures de surveillance de ce transport de marchandises. Ce sont souvent des actes d'identification et de contrôle des colis de marchandises et des moyens de transport qui sont prévus dans ces accords.

Sur la base des critères ainsi dégagés, la définition suivante pourrait être retenue : le régime douanier du transit international est le cadre juridique douanier réservé aux marchandises étrangères transportées sous le contrôle de la douane vers un pays étranger avec lequel un accord a été conclu.

3.2.2. Champ d'application du transit international

Il est défini par l'accord international signé par les États contractants. C'est ainsi que des listes de marchandises sont généralement dressées pour désigner celles qui sont prohibées à titre absolu, celles dont l'expédition doit être autorisée et celles dont le transport à destination de l'État signataire est libre.

Pour le TIF (transit international par voie ferrée entre le Mali et le Sénégal), les marchandises prises sur le marché intérieur peuvent bénéficier du régime. Mais les hydrocarbures en sont exclus.

S'agissant des marchandises prélevées sur le marché intérieur, qui devaient être transportées sous le régime de l'exportation en simple sortie, il convient de les considérer comme une exception au principe de l'extranéité des marchandises soumises au régime du transit international. Les auteurs du protocole d'accord du TIF ont tenu à exprimer leur volonté d'élargir ainsi le champ d'application pour promouvoir le commerce entre les deux pays.

C'est, du reste, l'occasion pour constater que les principes généraux de douane ne sont pas toujours respectés dans les conventions douanières entre le Sénégal et le Mali.

Pour le Transit Routier Inter-États (TRIE), une liste spéciale jointe à la convention A/P4/82 du 29 mai 1982 de Cotonou indique les produits exclus du bénéfice du régime du transit international de la CEDEAO. L'article 3 alinéa 1 de la convention accorde aux États le droit d'amender cette liste. Cette liste comprend les produits généralement prohibés à l'importation au Sénégal (page 45) et ne présente aucune particularité.

3.2.3. Les conditions de réalisation du transit international

Les conditions de réalisation du transit international sont en général définies par l'accord signé entre les pays concernés. Dans les différents accords examinés, elles sont relatives au bénéficiaire, aux documents douaniers couvrant le transport des marchandises, à la garantie de l'opération contre les risques de fraude et aux moyens de transport.

3.2.3.1. Les bénéficiaires du régime

Les bénéficiaires du régime du transit international sont normalement prévus par l'accord international qui l'institue.

Il en est ainsi du TIF qui ouvre droit à tout importateur ou exportateur d'utiliser la procédure pour le transport de marchandises entre le Sénégal et le Mali.

Le TRIE de la CEDEAO et le TIR de la CEE sont également ouverts à tous les importateurs.

Il en a également été ainsi dans les différents protocoles d'accord signés par le Sénégal avec la Mauritanie, la Gambie, la Guinée (Conakry) et le Mali pour le transport de marchandises par route.

Dans le code des douanes de 1987, le régime est curieusement accordé aux entreprises de transport agréées. Le mot « transit international » utilisé à l'article 131 dudit code relève d'un langage non douanier et conduit à une confusion entre le bénéficiaire du transport et le transporteur.

Cette confusion est entretenue par l'article 174 alinéa 4 du nouveau code des douanes dans lequel ces entreprises de transport doivent permettre à l'administration des douanes d'accéder aux magasins où les marchandises ont été déchargées.

Ces dispositions sont en net déphasage par rapport aux accords et conventions cités ci-dessus et à leur application pratique.

3.1.3.2. Les déclarations de transit international

Les documents utilisés pour déclarer des marchandises sous le régime du transit international varient selon les conventions signées.

Dans les conventions TIR (en Europe) et TRIE (CEDEAO), des carnets sont utilisés pour couvrir le transport international des marchandises d'un bureau de douane à un autre. Ce carnet est rempli et signé par un commissionnaire agréé en douane. Il contient toutes les informations relatives à la marchandise transportée. Dans ces conditions, il doit être considéré comme une déclaration de marchandise.

Dans la convention TIF, un document appelé « déclaration simplifiée de Transit International par voie ferrée » est levé à la gare de départ pour les marchandises acheminées directement à Dakar ou à Bamako. Elle est signée par un commissionnaire agréé en douane et la société des chemins de fer. Pour faciliter le contrôle douanier à l'arrivée, il est établi une seule déclaration TIF par destinataire.

Pour les marchandises transportées en « régime de messagerie » (directe ou collecteur-distributeur), un état de chargement est établi par l'entreprise nationale des chemins de fer. L'état de chargement indique le nombre de colis et la nature des marchandises par gare de destination. Il est remis au service des douanes du pays de destination. Lorsque la valeur du colis est égale ou supérieure à 100 000 francs CFA, une déclaration doit être levée au bureau des douanes de départ.

Pour les marchandises exclues du régime du TIF, les expéditions sont couvertes par des déclarations de transit ordinaire du pays d'expédition.

Dans la convention COTIF-CIM entrée en vigueur en 1985 en Europe pour les voies ferrées, « la lettre de voiture » a été retenue comme modèle de déclaration de chargement pour le transit international de marchandises.

Toutefois, s'agissant du TRIE, l'autorité douanière sénégalaise a choisi de joindre au « carnet TRIE », une déclaration de marchandises de type S 120 ou 121 pour les produits non pétroliers ou une déclaration de type S 220 ou 221 pour les produits pétroliers.

Les déclarations de chargement et les déclarations de marchandises utilisées pour le transit international sont enregistrées et contrôlées dans les mêmes conditions que les déclarations de transit ordinaire.

3.1.3.3. La garantie de l'opération dans le transit international

Généralement, pour faciliter et accroître les échanges commerciaux, les conventions internationales douanières ne prévoient pas de caution douanière pour le transit international. Des agréments, des engagements et des garanties sont utilisés pour rassurer les autorités douanières sur la régularité du transport des marchandises. Il en est ainsi de l'accord TIF et des différents accords signés avec les pays voisins du Sénégal.

Mais dans la convention relative au TRIE de la CEDEAO, il est prévu de désigner un organisme national dans chaque pays pour servir de caution aux opérations de transit international. Ainsi les Chambres de commerce du Mali et du Sénégal ont signé un accord pour gérer cette caution, c'est-à-dire s'engager à couvrir les risques de fraude ou d'erreur et prélever en échange une cotisation de 0,25 % sur les valeurs déclarées.

La caution douanière avait été prévue pour couvrir les risques de fraude douanière. C'est un engagement hors bilan de la banque de payer en lieu et place du déclarant ou de son mandataire au cas où ce dernier était insolvable. Elle était soumise aux conditions des banques dont les montants étaient particulièrement bas par rapport aux valeurs des marchandises transportées.

Dans la pratique, au Mali et au Sénégal où elle est correctement appliquée, la caution douanière est devenue une source d'alimentation de budgets d'organismes paraétatiques (chambres de commerce). Il en résulte évidemment une augmentation des coûts des transactions commerciales entre nos pays.

3.1.3.4. L'agrément des moyens de transport

La plupart des accords commerciaux internationaux prévoient l'agrément des entreprises de transport international ou les désignent directement. C'est pourquoi, les autorités chargées du transport sont toujours associées à la conclusion de conventions portant sur le transit international.

En désignant les entreprises habilitées à transporter des marchandises sous le régime du transit international, les États indiquent et agréent les moyens de transport utilisés.

Dans l'accord relatif au TIF, les entreprises nationales de chemins de fer sont désignées pour assurer le transport des marchandises par voie ferrée. Aujourd'hui, la société de gestion du trafic ferroviaire entre le Sénégal et le Mali, TRANSRAIL, est seule, en fait, à gérer le transport de marchandises par voie ferrée.

Dans les accords portant application du TRIE entre le Sénégal et le Mali, les moyens de transport (véhicules et conteneurs) doivent non seulement respecter les normes internationales, mais encore, ils doivent être autorisés par les services nationaux chargés de transport dans les deux pays en application d'un protocole d'accord signé le 07 septembre 1990.

À l'article 4 de ce protocole, les transporteurs doivent être agréés.

Dans le règlement 14/CM/2005 du 6 décembre 2005 de l'UEMOA, des normes de gabarit et de chargement ont été adoptées pour les véhicules en transit routier.

À l'application, le service des douanes doit s'assurer que le moyen de transport présente toutes les garanties pour déplacer les marchandises jusqu'à destination. L'état du véhicule, ses capacités, ses conditions de scellement et de fermeture, la compétence et la santé du chauffeur constituent une préoccupation majeure des agents des douanes chargés de la surveillance du transport des marchandises.

À l'alinéa 5 de l'article 174 du code des douanes, il est bien précisé que « le ministre chargé des Finances détermine, en accord avec le ministre chargé des Transports, les conditions de constitution, de fermeture et de scellement des véhicules de toutes sortes utilisés pour le transport ».

Un arrêté interministériel est alors attendu pour l'agrément des entreprises de transport sous le régime du transit international.

Pour les douanes et sur le terrain, l'agrément des moyens de transport suppose que :

• l'état du véhicule ou du conteneur permette le transport des marchandises jusqu'à destination. Un certificat de contrôle technique justifie le bon état des camions ;

• la capacité du véhicule soit suffisante pour transporter la totalité des marchandises déclarées ;

• le moyen de transport comporte un dispositif sur lequel le scellement douanier pourrait être apposé facilement ;

• le scellement doit pouvoir être placé de sorte que tout bris ou tout accès aux marchandises laisse des traces perceptibles ;

• aucun endroit caché n'ait été aménagé, qui permette de dissimuler des marchandises de fraude.

Pour les services techniques sénégalais chargés du transport, outre les contrôles de gabarit et de chargement réalisés en application du règlement 14/2005 de l'UEMOA, les contrôles techniques sont effectués et attestés tous les six (6) mois.

Dans ces conditions, les problèmes de capacité des véhicules en transit semblent résolus.

Quant aux agents des douanes, ils se limitent au départ, au contrôle de l'état apparent du véhicule, du permis de conduire, du conducteur et des conditions d'escorte.

3.2.4. Localisation des marchandises

Comme dans le régime du transit ordinaire, les marchandises déclarées sous le régime du transit international sont placées dans les moyens de transport ou à défaut sont rangées dans les magasins et aires de dédouanement.

Comme indiqué plus haut dans le cadre du régime du transit ordinaire, ces marchandises ne doivent pas se trouver ailleurs qu'à ces endroits.

Lorsqu'elles sont en cours de transport, les véhicules doivent toujours observer l'itinéraire prescrit par les autorités douanières conformément à celui indiqué à l'annexe 3 de la note de service n° 1526/DGD du 12 décembre 1995.

3.2.5. Les contraintes douanières

Les accords commerciaux de transit international sont toujours conclus dans le but de faciliter le transport des marchandises d'un pays à un autre. Mais à l'application dans nos pays, il apparaît qu'ils posent beaucoup plus de problèmes qu'ils n'en résolvent.

3.2.5.1. À l'enlèvement des marchandises

L'enlèvement ne doit pas être considéré comme une difficulté car il est effectué dans les mêmes conditions, quel que soit le régime douanier déclaré.

Il convient toutefois de faire remarquer la rigueur avec laquelle les agents des douanes surveillent le chargement des moyens de transport (train et véhicules). Ils doivent procéder à l'écor à l'enlèvement, c'est-à-dire identifier et dénombrer les moyens de transport, les colis et containers à transporter, mais surtout ils sont tenus de s'assurer que les renseignements contenus sur les déclarations sont identiques à ceux figurant sur ces moyens de transport, colis ou containers. De nombreux cas de fraude grave constatés auparavant dans les lieux de chargement justifient ce comportement.

3.2.5.2. Les délais de transport

Ils sont fixés dans les mêmes conditions que ceux du transit ordinaire.

Dans le TRIE, il est fixé à 3 jours par le protocole d'accord.

Mais, il arrive quelques fois que des pannes, accidents ou incidents divers retardent l'arrivée des moyens de transport à destination dans les délais. Un nouveau système de surveillance électronique a été mis sur pied pour rassurer sur l'exécution normale du transit routier vers le Mali par Kidira et Diboli et vers la Mauritanie par Rosso dans les délais.

3.2.5.3. Les précautions de surveillance douanière

Elles sont identiques à celles qui sont prises dans le cadre du régime du transit ordinaire.

Le scellement douanier, la présentation des colis au bureau des douanes de destination et le placement des marchandises sous la surveillance effective de la douane sont obligatoires dans tous les accords signés.

Quant à l'escorte, elle doit être prescrite par les autorités douanières en fonction de la sensibilité des marchandises à la fraude. L'accord relatif au TRIE laisse une place à l'appréciation des chefs de subdivisions et de brigades des douanes qui sont confrontés aux réalités du terrain.

Par contre pour le TIF, l'escorte n'est pas prévue. Les scellements des wagons de marchandises et les garanties offertes par l'entreprise unique de transport sont apparemment suffisants pour écarter toute probabilité de déversement frauduleux. Par ailleurs, la responsabilité de ces entreprises de chemins de fer est engagée en cas de réalisation du risque.

Un contrôle des scellements est également opéré au niveau du bureau des douanes de sortie du territoire, d'entrée et de destination dans le pays de destination.

C'est le cas autant pour le TRIE que pour le TIF. Ces contrôles sont exercés par les douanes et les entreprises de chemins de fer.

S'agissant de la décharge du carnet TRIE et du TIF, elle est réalisée à la réception du document douanier au bureau émetteur, visé par le bureau de destination.

Pour le cas particulier du coton, le TIF levé depuis Bamako couvre le transport jusqu'au quai du Port de Dakar. Les douanes sénégalaises n'ont aucun pouvoir pour assurer le moindre contrôle des balles de coton. Dans un contexte de trafic massif de stupéfiants entre les deux pays, cette procédure risque de produire des résultats surprenants.

C'est uniquement pour le coton stocké aux entrepôts maliens en attente d'une commande ferme qu'une déclaration de réexportation est levée au bureau ferroviaire et qu'un contrôle est assuré.

3.3. LE TRANSBORDEMENT : UNE OPÉRATION DE DÉCHARGEMENT ET DE RECHARGEMENT

Le transbordement est compris par les importateurs et exportateurs comme une rupture de charge, plus exactement comme une opération de transport consistant à décharger des colis, palettes ou containers d'un bateau ou avion pour les recharger sur un autre bateau ou avion. Il permet, avec le changement de moyen de transport, d'atteindre des ports et aéroports non desservis par les grandes compagnies maritimes ou aériennes. Aujourd'hui, il est pratiqué dans les plus grands ports, aéroports et centres urbains.

Dans la pratique, les manutentionnaires procèdent à des transferts de containers ou de colis d'un quai à l'autre ou d'un môle à un autre, à des transvasements de containers, à des allègements de containers ou de cargaisons et à de nombreuses autres opérations destinées à parer à l'absence d'engin de levage approprié à destination.

Le transbordement est devenu nécessaire par suite de la limitation par les grandes compagnies maritimes et aériennes des ports et aéroports d'escale aux seules villes présentant un taux de fret important et une sécurité avérée. Ces grandes compagnies suivent des circuits internationaux minutieusement étudiés en fonction de ces paramètres. Les villes qui ne sont pas desservies par ces grandes compagnies reçoivent ou envoient leurs palettes et containers de marchandises par des bateaux ou avions assurant des lignes maritimes ou aériennes régionales ou même nationales.

Il revient par conséquent aux consignataires de navires ou d'aéronefs de prendre toutes les dispositions pour décharger les colis et containers destinés à ces villes non desservies et pour les recharger sur des bateaux ou avions qui font escale dans les dites villes.

Pour ce type d'opération, les douanes ont choisi le régime du transbordement.

La convention de Kyoto a consacré le chapitre 2 de l'annexe E au régime du transbordement.

En revanche, le code communautaire de l'Union européenne n'a pas repris le transbordement sur la liste des régimes douaniers prévus à l'article 84.

Il en est de même du code des douanes du Sénégal de 1987 qui place le transbordement à l'intérieur du titre III réservé à la conduite en douane et dans les sections transport maritime et transport aérien.

Tel est également l'approche du code des douanes du Cameroun et de la CEMAC (cf. article 84).

Aux articles 66, 85 et 147 alinéa 3 du nouveau code des douanes du Sénégal, il apparaît que le transbordement, tout comme le débarquement, sont considérés comme des opérations, plus exactement des manipulations de marchandises, que le service des douanes est chargé d'autoriser et de surveiller. Cette considération pouvait prévaloir si le transbordement se déroulait continuellement d'un moyen de transport à un autre, dans un espace de temps relativement court. Tel n'est pas du tout le cas dans un grand port d'éclatement comme celui de Dakar ou dans un grand aéroport.

En réalité, le transfert des marchandises s'effectue souvent, soit entre des navires ou aéronefs qui ne se croisent pas au port de Dakar et sur le même môle ou à l'aéroport, soit entre des containers ou des palettes. Par conséquent les marchandises peuvent séjourner longtemps dans les espaces portuaires et aéroportuaires en attente d'un réembarquement. La fréquence de telles situations mériterait d'être prise en charge par le service des douanes pour éviter tout déversement frauduleux ou engorgement nuisible à la bonne exécution du contrôle douanier.

Dans ces conditions, doit-on considérer cette opération de chargement et de déchargement comme un régime douanier ?

L'autorité douanière sénégalaise a choisi de la considérer, dans l'article 1 alinéa 21-e du nouveau code des douanes, et surtout dans les articles 242 à 245, comme un « régime douanier autorisé ».

Il importe de signaler que le code des douanes de l'UEMOA ne reconnaît pas ce régime douanier. Mais, il a prévu une procédure d'autorisation de créer un régime douanier pour gérer certaines opérations. C'est cette procédure qui a été utilisée par le Sénégal pour mettre en place le régime du transbordement.

Le transbordement est apparenté au régime du transit parce qu'il traite d'une opération de transport de marchandises. À cet effet, il a été rangé dans l'annexe E de la Convention de Kyoto révisée, réservée exclusivement au transport.

Mais, contrairement au transit, il est présenté comme une opération à caractère définitif qui libère le déclarant dès la remise des colis et containers au transporteur et qui ne nécessite pas de surveillance douanière.

3.3.1. Définition

Le transbordement est défini à l'annexe E de la Convention de Kyoto révisée comme « le régime douanier en application duquel s'opère, sous contrôle de la douane, le transfert de marchandises qui sont enlevées du moyen de transport utilisé à l'importation et chargées sur celui utilisé à l'exportation, ce transfert étant effectué dans le ressort d'un bureau des douanes qui constitue, à la fois, le bureau d'entrée et le bureau de sortie ».

Cependant, dans le code communautaire de l'UEMOA, aucune allusion n'est faite au régime du transbordement.

Dans les codes des douanes du Cameroun (article 84), de la France et de l'Union européenne, le transbordement est considéré comme une simple opération de déchargement et de chargement.

C'est avec l'arrêté n° 3732 du 23 avril 2008 que l'administration des douanes du Sénégal, pour la première fois, reconnaît le régime douanier du transbordement. Aucune base légale n'a été visée dans cet arrêté et apparemment aucune autorisation n'avait été accordée par l'UEMOA. Ce texte définit le transbordement à l'article premier, comme « le régime douanier en application duquel s'opère, sous contrôle de la douane, le transfert de marchandises d'un navire à un autre ou d'un aéronef à un autre, en suspension des mesures de prohibition d'entrée et de sortie autres que celles prévues à l'article 2 et des droits et taxes ».

Apparemment, les auteurs de cet arrêté ont repris la définition de la Convention de Kyoto révisée et l'ont déformé en y ajoutant les termes « en suspension des mesures de prohibition (…) et des droits et taxes ».

La même définition a été reproduite par l'article 242 du code des douanes et l'arrêté 13721 du 14 juillet 2015.

Il convient par conséquent de s'interroger sur les termes « en suspension des mesures de prohibitions (…) et des droits et taxes » qui ont été ajoutés dans la définition du transbordement retenue dans le code des douanes et dans l'arrêté d'application. Qu'est-ce qui justifie une suspension de droits et taxes alors même que les marchandises ne sont manifestement pas destinées au territoire national, encore moins déclarées pour la mise à la consommation ? Le franchissement de la frontière n'est pas une condition suffisante pour l'application des droits et taxes. C'est d'ailleurs dans ce sens qu'il faut comprendre la définition que la Convention de Kyoto a donnée au transbordement.

Il a paru également important de soulever la question de la légalité de l'arrêté 3732 du 23 avril 2008. Aucun des textes visés sur cet arrêté ne concerne le transbordement. À la place des articles 54, 62 et 106 du code des douanes de 1987, ou de l'annexe E de la Convention de Kyoto (si elle avait été ratifiée), l'autorité douanière a visé les articles 164, et 166 à 174 du code des douanes de 1987, relatifs à l'admission temporaire. La légalité a été rétablie avec le nouveau code des douanes et l'arrêté 13721 du 14 juillet 2015.

Enfin, les deux définitions adoptées par la Convention de Kyoto révisée et le nouvel arrêté précité n'indiquent pas la nationalité des marchandises. Or, en général, les régimes douaniers ont été créés pour la gestion douanière des marchandises étrangères.

Pourtant, en rangeant le transbordement dans le même chapitre que le régime douanier du transit, la Convention de Kyoto a retenu l'origine des marchandises comme un élément essentiel dudit régime.

L'on pourrait donc définir le transbordement comme le cadre juridique douanier dans lequel sont placées les marchandises étrangères déchargées d'un navire ou aéronef pour être rechargées sur un autre navire ou aéronef, sous la surveillance douanière et dans le ressort d'un même bureau des douanes.

3.3.2. Les bénéficiaires du régime

Aucune disposition communautaire ou légale, aucune norme spécifique dans le chapitre 2 de l'annexe E de la Convention de Kyoto révisée, ni aucun article des arrêtés 3732 du 23 avril 2008 et 13721 du 14 juillet 2015 précités ne désignent un bénéficiaire de ce régime.

Il y a lieu de comprendre qu'à ce stade du transport d'une marchandise, l'expéditeur et le destinataire n'ont aucune responsabilité sur la marchandise et par conséquent, n'ont aucun rapport avec l'autorité douanière. Il appartient au transporteur ou à son mandataire, le consignataire de navires, de prendre toutes les dispositions utiles pour le déchargement et le rechargement des marchandises à transborder. En fait, le seul bénéficiaire de ce régime ne peut être que le détenteur de la marchandise.

Par conséquent, en lieu et place d'un bénéficiaire désigné par les textes, il y a lieu de considérer le transporteur comme bénéficiaire et le déclarant en douane comme le seul interlocuteur valable, sachant que l'expéditeur et le destinataire des marchandises sont tous domiciliés à l'étranger.

L'article 3 de l'arrêté précité désigne le commissionnaire en douane agréé et le consignataire représentant la compagnie de transport comme étant les seuls habilités à déclarer les marchandises à transborder.

En pratique, ce sont les consignataires qui déclarent les colis et containers en transbordement. À ce stade, ils constituent les seuls interlocuteurs valables pour décider du sort des marchandises.

3.3.3. Le champ d'application

Auparavant, le transbordement était considéré comme une opération de passage de colis d'un navire à un autre. Pour les douanes, les dispositions à prendre concernaient la mise en douane suite au transport maritime.

Aujourd'hui avec le développement du transport, cette opération de transfert de colis d'un navire à un autre est généralisée avec tous les autres moyens de transport. Tenant compte de cette évolution, la convention de Kyoto révisée a étendu au point F1/E1 du chapitre 2 de l'annexe E les dispositions douanières relatives au transbordement à tous les types de transport. Il est même recommandé aux États, au point 3 dudit texte, de ne pas refuser le régime du transbordement en raison de la provenance, de l'origine ou de la destination des marchandises.

Au Sénégal, ces dispositions n'ont pas été prises en compte. Dans l'arrêté 3732 précité, le transbordement est accordé pour toutes les marchandises, à l'exception des marchandises prohibées prévues à l'article 2 et des marchandises transportées par voie terrestre.

Mais avec le nouvel arrêté 13721 du 14 juillet 2015 et notamment en son article 1, aucune de ces exceptions n'a été retenue. C'est dire que les marchandises prohibées, tout comme les marchandises transportées, sont désormais admises au régime du transbordement. Il y a surtout lieu de comprendre que, conformément aux dispositions de la Convention de Kyoto, le transbordement peut désormais être autorisé pour le transport aérien et terrestre.

En dehors de celles qui présentent des risques liés à la sécurité publique, à la santé publique, à la moralité publique et à l'environnement qui sont exclues, toutes les marchandises importées peuvent être transbordées.

Un tel champ d'application éloigne certes les douanes de la conception originelle du transbordement, mais est totalement conforme aux dispositions de la Convention de Kyoto révisée.

3.3.4. La localisation des marchandises

La localisation des marchandises déclarées pour le transbordement est expressément prévue à l'article 2 de l'arrêté 13721 du 14 juillet 2015. Selon cet article, « les marchandises transbordées sont enlevées du moyen de transport utilisé pour l'importation et chargées sur celui utilisé à l'exportation, ce transfert étant effectué dans le ressort d'un bureau de douane qui constitue à la fois le bureau d'entrée et le bureau de sortie. Le service des douanes peut autoriser le transbordement dans les lieux qu'il désigne à cet effet ».

De cette disposition, il ressort que les marchandises en transbordement sont toujours dans le ressort du bureau des douanes qui a accueilli le moyen de transport. Mais, sachant que le passage automatique d'un moyen de transport à un autre s'effectue rarement, que le ressort d'un bureau des douanes couvre, surtout avec les domiciliations, plusieurs localités et que le service peut même désigner des endroits pour la réalisation du transfert de colis ou containers, trois situations différentes peuvent être distinguées :

- Les palettes, colis et containers sont placés dans les magasins et aires de dédouanement en attente d'un moyen de transport. À ce niveau, la surveillance douanière est normalement assurée par les agents des brigades commerciales des douanes.

- Ils peuvent également être contenus dans des navires, des aéronefs, des wagons ou des camions en stationnement ou en mouvement vers la sortie pour l'étranger. Dans ce cas, étant donné que l'embarquement est terminé, les agents des douanes des brigades mobiles ou maritimes (relevant de la subdivision maritime) surveillent la sortie normale du moyen de transport vers l'étranger.

- Ils peuvent enfin être transportés sur des camions pour être rapprochés des navires et aéronefs affrétés à l'occasion de leur expédition à l'étranger. Dans ce cas, notamment lorsqu'il s'agit d'un transport d'un môle à un autre, d'un navire ou aéronef à un autre ou d'une zone portuaire ou aéroportuaire à une autre, une surveillance particulière devrait être assurée par les agents des douanes. L'escorte est généralement prescrite par les chefs de brigade ou d'unité des douanes.

Ainsi, dans tous ces cas où les marchandises se trouvent à l'intérieur du cordon douanier et dans le ressort d'un bureau des douanes, une surveillance stricte est assurée par les brigades commerciales des douanes. C'est dire que la localisation de la marchandise constitue un élément important pour le service des douanes.

3.3.5. Les conditions de réalisation du transbordement

Pour bénéficier du régime du transbordement, quelques conditions préalables ont été posées à l'article 1 alinéa 3 de l'arrêté 3732 du 23 avril 2008. Il s'agit :

➢ ***des marchandises qui doivent être destinées à un autre pays et qui passent par le territoire douanier ;*** la provenance étrangère et la destination étrangère constituent des conditions nécessaires à la réalisation de l'opération ;

➢ ***des marchandises qui doivent être débarquées puis rechargées dans le ressort du seul bureau d'importation*** (article 1 alinéa 2 de l'arrêté) ;

➢ ***des marchandises devant être inscrites sur un manifeste d'entrée ;***

➢ ***des marchandises devant être déclarées sous le régime du transbordement*** : la déclaration de type R 1 n'a jamais été utilisée au Sénégal. C'est plutôt une déclaration manuelle simplifiée qui a toujours été déposée en douane.

Ces conditions cumulatives et obligatoires n'ont pas été reproduites dans l'arrêté 13721 du 14 juillet 2015. Néanmoins, elles sont pertinentes et restent valables.

Toutefois, cet arrêté, tout comme l'arrêté 3732 du 23 avril 2008, a prévu des cas particuliers pour lesquels le Directeur général des douanes peut autoriser l'accès au régime du transbordement. Il s'agit :

▪ des marchandises déclarées en détail dans un autre régime douanier qui n'ont pas quitté l'enceinte douanière (cf. article 2 de l'arrêté 13721). Cette partie fait apparaître une contradiction par rapport à la première partie de l'article qui stipule que « le transbordement est autorisé pour toute marchandise n'ayant pas été déclarée sous un autre régime ». Outre cette contradiction, ce cas ne présente aucune particularité au point de figurer dans l'arrêté. L'article 119 du code des douanes n'a pas prévu de possibilité d'annuler des déclarations de marchandises, même si elles contiennent des erreurs. Cependant, il permet d'apporter des modifications, après le commencement de la vérification, sur des « éléments qui n'ont pas d'incidences sur la liquidation ».

Dans la pratique, le système d'information « GAÏNDE » autorise des annulations de déclarations déjà enregistrées. C'est probablement pour tenir compte de cet élément que l'autorité évoque ce cas.

Par conséquent, les consignataires gardent le bénéfice de cette faculté de solliciter l'application du transbordement au cas où un autre régime douanier a été déclaré par erreur.

▪ des marchandises débarquées et entreposées (ici, les marchandises sont simplement placées en magasins ou aire de dédouanement) qui doivent être exportées suite à une erreur d'expédition ou à un refus du destinataire (cf. article 1 alinéa 3 de l'arrêté).

▪ des matériels d'origine étrangère, autres que ceux ayant acquitté les droits et taxes d'importation et ceux destinés à la réparation de navires battant pavillon étranger (cf. article 12 de l'arrêté).

Ces cas ne présentent aucune particularité au point de figurer parmi les cas particuliers prévus dans l'arrêté. À partir du moment où le statut des matériels est connu, il convient d'appliquer le régime douanier qui sied pour son expédition à l'étranger ou de constater l'irrégularité.

3.3.6. Les contraintes douanières

Pour des raisons liées à la politique menée par le Port Autonome de Dakar et exprimée lors du conseil interministériel de 1991 portant sur le transbordement, les contraintes douanières ont été fortement simplifiées et allégées.

3.3.6.1. La déclaration de transbordement

Le bénéfice du régime du transbordement est au subordonné dépôt d'une déclaration de douane. Cette déclaration peut revêtir la forme d'une déclaration de marchandise ou d'une déclaration de chargement.

Si la Convention de Kyoto révisée exige le dépôt d'une déclaration de marchandise dans la norme 4 du chapitre 2 de l'annexe E, elle admet et même recommande dans la norme 5 et à la recommandation 6, un document commercial ou de transport.

C'est sur la base de la norme 4 du même chapitre 2 de l'annexe E que les autorités douanières sénégalaises ont dû instituer, par arrêté n° 3732 du 23 avril 2008, le permis de transbordement qui sert de déclaration de marchandise et en même temps ont admis qu'un document commercial ou de transport peut servir de permis de transbordement.

Elles ont par conséquent abandonné l'ancien projet de déclaration de marchandise de type R 1 résultant de l'annexe de la décision 14/CM/77 de la CEAO (Communauté des États de l'Afrique de l'Ouest).

Le permis de transbordement est une déclaration de marchandise qui est assujettie à un formalisme allégé. Il doit être saisi puis validé et enregistré dans le système « GAÏNDE ». Il porte un numéro identique à celui du manifeste de transbordement, lequel reprend la liste détaillée des containers et est pris en charge par le chef des sections du bureau des douanes compétent.

Le permis de transbordement est uniquement utilisé pour apurer le manifeste d'entrée. Pour le moment, ce permis n'est pas encore créé et la procédure qui devrait en résulter ne fonctionne pas.

En revanche, le manifeste de transbordement, qui a été institué par note de service n° 389/DGD du 11 avril 2000, continue à servir de déclaration de transbordement. Il contient des éléments d'information relatifs :

- aux navires ;
- aux ports de provenance et de destination ;
- aux marques et numéros des unités de transport (containers, palettes, véhicules ou colis) ;
- à leurs poids ;
- aux plombs y apposés ;
- et à la nature des marchandises.

Ces éléments sont les mêmes que ceux requis pour les déclarations de chargement ou manifestes.

Ce manifeste auquel sont obligatoirement joints les connaissements concernés, est déposé à la cellule de transbordement de la subdivision de Dakar pour enregistrement et autorisation. Le document ainsi annoté est remis aux services de surveillance douanière pour le contrôle physique de l'opération de déchargement, de transfert et de chargement des containers.

Après expédition, une copie annotée de ce manifeste est remis au bureau des douanes pour l'apurement du manifeste.

Dans les nouvelles dispositions de l'arrêté 13721 du 14 juillet 2015, aucune précision n'est apportée sur la déclaration de transbordement. Au contraire, l'article 9 selon lequel « le service des douanes peut accepter comme déclaration de marchandises pour le transbordement, le document commercial ou le titre de transport relatif à l'envoi, à condition qu'ils contiennent toutes les informations visées à l'article 4 » jette la confusion. Il ne distingue pas la déclaration de marchandises, qui nécessite beaucoup d'informations, de la déclaration de chargement appelée généralement manifeste.

Aussi faudrait-il considérer que le manifeste de transbordement continue à servir, étant entendu que la note n° 389/DGD du 11 avril 2000 qui l'avait institué n'a pas été abrogée par les arrêtés précités.

Il convient de noter par ailleurs que les formalités à remplir sont très simples et ne comportent aucune difficulté. Aucun contrôle de fond n'est exercé sur le manifeste.

L'obligation de déposer un manifeste de transbordement connaît théoriquement une limite normale. L'article 11 de l'arrêté 13721 du 14 juillet 2015 prévoit des dispenses de déclaration de transbordement en faveur des unités de transport (containers et autres emballages de transport) qui, pour des motifs de rangement ou d'incident, sont débarquées puis réembarquées sur le même moyen de transport.

Pendant leur séjour sur les quais, ces unités de transport ne font l'objet d'aucune vérification douanière. Par contre, elles sont placées sous surveillance douanière et de ce fait, peuvent recevoir la visite des agents des douanes des brigades maritimes.

3.3.6.2. La surveillance douanière des opérations de déchargement et de rechargement

Les opérations de chargement et de déchargement sont exécutées librement, sous le couvert du manifeste de transbordement, par un manutentionnaire à la demande du consignataire responsable.

Les agents de la brigade commerciale devraient en assurer la surveillance douanière stricte. Cette surveillance devrait être matérialisée par un ensemble d'actes de contrôle douanier consistant en :

- la reconnaissance, l'identification et l'écor des containers, colis, palettes ou véhicules et de leurs plombs au moment du débarquement et du réembarquement ;
- l'escorte en cas de déplacement de ces colis containers, palettes et véhicules d'un quai à un autre ou d'un môle à un autre du même port ;
- l'assistance aux transvasements et dépotages des containers ;
- l'établissement du certificat d'embarquement.

Une telle surveillance rassure l'autorité douanière dans un port d'éclatement dont le volume du trafic dépasse très largement les capacités de contrôle de l'administration des douanes. Elle suffit largement pour exercer le contrôle douanier.

3.3.6.3. Le séjour des marchandises en régime de transbordement

Conformément à la norme 8 du chapitre 2 de l'annexe E de la Convention de Kyoto révisée, le délai de séjour en régime de transbordement est fixé à 72 heures par l'article 6 de l'arrêté 13721 précité. Ce délai peut être prorogé sans limite sous réserve que les justifications apportées soient acceptées par l'autorité douanière.

Mais, puisque cet arrêté n'est pas encore mis en application, aucun délai n'est actuellement prescrit dans la pratique. Les marchandises déclarées en transbordement séjournent ainsi très longtemps au Port de Dakar sans aucun contrôle réel.

3.3.6.4. Les excédents et déficits

Les actes de contrôle exécutés par les agents des douanes débouchent parfois sur des constats d'excédents ou déficits de marchandises.

Aucune sanction n'est prévue pour ces excédents dans l'arrêté. Ils sont toujours tolérés puisqu'ils résultent souvent d'omissions ou d'erreurs de recensement au moment des débarquements.

En revanche, les déficits sont prévus à l'article 13 de l'arrêté précité. Lorsqu'ils sont constatés, le déclarant est tenu de payer les droits et taxes applicables sans préjudice des poursuites contentieuses.

À l'examen des contraintes douanières ci-dessus et de l'effectivité du contrôle douanier sur les opérations de déchargement et de chargement, il nous paraît important de nous interroger sur le classement du transbordement dans la catégorie des régimes douaniers.

Il s'agit d'une opération qui ne concerne pas la marchandise. Elle porte essentiellement sur les colis, les containers et moyens de transport que le manutentionnaire manipule pour des raisons propres aux exigences du transport. Le destinataire de la marchandise n'a pas encore pris en charge sa marchandise et par conséquent ne peut pas déclarer en douane. L'utilisation de la marchandise ne peut même pas être évoquée.

Or, la caractéristique principale d'un régime douanier réside dans l'utilisation de la marchandise par le destinataire ou l'expéditeur. C'est pour cette raison que le transbordement doit être considéré comme une simple opération de déchargement et de rechargement de colis transportés qui passent par le territoire douanier et traitée comme tel par le service des douanes. Une surveillance douanière appropriée suffit largement pour encadrer l'opération et éviter un déversement frauduleux.

3.4. Le cabotage : une opération de transport

Le cabotage est une opération de transport réalisée par de petits navires étrangers entre deux ports fluviaux ou maritimes d'un même pays. Dans certains pays, notamment en Europe, en Asie et en Amérique centrale, le cabotage prend en charge un important volume du trafic des marchandises et évidemment pose beaucoup de problèmes de douane. À cet effet, des dispositions sont prises au niveau des services des douanes pour encadrer cette opération.

Cette préoccupation a été favorablement accueillie au concert des douanes du monde. Ainsi, la Convention de Kyoto révisée a considéré le cabotage comme un régime douanier et consacré le chapitre 3 de l'annexe E aux normes et recommandations pour la réalisation de ce type d'opération de transport.

Ces normes et recommandations portent sur :

• son champ d'application : les marchandises en libre circulation et les marchandises étrangères ;

• les opérations de chargement et de déchargement : elles s'effectuent dans les ports indiqués par les législations nationales ;

• la déclaration de chargement des navires ;

• la garantie éventuelle pour le paiement des droits à l'exportation.

Au niveau de l'UEMOA, pour promouvoir l'activité et soutenir l'entreprise ivoiro-sénégalaise de cabotage créée avant l'année 2000, le cabotage a été prévu et défini comme un régime douanier à l'article 59 du code communautaire des douanes. Mais il a été rangé à la section 6 du titre 3 dudit code, relative à la conduite et à la mise en douane. Ce rangement signifie qu'il s'agit d'une opération de transport, puisque la conduite et la mise en douane sont relatives aux dispositions prises par le service des douanes pour encadrer les moyens de transport.

L'article 59 du code communautaire des douanes reprend le champ d'application du cabotage défini dans la Convention de Kyoto avec une modification importante. À la place de « marchandises en libre circulation », le code a prévu « les marchandises mises à la consommation ».

Dans le langage douanier (glossaire OMD), les marchandises en libre circulation sont définies comme des marchandises mises à la consommation. Est-ce à dire par conséquent que les marchandises originaires de l'UEMOA sont exclues du bénéfice du régime du cabotage ? Ce sont pourtant des marchandises en libre circulation dans le territoire de la communauté.

Dans le nouveau code des douanes du Sénégal, le cabotage a été reconsidéré. Il est non seulement rangé dans le titre 6 et au chapitre 9 réservé aux autres régimes économiques douaniers autorisés, mais encore il est défini à l'article 249 comme « le régime applicable aux marchandises importées qui n'ont pas été déclarées, à condition qu'elles soient transportées à bord d'un navire autre que le navire à bord duquel elles ont été importées dans le territoire douanier ». Ces « marchandises sont chargées à bord d'un navire en un point du territoire douanier, transportées en un autre point du même territoire douanier où elles sont alors déchargées ».

Il s'agit donc de marchandises importées et déclarées pour le transport à un autre port différent de celui dans lequel elles ont été débarquées.

Sur ce point ainsi que sur le traitement à apporter aux marchandises importées, le cabotage constitue une opération de transport maritime au même titre que le transit. Pour cela, il peut être considéré comme un régime douanier apparenté au transit.

En application de l'article 249 du code des douanes, l'arrêté 13709 du 14 juillet 2015 a été pris pour poser les règles de fonctionnement du cabotage et pour gérer les opérations de transport maritime de marchandises exécutées entre les différents ports du Sénégal.

3.4.1. Les conditions de réalisation du cabotage

Les conditions de réalisation du cabotage sont tirées de la définition prévue à l'article 249 du code des douanes. Il s'agit du bénéficiaire, de la marchandise et du parcours.

❖ Le bénéficiaire : comme pour le transbordement, il n'est pas cité dans la définition du cabotage. Mais à l'article 1 de l'arrêté 13709 du 14 juillet 2015, il est bien précisé que « toutefois, les navires qui assurent des lignes régulières entre les ports déterminés peuvent bénéficier, à leur demande, d'une autorisation générale de transport de marchandises sous le régime du cabotage ». C'est dire *a contrario*, que les importateurs et exportateurs en sont les bénéficiaires.

❖ Le champ d'application : l'article 1 de l'arrêté 13709 prévoit autant les marchandises en libre circulation que les marchandises importées non encore déclarées, conformément à la Convention de Kyoto révisée. Or, le code des douanes a limité expressément le champ d'application du cabotage aux marchandises importées.

S'agissant des marchandises en libre circulation, l'article 1 de l'arrêté viole les dispositions de l'article 249 du code des douanes. Du reste, il n'est pas nécessaire de les placer sous un régime douanier quelconque à partir du moment où elles peuvent être transportées librement sans autorisation du service des douanes. Une facture du fournisseur ou du transporteur suffit pour justifier le mouvement de la marchandise.

Au contraire, les marchandises importées et non déclarées nécessitent des documents douaniers pour circuler à l'intérieur du territoire douanier. Aussi faudrait-il modifier cet arrêté pour limiter le champ d'application du cabotage aux marchandises étrangères importées conformément aux dispositions du code des douanes.

Par ailleurs, comme pour le transbordement, l'article 2 de l'arrêté précité exclut de ce champ d'application, les marchandises prohibées reprises ci-dessous.

- les animaux et marchandises en provenance des pays contaminés dans les conditions prévues par la législation sur la police sanitaire, vétérinaire et phytosanitaire ;

- les denrées alimentaires provenant d'animaux ayant été soumis à des essais de médicaments ;

- les stupéfiants et substances psychotropes, ainsi que les précurseurs ;

• les armes de guerre, pièces d'armes et munitions de guerre à l'exception des armes, pièces d'armes et munitions de guerre destinées aux forces de sécurité et de défense ;

• les supports, écrits, imprimés, dessins, affiches, gravures, peintures, photographies, clichés, matrices, reproductions pornographiques et tous objets de nature à porter atteinte aux bonnes mœurs, à la sécurité publique, à la dignité humaine ou à la foi religieuse ;

• les produits naturels ou fabriqués portant soit sur eux-mêmes soit sur leurs emballages une marque de fabrique ou de commerce, un nom, un signe, une étiquette ou un motif décoratif de nature à faire croire à l'origine sénégalaise desdits produits lorsqu'ils sont étrangers.

❖ Le parcours : l'article 1 de l'arrêté précité pose la condition du transport maritime des marchandises d'un port à un autre par un navire différent de celui à bord duquel elles ont été importées pour que le cabotage puisse être accordé. Cette condition essentielle, outre la confirmation de la provenance étrangère des marchandises, laisse supposer qu'il faut nécessairement un changement de navire et un déplacement d'un port à un autre. Ces deux opérations sont en général gérées par des consignataires et réalisées par des manutentionnaires. Ce sont des tâches qui sont préparées et exécutées à l'intérieur des ports. Elles relèvent exclusivement de l'activité de transport maritime. Elles sont généralement réalisées à l'insu des importateurs et exportateurs.

À l'analyse, il apparaît que les tâches ainsi identifiées et exposées sont identiques à celles menées pour le transbordement.

Toutefois, il s'agit d'une opération courante de transport de marchandises importées par des opérateurs économiques domiciliés dans des endroits dotés ou proches des ports douaniers secondaires non desservis par les lignes maritimes internationales. Pour gérer une telle opération dans le sens d'un développement plus rapide des activités économiques régionales, l'autorité douanière a délibérément choisi de créer un régime douanier distinct, mais apparenté au régime douanier du transit.

3.4.2. Les contraintes douanières du cabotage

Elles sont identiques à celles prévues pour le transbordement.

❖ La déclaration de cabotage

La déclaration de cabotage est définie par l'article 16 de l'arrêté 13709 du 14 juillet 2015 comme un document unique où figurent les renseignements relatifs au navire, la liste des marchandises et le nom des ports de déchargement. Un tel document est considéré comme une déclaration de chargement. Pour l'établissement d'un tel document, le déclarant doit disposer des renseignements sur le navire que seul le capitaine du navire ou le consignataire détient.

La déclaration est dénommée « autorisation générale » aux articles 1 et 17 de l'arrêté, « autorisation particulière » à l'article 15 et « liste » à l'article 17. Ces différences dans la dénomination de la déclaration de cabotage ne changent en rien sa nature et sa fonction. Il s'agit d'une déclaration de chargement contenant la liste des marchandises transportées et destinées à être présentées au service des douanes à l'arrivée.

La déclaration de cabotage doit être déposée par le capitaine du navire et toute personne intéressée conformément à l'article 16 précité. Si pour ce capitaine et son représentant, le consignataire, une telle déclaration ne pose aucun problème puisqu'ils sont responsables du navire et du transport des marchandises à bon port, l'on s'interroge sur cette autre « personne intéressée » qui ne dispose pas des renseignements sur le navire et qui doit déclarer, sous le régime du cabotage, le transport des marchandises d'un port à un autre.

Sur ce point, il importe de rappeler le principe général de douane selon lequel la déclaration de chargement est déposée par le responsable du moyen de transport et la déclaration de marchandises par l'importateur ou l'exportateur.

La déclaration de cabotage doit enfin comporter une garantie pour couvrir les risques de fraude sur les marchandises en libre circulation à transporter qui sont soumises à des droits et taxes de sortie. La forme de cette garantie n'est pas encore définie.

Cette garantie constitue une nouvelle formalité applicable aux produits d'origine sénégalaise soumise à des droits et taxes à l'exportation. Même si aucun droit ou taxe n'est prévu pour le moment sur le tarif des douanes, une telle disposition va à l'encontre des efforts de promotion et de facilitation des exportations sénégalaises et limite la liberté de transport des marchandises à l'intérieur du territoire douanier. Elle n'est pas non plus applicable au cabotage dont le champ d'application ne couvre que les marchandises importées.

Par conséquent, cette garantie dont la forme n'est pas définie est sans objet et devrait être revue.

En revanche, pour les marchandises d'origine étrangère dont les importateurs résident dans des villes dotées ou proches de ports douaniers, l'obligation de garantir le transport à bon port de leurs marchandises résulterait d'un alignement sur le régime de référence du transport qu'est le transit et évidement d'une mesure préventive contre les déversements frauduleux.

Pour que cette garantie puisse être demandée et obtenue auprès des établissements financiers habilités à cet effet, il faut nécessairement un engagement de l'importateur, lequel est seul à pouvoir fournir toutes les informations sur la marchandise importée. Il faut également une déclaration de marchandise et non une déclaration de chargement du consignataire. En fait, le seul cadre qui lui est offert pour s'exprimer auprès des services des douanes est la déclaration de marchandise.

Par conséquent, en lieu et place des autorisations prévues dans cet arrêté, il convient de prévoir à l'image du transit ordinaire, une déclaration de marchandise de type S 1 pour le cabotage, au cas où le transport est demandé par l'importateur.

S'agissant des marchandises pour lesquelles le port de Dakar est un port d'escale, les autorisations prévues pour le transbordement pourraient être déposées par les capitaines de navires ou consignataires. En effet, ce cas présente toutes les conditions d'application du transbordement.

Il convient par conséquent de modifier cet arrêté pour prendre en charge les conditions du transport maritime et les besoins des opérateurs économiques.

❖ La surveillance douanière du cabotage

Elle consiste à surveiller les activités de déchargement des marchandises importées, de rechargement sur un autre navire et de transport jusqu'à un autre port.

La surveillance douanière suppose la réalisation des opérations de chargement et de déchargement dans les lieux pourvus d'unités de douanes et la présence des agents des douanes. Toutefois, au niveau des ports étrangers d'escale prévus à l'article 5 de l'arrêté précité, il est exclu pour ces agents de douane d'exercer leurs fonctions.

Cette surveillance se traduit sur le terrain par la série d'opérations suivantes :

• la reconnaissance, l'identification et l'écor des containers, colis, palettes ou véhicules et de leurs plombs au moment du débarquement et du réembarquement ;

• le scellement douanier rendu obligatoire par l'article 6 de l'arrêté précité sauf dispense (article 7 de l'arrêté) ;

• l'escorte en cas de déplacement de ces colis containers, palettes et véhicules d'un quai à un autre ou d'un môle à un autre du même port ou d'un port à un autre ;

• l'assistance aux transvasements et dépotage des containers ;

• l'établissement du certificat d'embarquement ;

• le dépôt de la déclaration de cabotage à l'arrivée.

Ces opérations constituent des actes de contrôle douanier traditionnel généralement utilisés pour le régime douanier du transit. Ils rassurent l'autorité douanière. Toutefois, ils peuvent être sensiblement allégés pour contribuer à l'amélioration de la chaine logistique maritime internationale.

❖ Le séjour des marchandises en cabotage

Dès que le cabotage est autorisé, les marchandises doivent être embarquées sur le navire en partance à un autre port du territoire douanier. Elles sont conduites par les soins du transporteur jusqu'au port de débarquement déclaré.

Aucun délai n'est imposé.

S'agissant du débarquement, il importe de préciser que le code des douanes interdit à l'article 64, l'accostage des navires dans des ports non pourvus de bureau des douanes, sauf en cas de force majeure. Or, l'arrêté 13709 du 14 juillet 2016 a prévu aux articles 10, 11 et 12, la possibilité pour le service des douanes d'autoriser le débarquement des marchandises dans des endroits autres que ceux prévus sur la déclaration de cabotage, à la demande de la personne intéressée. Même si ces dispositions sont prises sur la base de l'article 66 alinéa 2 du même code des douanes, il y a lieu de s'interroger sur leur légalité et leur applicabilité pratique. Sauf cas de force majeure, les lieux de débarquement sont des ports douaniers connus au départ et portés sur la déclaration de cabotage. Quels sont les motifs objectifs qui peuvent faire dévier un navire de son itinéraire ?

Le traitement douanier de l'opération de cabotage est identique à celui appliqué au transit. Il s'agit de mesures douanières nécessaires au transport maritime des marchandises importées à bon port.

Pour toutes ces raisons, il y a lieu de considérer le cabotage comme un régime douanier apparenté au transit.

3.5. L'ENTREPÔT DE DOUANE : LE RÉGIME DOUANIER DE RÉFÉRENCE POUR LE STOCKAGE DES MARCHANDISES

Pour des raisons tenant aux besoins des marchés, les commerçants peuvent être amenés à stocker des marchandises pendant une période au cours de laquelle ils cherchent le client idéal afin d'optimiser leurs profits. Étant donné que ce client peut être domicilié dans le pays ou à l'étranger, ces profits seraient encore plus consistants si les charges éventuelles résultant de l'importation et du stockage des marchandises dans le pays et les délais d'approvisionnement étaient réduits au strict minimum.

Au Sénégal, l'activité de stockage a occupé depuis la période coloniale, une place particulièrement importante dans le commerce grâce au rôle que jouait le Port de Dakar dans le trafic des marchandises. Les grandes compagnies commerciales avaient installé partout des magasins de stockage pour ravitailler les centres urbains et ruraux de l'Afrique-Occidentale française.

Pour ne pas perturber ces courants d'échange après l'indépendance et répondre aux besoins de stockage de ces compagnies, les douanes sénégalaises ont reconduit les textes français relatifs à l'entrepôt de stockage.

Il fallait permettre aux commerçants de s'affranchir du paiement des droits et taxes de douane imposés par le Sénégal sur les importations afin que les prix proposés aux consommateurs de la sous-région soient accessibles et concurrentiels.

Les textes français relatifs à l'entrepôt de stockage reposent sur le principe de l'exterritorialité selon lequel les marchandises admises au bénéfice du régime sont considérées comme se trouvant à l'étranger après avoir franchi les frontières nationales.

C'est sur la base de ce principe que la Convention de Kyoto révisée a érigé les normes et recommandations relatives au régime de l'entrepôt de douane.

C'est également dans cet esprit que les codes des douanes du Cameroun, du Maroc, de la Tunisie et du Sénégal ont reconduit les mêmes dispositions relatives au régime douanier de l'entrepôt de stockage.

Toutes ces dispositions présentent l'entrepôt comme un régime douanier provisoire dans lequel les marchandises sont soumises à la surveillance de la douane et à l'issue duquel elles doivent être déclarées sous un autre régime douanier.

L'on relèvera avant tout la différence entre les termes utilisés par le code des douanes « entrepôt de stockage » et ceux employés par la Convention de Kyoto révisée « entrepôt de douane ». Aucune justification n'a été donnée. Et apparemment, tout laisse croire qu'il s'agit d'une simple différence d'appellation.

Dans le code communautaire des douanes (chapitre 3, titre 4), l'entrepôt de douane constitue une catégorie juridique comprenant l'entrepôt de stockage et l'entrepôt industriel, un régime dont la fonction est totalement différente du stockage.

3.5.1. Définitions

Plusieurs définitions ont été données.

La Convention de Kyoto révisée définit l'entrepôt de douane au chapitre 1 de l'annexe spécifique E comme « le régime douanier en application duquel les marchandises importées sont stockées sous contrôle de la douane dans un lieu désigné à cet effet sans paiement des droits et taxes à l'importation ».

C'est exactement en ces termes que le code communautaire de l'UEMOA a défini le régime de l'entrepôt de douane en son article 119.

En revanche, l'article 132 du code des douanes du Sénégal de 1987 l'a défini comme suit : « le régime de l'entrepôt de stockage consiste dans la faculté de placer des marchandises, pour une durée déterminée, dans des établissements soumis au contrôle de l'Administration des douanes ».

L'arrêté 12001 du 30 septembre 1989 pris en application de cette disposition précise que « le régime de l'entrepôt de stockage consiste dans la faculté de placer des marchandises importées ou à exporter, pour une durée déterminée, dans un local soumis au contrôle de l'Administration des douanes ».

Dans le code des douanes du Maroc, il est défini à l'article 119 comme le régime douanier qui permet de placer des marchandises dans un établissement soumis au contrôle de la douane.

La même définition est reprise à l'article 176 du code des douanes du Cameroun, avec en plus la suspension des droits et taxes et mesures de prohibition.

Dans le nouveau code des douanes du Sénégal de 2014, il est considéré à l'article 176 comme « le régime douanier en application duquel des marchandises importées ou à exporter, sont stockées sous contrôle de la douane dans un lieu désigné à cet effet, en suspension des droits et taxes exigibles ».

Le nouvel arrêté d'application n° 13707 du 14 juillet 2015 a repris les mêmes termes en son article 1er pour définir l'entrepôt de stockage.

À la lecture de ces définitions, quelques différences peuvent être notées :

- Les appellations « entrepôt de douane » et « entrepôt de stockage » notées sont employées indifféremment, sans que des explications ne soient données.

Le code communautaire qui procède à cette distinction place les entrepôts de stockage (paragraphe 1) et l'entrepôt industriel (paragraphe 2) dans le chapitre 3 réservé à l'entrepôt de douane du titre 6 (régimes douaniers).

Le code des douanes du Sénégal considère l'entrepôt de douane comme une entité qui recouvre l'entrepôt de stockage et l'entrepôt industriel. Puisque ces deux catégories juridiques douanières n'ont pas le même objet, aucune définition ne peut logiquement être donnée à l'entrepôt de douane. Sur ce point, il importe de préciser que l'entrepôt industriel n'est pas un régime douanier au sens du code des douanes et surtout n'a pas pour objet le stockage des marchandises. Aussi faudrait-il limiter l'entrepôt de douane à l'entrepôt de stockage.

La Convention de Kyoto révisée n'a pas prévu la catégorie juridique des entrepôts de stockage à l'annexe D.

À la lecture attentive des différents textes applicables au Sénégal, il apparaît que l'entrepôt de douane n'est ouvert qu'aux marchandises importées (article 119 du code communautaire des douanes) alors que l'entrepôt de stockage est ouvert à toutes les marchandises, qu'elles aient été importées ou en instance d'exportation.

• L'entrepôt de stockage est différemment défini dans les textes de référence.

Dans le code des douanes du Sénégal de 1987, tout comme dans le code des douanes du Cameroun (article 176), l'entrepôt de stockage consiste en la faculté de placer des marchandises dans des établissements soumis au contrôle des douanes.

Or, dans la Convention de Kyoto, dans le code communautaire de l'UEMOA et dans le code des douanes de Tunisie (article 166) c'est le terme « régime douanier » qui est employé en lieu et place d'une simple « faculté ». C'est du reste dans ce sens que le nouveau code des douanes du Sénégal a été rédigé.

Toutefois, aucune indication précise n'est fournie sur l'origine des marchandises y placées.

• Le non-paiement des droits et taxes indiqué dans la Convention de Kyoto et dans le code communautaire n'est pas mentionné dans la définition du code des douanes de 1987. Mais à l'alinéa 3 de l'article 132 dudit code des douanes, il est précisé que « la mise en entrepôt de stockage suspend l'application des droits et taxes ». Sur ce point les différences sont évidentes et profondes :

✓ Le non-paiement des droits et taxes constitue un élément important de la définition de l'entrepôt dans la Convention de Kyoto révisée. Par contre dans le code des douanes de 1987, la suspension des droits qui présente les mêmes effets immédiats résulte d'une précision à l'alinéa 3 du même article 132. Il en est de même à l'article 176 du nouveau code des douanes où l'alinéa 2 indique la suspension des droits, taxes et mesures de prohibition.

✓ Le non-paiement des droits et taxes est compris comme une dispense définitive du paiement desdits droits et taxes dans la Convention. Par contre la suspension des droits et taxes évoquée dans le code des douanes signifie le report à une date ultérieure du paiement desdits droits et taxes.

Il importe de rappeler que la question du paiement des droits et taxes ne doit même pas être évoquée lorsque les marchandises, sur la base du principe de l'exterritorialité, sont considérées comme se trouvant à l'étranger. Elle ne doit donc pas figurer dans la définition du régime douanier de l'entrepôt de douane ou de l'entrepôt de stockage.

En raison des différences constatées, il est proposé de définir l'entrepôt de douane ou de stockage comme le cadre juridique douanier réservé aux marchandises importées et stockées provisoirement dans un établissement agréé et soumis au contrôle de l'administration des douanes.

3.5.2. Les catégories d'entrepôt de douane ou de stockage

Pour permettre à l'institution de jouer pleinement son rôle de stockage, des distinctions sont opérées entre les entrepôts de douane.

Dans la Convention de Kyoto révisée, deux catégories d'entrepôts sont prévues aux normes 2 et 3 du chapitre 1 de l'annexe D.

✓ les entrepôts de douane publics qui sont ouverts à toute personne ayant le droit de disposer des marchandises ;

✓ les entrepôts de douane privés qui sont réservés à l'usage exclusif de certaines personnes déterminées, lorsque les nécessités particulières du commerce le justifient.

Par contre dans le code communautaire des douanes et dans le code des douanes du Sénégal (article 176), trois catégories d'entrepôts sont retenues. Ces trois catégories ont été précisées par l'article 3 de l'arrêté 13707/MEF/DGD du 14 juillet 2015. Il s'agit de :

✓ l'entrepôt public d'importation et d'exportation ;

✓ l'entrepôt privé, banal ou particulier ;

✓ l'entrepôt spécial, banal ou particulier.

3.5.2.1. L'entrepôt public

Il est également désigné sous le vocable d'« entrepôt réel » (terme utilisé auparavant pour indiquer l'accès permis à toutes marchandises quel qu'en soit le détenteur) à l'article 122 du code communautaire des douanes.

Le terme « entrepôt public » est plutôt utilisé dans le code des douanes du Sénégal de 1987 et dans l'arrêté précité parce qu'il est concédé selon l'ordre de priorité, à la Commune, au Port Autonome et à la Chambre de commerce. Seules ces institutions de service public pouvaient exploiter des entrepôts publics.

Cette appellation n'a pas la même signification que celle de la Convention de Kyoto où l'entrepôt public est ouvert à toutes les marchandises quel que soit le propriétaire.

Dans le nouveau code des douanes, l'entrepôt public est certes concédé en priorité aux services publics cités plus haut, mais aussi, il peut être accordé en cas de nécessité, à d'autres personnes morales (article 180 alinéa 1 du code des douanes). Cette innovation peut être considérée comme une invitation du secteur privé à investir dans la construction de magasins de stockage pour pallier à la carence du secteur public.

Par ailleurs, le ministre chargé des Finances peut agréer, par décision et en application de l'article 180 alinéa 4 du code des douanes, des locaux pour servir d'entrepôt public à titre temporaire et abriter des manifestations de nature commerciale ou culturelle.

Toutefois, comme dans la Convention de Kyoto, ces entrepôts sont ouverts à tout opérateur économique ou culturel désirant y stocker ses marchandises.

3.5.2.2. L'entrepôt public d'exportation

Il est prévu aux articles 3 et 48 de l'arrêté 12001 du 30 septembre 1989. Cet arrêté a été pris en interprétation de l'article 134 alinéa 2 du code des douanes de 1987 (178 alinéa 2 du nouveau code) selon lequel « sont admissibles en entrepôt de stockage, (...) à l'exportation, les marchandises désignées par arrêté du ministre chargé des Finances ».

À l'analyse, il apparaît qu'au lieu de considérer cette disposition légale comme une modalité de fonctionnement, plus exactement un cas d'admissibilité des marchandises en entrepôt public, l'autorité douanière a créé une catégorie juridique, celle toute nouvelle de l'entrepôt public d'exportation. Or le législateur a voulu simplement admettre dans les entrepôts publics de stockage certaines marchandises nommément désignées par le ministre chargé des Finances et susceptibles d'être exportées.

Cette interprétation de l'article 134 alinéa 2 du code n'est pas juridiquement acceptable et l'article 3 alinéa 2 de l'arrêté 12001 précité n'est pas conforme au code des douanes de 1987 et à l'article 178 du nouveau code.

Il n'est pas non plus conforme à la recommandation n° 7 de la Convention de Kyoto révisée, selon laquelle « les marchandises qui, du fait de leur exportation, bénéficient du remboursement des droits et taxes à l'importation, peuvent être admises dans un entrepôt de douane... ».

En vérité, selon cette convention, le régime douanier de l'entrepôt de douane est réservé aux marchandises importées. Par conséquent, l'admission de marchandises nationales est considérée comme une exception.

Il en est de même avec le code communautaire des douanes de l'UEMOA, qui prévoit, malgré la limitation figurant dans la définition du régime douanier, que les marchandises provenant de l'extérieur de l'Union et destinées à l'exportation peuvent être admises en entrepôt de stockage (article 120).

Quant au nouvel arrêté 13707 du 14 juillet 2015, il confirme apparemment à l'article 3, alinéa 2, *in fine*, l'orientation prise dans l'arrêté 12001 du 30 septembre 1989 et stipule que « l'entrepôt d'exportation (...) est appelé à recevoir des marchandises fabriquées à partir de matières premières sénégalaises ou celles obtenues au Sénégal sous les régimes du drawback et de l'exportation préalable, et qui sont destinées à l'exportation ». Plus clairement, l'article 34 précise que « le régime de l'exportation public d'exportation est apuré par l'exportation définitive des marchandises qui y sont placées ».

Une telle interprétation de la loi appelle quelques interrogations. L'autorité douanière a-t-elle répondu à un besoin des exportateurs ? Quel intérêt un exportateur trouve-t-il à stocker ses produits entièrement obtenus dans un entrepôt, de les placer sous surveillance douanière alors même qu'il peut les stocker dans des magasins libres, non soumis à la sujétion douanière et surtout de s'obliger à exporter dans un délai déterminé ?

S'il s'agit des produits d'entretien ou des emballages pris à la consommation intérieure pour assurer la conservation en l'état des marchandises pendant leur stockage, le service des douanes pourra en autoriser les manipulations en entrepôt. Il n'est donc pas nécessaire de les déclarer en entrepôt d'exportation. L'autorisation du service des douanes ou tout au plus une simple déclaration d'entrée en entrepôt privé suffira pour gérer l'opération.

S'agissant des marchandises placées sous drawback ou sous exportation préalable, il convient de préciser qu'en pratique, il n'y a pas de déclaration de douane pour ces « régimes douaniers ».

Ces « régimes douaniers » sont créés tout juste pour permettre l'exonération ou le remboursement des droits et taxes payés à des industriels qui n'ont pas pu utiliser les régimes douaniers de transformation. Ils ne comportent aucune modalité particulière de fonctionnement qui puisse les qualifier de régime douanier et qui permette de placer des marchandises en entrepôt d'exportation. Ce sont de simples opérations de mise à la consommation et d'exportation de marchandises à la suite desquelles l'autorité douanière accorde sur demande de l'industriel, une exonération ou un remboursement des droits et taxes.

Ces supposés régimes douaniers doivent ainsi être considérés comme des facultés offertes à des entreprises de bénéficier d'exonérations ou de remboursements de droits et taxes de douane payés sur des marchandises importées ou déjà mises à la consommation. Par conséquent, sachant que les bénéficiaires de ces avantages sont rares, est-il opportun de créer la catégorie juridique de l'entrepôt d'exportation et d'ouvrir des entrepôts pour de telles marchandises ?

À l'analyse, il convient de considérer le prétendu « régime de l'entrepôt d'exportation » comme une simple spécificité du régime de l'entrepôt de stockage. Tel semble être finalement le sens que l'arrêté 13707 du 14 juillet 2015 a donné à l'entrepôt d'exportation en omettant de reprendre les dispositions du titre 5 de l'arrêté 12001 du 30 septembre 1989.

La rédaction des articles 3, alinéa 2, *in fine* et 34 de l'arrêté 13707 devrait par conséquent être revue pour éviter toute confusion ou interprétation.

3.5.2.3. L'entrepôt privé, banal ou particulier

Il est défini comme un magasin ou aire dont l'ouverture est autorisée par le Directeur général des douanes au profit d'un exploitant particulier pour le stockage de marchandises importées. Cet exploitant peut être, selon l'article 140 du code des douanes de 1987, « une collectivité ou une personne physique ou morale faisant profession principalement ou accessoirement d'entreposer des marchandises pour le compte de tiers » (entrepôt privé banal) ou « des entreprises à caractère industriel pour leur usage exclusif » (entrepôt privé particulier).

Manifestement les commerçants qui achètent des biens pour les revendre sont exclus par la loi. Ils doivent s'adresser à des concessionnaires pour l'entreposage de leurs marchandises.

Dans le nouveau code des douanes, l'article 184 limite les exploitants « aux personnes physiques ou morales faisant profession principalement ou accessoirement d'entreposer des marchandises pour le compte de tiers » et « aux entreprises à caractère industriel pour leur usage exclusif en vue d'y stocker des marchandises pour leur propre compte ».

Cependant, l'arrêté 12001 précité prévoit à l'article 3 alinéa 3-c, l'ouverture de « free-shop » et de « shipchandlers », pour des ventes de marchandises à l'exportation ou des avitaillements de navires ou d'aéronefs. Les exploitants de « free-shop » et les « shipchandlers » sont des commerçants dont l'activité consiste à acheter pour revendre. Ils constituent l'exception à la règle posée par le code des douanes.

Dans le code communautaire, à l'article 125 alinéa 1-b, les entreprises commerciales sont autorisées à ouvrir des entrepôts privés particuliers pour y stocker des marchandises en vue de leur revente en l'état.

Il convient, malgré les craintes perceptibles dans le code des douanes et fondées sur les fraudes généralisées des années 1980-1990, de constater une évolution dans le sens de la généralisation du droit à l'entrepôt privé de douane.

Le nouvel arrêté 13707 du 14 juillet 2015 a reconduit les mêmes dispositions que l'arrêté 12001 précité. Il distingue :

✓ l'entrepôt privé banal réservé aux personnes qui stockent des marchandises pour autrui ;

✓ l'entrepôt privé particulier réservé aux industriels ;

✓ les « free-shop » ;

✓ et les « shipchandlers ».

L'entrepôt privé de douane présente deux aspects différents :

• Il est banal lorsqu'il peut recevoir des marchandises appartenant à des tiers (cf. article 184 alinéa 1 du nouveau code des douanes, article 3 alinéa 3-b de l'arrêté 12001 précité et article 125 alinéa 1 du code communautaire des douanes de l'UEMOA) ;

• Il est appelé « entrepôt privé particulier » lorsqu'il est exclusivement réservé aux marchandises importées par un exploitant qui exerce des activités industrielles de transformation.

La Convention de Kyoto a opéré cette distinction dans les normes 2 et 3 du chapitre 1 de l'annexe spécifique D avec les concepts « d'entrepôts publics » et « d'entrepôts privés ».

3.5.2.4. L'entrepôt spécial

Il n'est pas prévu par la Convention de Kyoto. Il n'est pas non plus reconnu au Maroc comme une catégorie d'entrepôt.

Sur le plan juridique, même si les conditions de stockage de certaines marchandises (les produits frais ou congelés, les produits pétroliers, les explosifs, les pondéreux, etc.) peuvent varier, la distinction entre l'entrepôt public et l'entrepôt privé suffit amplement pour gérer les marchandises à stocker. Il s'agit d'une distinction entre un exploitant public soumis à un régime particulier de surveillance douanière et de tarification et un exploitant libre.

Comme dans tous les pays du monde, le lieu de stockage des marchandises est toujours aménagé en fonction du type de produit à y placer. Les bacs et cuves utilisés pour le pétrole diffèrent des magasins et aires aménagés pour les céréales et produits pondéreux. Mais la fonction de stockage et le contrôle douanier qui caractérisent le régime douanier sont identiques. Le service des douanes applique-t-il un traitement particulier et différent ?

Au Sénégal, aucun argument n'a été évoqué dans l'exposé des motifs de la loi 2014-10 du 28 février 2014, à l'article 176, pour distinguer les entrepôts spéciaux des autres.

En France, où des entrepôts de produits pétroliers ou non pétroliers ont été prévus dans le code des douanes, c'est le régime douanier du stockage qui est appliqué. L'entrepôt douanier est considéré comme un local agréé. Il n'y a pas de distinction entre exploitant public et privé.

Le code des douanes du Sénégal et le code communautaire de l'UEMOA ont offert, peut-être par mimétisme, la faculté d'ouvrir des entrepôts spéciaux lorsque le stockage des marchandises présente des dangers ou nécessite des installations spéciales. Selon l'article 3 alinéa 4 de l'arrêté précité, ces entrepôts peuvent être banals ou particuliers.

Il convient par conséquent, de considérer les distinctions entre entrepôt public, entrepôt privé et entrepôt spécial comme des spécificités des locaux destinés à recevoir les marchandises à stocker plutôt que comme des régimes douaniers.

Une telle conception conduit les professionnels à retenir l'entrepôt de stockage comme l'unique régime douanier ouvert pour le stockage des marchandises.

3.5.3. La concession de l'entrepôt

Puisque le régime douanier de l'entrepôt suppose un investissement rendu nécessaire par l'aménagement préalable d'un magasin ou aire de stockage pour recevoir des marchandises, le code des douanes et le code communautaire ont prévu un acte juridique, la concession, pour lier le propriétaire du local à l'administration des douanes. La concession protège l'administration et le concessionnaire contre les risques de fraude ou de perte des marchandises stockées.

En application de ces codes, ainsi que de la Convention de Kyoto révisée, l'arrêté 12001 du 30 septembre 1989 a fixé les conditions d'agrément des concessionnaires d'une part et des locaux des entrepôts de douane d'autre part. Ces conditions diffèrent légèrement selon la catégorie d'entrepôt considérée.

3.5.3.1. Concession de l'entrepôt public

La concession de l'entrepôt public suppose l'agrément du concessionnaire et des locaux et l'approbation des conditions d'exploitation et des tarifs.

L'agrément en qualité de concessionnaire : pour garantir l'État contre les risques divers de stockage prolongé de marchandises importées ou potentiellement soumises à des droits et taxes, l'article 16 de l'arrêté 13707 du 14 juillet 2015 pris en application de l'article 180 du nouveau code du Sénégal de 2014 prévoit que l'agrément est accordé par arrêté du ministre chargé des Finances et par ordre de priorité à la commune, au Port Autonome où à la Chambre de commerce et aujourd'hui aux personnes morales de droit privé sous réserve du dépôt d'une demande de concession accompagnée de :

- un extrait du registre des délibérations du conseil municipal relatives à la demande de concession de l'entrepôt ou un extrait des délibérations du Conseil d'administration d'un Port Autonome ou de la Chambre de commerce relative à la demande de concession de l'entrepôt ;
- le projet de règlement intérieur de l'entrepôt ;
- le plan des locaux qui seront affectés à l'entrepôt ;
- un titre foncier ou un contrat de location attestant la disponibilité des locaux affectés à l'entrepôt ;
- une soumission annuelle portant engagement, sous les peines de droit, de se conformer aux conditions et règles fixées par le service des douanes pour l'exploitation, le fonctionnement et l'utilisation de la catégorie d'entrepôt concernée. Cette soumission doit être cautionnée et dûment agréée par le Receveur général du Trésor.

• une attestation indiquant le montant du crédit d'enlèvement accordé par le Trésorier général pour les personnes morales habilitées à déclarer en douane, autres que les collectivités locales, les ports autonomes et les chambres de commerce. Cette conditionnalité nous paraît curieuse à partir du moment où le concessionnaire n'est ni déclarant, ni importateur ou exportateur. C'est un véritable bailleur d'immeuble auquel l'administration devrait exiger une assurance contre les risques de vols, d'incendie, et dommages commis par des tiers. Le crédit d'enlèvement doit être compris comme un différé de paiement des droits et taxes et non comme une garantie de paiement des dommages causés à l'État par suite d'abus d'un régime douanier.

Il convient de comprendre que l'autorité douanière a voulu, par ce biais, admettre les commissionnaires agréés en douane parmi les concessionnaires d'entrepôt public. Cette mesure fait partie des nombreux allègements que la réforme de 2015 a introduits dans les régimes douaniers.

Il n'y a plus de projet de tarifs applicables au magasinage et à la manutention des marchandises à présenter.

Le dossier ainsi constitué est transmis pour agrément, au ministre chargé des Finances, sous le couvert du Directeur général des douanes.

L'agrément en qualité de concessionnaire confère le droit d'exploiter des magasins ou aires pour le stockage des marchandises importées. Il attribue une responsabilité sur les marchandises entreposées, solidairement avec le déclarant en douane.

Cet agrément est accordé à titre précaire et peut être retiré sans frais en cas de faillite, de liquidation judiciaire, d'infractions douanières graves, de retrait du crédit d'enlèvement ou de cessation d'activités.

À l'article 13, alinéa 2 de l'arrêté 13707 précité, il est prévu, au titre des sanctions, la suspension de l'agrément en cas de suspension du crédit d'enlèvement. Sur ce point, à supposer que cette sanction soit prononcée, l'on s'interroge sur la pertinence des mesures pratiques que prendrait l'administration des douanes. Devrait-on interdire l'entrée ou la sortie des marchandises de l'entrepôt ou alors devrait-on relever le concessionnaire de ses fonctions d'exploitant au moment où lesdites marchandises sous douane sont toujours placées sous sa responsabilité ?

L'agrément du local et des installations

L'agrément des locaux et des installations d'un entrepôt est accordé par le même arrêté d'agrément du concessionnaire (cf. article 12 alinéa 3 de l'arrêté).

Toutefois, pour les besoins de l'organisation des foires, concours, expositions et manifestations similaires et en application de l'article 180 alinéa 4 du nouveau code, le ministre chargé des Finances peut prendre des décisions pour agréer à titre provisoire, certains locaux au profit de la Mairie, du Port Autonome et/ou de la Chambre de commerce.

L'arrêté d'agrément indique la superficie des locaux et les aménagements d'ordre immobilier, intérieurs ou extérieurs, qui permettent le chargement, le déchargement et le stockage des marchandises (cf. article 19 de l'arrêté précité).

Il indique également les endroits affectés au service des douanes pour la surveillance des marchandises et les aménagements y réalisés pour l'exercice des activités de contrôle douanier.

Pour les besoins de l'agrément du local, les services techniques chargés des régimes douaniers de la Direction générale des douanes doivent se rendre sur les lieux afin de vérifier si les conditions de stockage des marchandises sont suffisantes. Les espaces affectés au stockage, la sécurité des marchandises et des personnes, les portes, fenêtres et aérations, les barrières et murs de clôture devraient être examinés par rapport aux normes de construction, de sécurité et de confort.

Étant donné que ces normes ne sont pas prévues par la réglementation douanière, il revient à l'autorité douanière de se rapprocher de la Direction des constructions du ministère chargé de l'Habitat afin de s'informer avant de signer une note de service à cet effet dans le but d'exercer un contrôle optimal.

S'agissant des dispositifs de fermeture du local, l'installation de deux serrures devrait être exigée pour s'assurer que toutes les issues peuvent être fermées à deux clefs.

L'approbation des conditions d'exploitation

L'acte de concession approuve les conditions d'exploitation et le projet de règlement intérieur joints à la demande d'agrément. Les tarifs appliqués ne font plus l'objet d'approbation.

Le règlement intérieur définit le type de relation entre le concessionnaire et l'entrepositaire.

Il doit également contenir les charges obligatoires relatives à la rémunération et aux déplacements des agents des douanes pour l'exécution du service en dehors des heures et lieux de travail, à la gestion des installations et matériels mis à la disposition des agents des douanes, aux prestations diverses nécessaires à l'exécution du service.

À l'application, les organismes publics ciblés, à savoir le Port Autonome, la Mairie et la Chambre de commerce, ne semblent pas intéressés par cette opportunité d'investissement. Aujourd'hui, la ville de Dakar ne dispose que de très peu de locaux pour contenir l'ensemble des marchandises susceptibles d'être stockées. Le secteur privé est alors pratiquement seul à solliciter l'ouverture des magasins de stockage de marchandises sous le régime de l'entrepôt.

3.5.3.2. L'autorisation d'ouvrir un entrepôt privé

L'autorisation d'ouvrir un entrepôt privé est accordée par le Directeur général de douane conformément aux articles 125 et 127 du code des douanes communautaire et 184 du code des douanes du Sénégal. Tel est le sens qu'il convient de donner à l'article 36 de l'arrêté 13707 du 14 juillet 2015.

L'autorisation d'ouvrir un entrepôt privé suppose que l'exploitant de l'entrepôt privé banal ou le bénéficiaire d'un entrepôt privé particulier ait la qualité de concessionnaire.

L'arrêté 13707 précité utilise les termes « concédé » et « concessionnaire » qui ne conviennent pas à une telle situation. La concession signifie un abandon d'un droit ou d'une prétention. Or, l'administration ne détient aucun droit exclusif pour exploiter des magasins ou aires de stockage. Ces magasins et aires de stockage servant d'entrepôt ne sont plus dans les enceintes portuaires ou aéroportuaires qui relevaient du domaine public. Ils sont tous situés hors de ce domaine, dans des endroits appartenant à des personnes privées. L'État ne détient aucun droit sur de tels magasins. Par conséquent, il convient de considérer qu'il s'agit plutôt d'une simple autorisation ou d'un agrément que le Directeur général des douanes accorde à un exploitant pour exercer une activité qui présente des risques pour la douane et pour lequel il y a lieu de prendre des précautions.

« Le concessionnaire »

Conformément à l'article 36 de l'arrêté précité, l'agrément en qualité de concessionnaire est accordé par décision du Directeur général des douanes pour les entrepôts privés et spéciaux, qu'ils soient banals ou particuliers sur présentation d'un dossier composé de :

• les statuts de la société ou le registre de commerce indiquant la nature commerciale ou industrielle des activités du requérant (cf. article 3 alinéa 3 de l'arrêté) ;

• le plan des locaux destinés à recevoir les marchandises importées et le titre de possession desdits locaux ;

• une attestation du Trésorier général indiquant le montant du crédit d'enlèvement ;

• une soumission cautionnée acceptée par le Trésorier général et portant un engagement à se soumettre à la réglementation douanière ;

• la nature des produits à entreposer pour les demandes d'entrepôts privés particuliers.

Tel qu'il est composé ici, ce dossier est largement insuffisant pour permettre à l'administration des douanes de faire confiance à un opérateur économique au point de l'autoriser à exploiter un entrepôt. Il convenait tout au moins d'identifier le requérant et de s'assurer que son passé est exempt de tout reproche.

Cet agrément, comme tous les autres actes administratifs, peut être retiré. Il ne peut être rétrocédé. Quant à la suspension prévue à l'article 13 alinéa 2 de l'arrêté, il y a lieu de s'interroger, comme pour les entrepôts publics, sur son applicabilité et sur ses effets.

Cet agrément n'indique plus avec l'arrêté 13707 du 14 juillet 2015, la domiciliation de l'entrepôt dans un bureau de douane. Les articles 12, 19 et 20 dudit arrêté ont délibérément omis cette vieille formalité pour tenir compte du niveau de la dématérialisation des procédures douanières. C'est pourquoi il y a lieu de considérer comme inopportun l'article 45 de cet arrêté relatif à la liquidation des droits en cas de suppression du bureau de domiciliation.

Enfin, conformément à l'article 13 alinéa 4 de l'arrêté précité, l'agrément du « concessionnaire » emporte aussi agrément des locaux.

L'agrément des locaux et installations

Il est accordé par la même décision qui agrée le « concessionnaire privé ». À cet effet, les services techniques chargés des régimes douaniers de la Direction générale des douanes procèdent obligatoirement à une visite des locaux et dressent un rapport avant que la décision d'agrément ne soit signée. Ils vérifient notamment la conformité des informations contenues dans le dossier par rapport à l'existant (adresse, superficie, dimensions, aménagements), évaluent les risques auxquels seraient exposées les marchandises importées et stockées, et décrivent les conditions de chargement, de déchargement et de stockage desdites marchandises.

Pour l'entrepôt privé de douane, il n'est pas obligatoire de prévoir des bureaux pour la douane et des serrures doubles puisqu'il n'y a pas de présence physique permanente des agents des douanes.

En revanche, le magasin ou l'aire de stockage doit être situé dans une localité siège d'un bureau de douane (cf. article 39 de l'arrêté précité). S'il est éloigné des bureaux de douane, des justifications doivent être apportées (intérêt économique de l'implantation) et des garanties doivent être prises. Au titre de ces garanties, on peut citer :

– la mise à disposition du service des douanes d'un local à usage de bureau ;

– l'engagement à prendre en charge les frais de gestion dudit local ;

– l'engagement à prendre en charge les frais de déplacement des agents des douanes.

Pour l'entrepôt privé de stockage, il n'est pas prévu de présenter un état des charges et tarifs de l'entreprise et de disposer de fermetures à deux clefs.

Le cas des locaux destinés à abriter des foires ou des manifestations analogues

L'article 40 de l'arrêté 13707 du 14 juillet 2015 autorise le Directeur général des douanes à accorder l'agrément des locaux destinés à abriter des concours, foires, expositions et manifestations analogues sous réserve que :

– un entrepôt privé banal soit demandé par le requérant ;

– une soumission cautionnée spéciale soit produite pour garantir les droits et taxes ;

– un crédit d'enlèvement soit accordé par le Trésor ; le Trésor peut dispenser de cette formalité dans le cas où la durée de la manifestation n'excède pas cent quatre-vingt (180) jours.

– le plan des locaux ainsi que les aménagements indispensables au déroulement de la manifestation soit présenté.

La décision d'agrément comporterait alors, outre l'identité de l'exploitant et l'adresse du local, les produits admissibles, la nature de la manifestation, les délais accordés et les obligations particulières de l'exploitant. Cette décision vaut agrément de l'exploitant et en même temps agrément des locaux.

Si le local destiné à recevoir la manifestation a déjà été agréé comme entrepôt privé banal, le requérant devra formuler une simple demande et y joindre une soumission cautionnée et le plan des locaux.

3.5.3.3. L'autorisation d'ouvrir un entrepôt spécial

L'entrepôt spécial est un entrepôt privé de stockage. Il peut être banal ou particulier. À ce titre, il est régi par des dispositions similaires quant à l'agrément du « concessionnaire » et des locaux.

Le concessionnaire

Il doit être agréé, conformément à l'article 12 de l'arrêté 13707 du 14 juillet 2015, par décision du Directeur général des douanes. À cet effet, et conformément à l'article 47 de l'arrêté précité, un dossier composé comme suit est exigé :

- le nom, l'adresse et le cas échéant la raison sociale du requérant ;
- le plan de masse et le plan des locaux destinés à recevoir les marchandises importées ;
- le titre de propriété ou le contrat de location desdits locaux ;
- l'adresse exacte des locaux, leur emplacement, leur situation par rapport aux autres constructions qui les entourent et au bureau des douanes ;
- la quantité annuelle approximative des produits entreposés et retirés ;
- l'autorisation du ministre chargé de l'Environnement lorsque celle-ci est requise en raison de la nature des produits ;
- une attestation de crédit d'enlèvement, si le requérant est habilité à déclarer en douane.

La décision d'agrément du concessionnaire emporte aussi agrément des locaux au moment de son octroi (article 12 alinéa 3 de l'arrêté précité).

L'agrément des locaux

Puisque l'agrément des locaux est accordé en même temps et par le même acte administratif que l'agrément de l'exploitant en qualité de « concessionnaire », quelques renseignements ont été ajoutés au dossier pour tenir compte du caractère spécial de l'entrepôt. Il s'agit de :

- l'emplacement, la situation par rapport aux constructions environnantes et au bureau des douanes ;
- les dispositifs de sécurité et de sûreté prises par le requérant ;
- la nature et la quantité annuelle approximative des produits à entreposer ;
- la fréquence approximative des opérations d'entrée et de sortie des marchandises à entreposer et le cas échéant, des manipulations susceptibles d'être autorisées.

Évidemment, les services techniques de la Direction générale des douanes devraient procéder à la visite des locaux et installations et rédiger un rapport sur les conditions d'entreposage des marchandises.

Mais, tout comme pour l'entrepôt privé de stockage, les tarifs et charges de l'entreprise ne sont pas présentés et les fermetures à deux clefs ne sont pas exigées.

Il importe de signaler que conformément au code des douanes, l'arrêté 13707 du 14 juillet 2015 a réservé le titre 4 (articles 46 à 53) à l'entrepôt spécial de produits non pétroliers, le titre 5 (articles 54 à 65) à l'entrepôt spécial de produits pétroliers et le titre 6 (articles 66 à 71) à l'entrepôt spécial de produits énergétiques.

Mais, pour l'agrément des entrepositaires, le dossier à fournir est identique à celui présenté pour l'entrepôt spécial.

Il conviendra toutefois d'y ajouter la licence de stockage des produits pétroliers prévue à l'article 55 ou des produits énergétiques (article 66).

L'on s'interroge alors sur la pertinence de la création de ces catégories d'entrepôt spécial.

3.5.4. Les bénéficiaires du régime de l'entrepôt

Ce sont les personnes qui placent leurs marchandises en entrepôt. Ils sont appelés entrepositaires à l'article 183 du code des douanes. En principe, l'entrepositaire peut être soit un commerçant, soit un industriel soit un particulier, pourvu qu'il ait la capacité juridique d'agir. Toutefois, le bénéfice du régime douanier de l'entrepôt est directement lié au type d'entrepôt.

- Ainsi, les entrepôts publics sont ouverts à toutes les personnes physiques ou morales pour l'entreposage de leurs marchandises, pourvu qu'elles aient le droit de disposer desdites marchandises. Tel est le sens de la norme 2 de l'annexe D chapitre 1 de la Convention de Kyoto révisée et de l'article 182 du nouveau code des douanes. À l'article 3 *in fine* de l'arrêté 13707 du 14 juillet 2015, ils sont ouverts à tous les importateurs et exportateurs pour l'entreposage de leurs marchandises.

• S'agissant des entrepôts privés, les bénéficiaires diffèrent. Dans la convention de Kyoto, ce type d'entrepôt est réservé à l'usage exclusif de certaines personnes déterminées lorsque les nécessités du commerce le justifient. Par contre, dans la législation en vigueur au Sénégal et notamment à l'article 3, alinéa 3 de l'arrêté précité, deux situations doivent être prises en compte :

➢ au cas où l'entrepôt privé est banal, il est ouvert à tout importateur qui le souhaite. Tel est le sens des termes « pour le compte des tiers » de l'article 3 alinéa 3-a de l'arrêté précité ainsi que de l'article 184 alinéa 1 du nouveau code des douanes et de l'article 125 alinéa 1-a du code communautaire des douanes.

➢ au cas où l'entrepôt privé est particulier, il est réservé exclusivement au concessionnaire conformément aux dispositions des articles 3, alinéa 3-b de l'arrêté précité, 184, alinéa 2 du Code des douanes et 125, alinéa 1-b du code communautaire des douanes. Ce concessionnaire ne pouvait être qu'un industriel ou un gérant de boutique sous douane (free-shop, shipchandler) selon le code des douanes et l'arrêté précité.

Avec le code communautaire, les entreprises commerciales ont désormais la possibilité d'ouvrir un entrepôt pour leurs propres marchandises, en application de l'article 125 alinéa 1-b. Cette disposition communautaire remet en cause les solutions que les douanes sénégalaises avaient trouvées pour juguler les grosses opérations de fraude sur les entrepôts des années 70 à 90. Aujourd'hui, avec le nombre particulièrement réduit du personnel des douanes, une telle disposition augmente sensiblement les risques de fraude.

Par conséquent, même si le nouveau code n'a pas reproduit les dispositions du code de l'UEMOA, celles-ci sont directement applicables au Sénégal conformément au Traité de l'UEMOA.

• Pour les entrepôts spéciaux qui ne sont pas formellement consacrés par la Convention de Kyoto, le code des douanes de 1987 et le code communautaire ne donnent aucune indication sur les entrepositaires. Cependant, l'arrêté précité distingue, à l'article 3 alinéa 1 et *in fine*, l'entrepôt spécial banal de l'entrepôt spécial particulier. Et comme pour les entrepôts privés, ils peuvent recevoir, conformément à l'article 49 de l'arrêté précité, des marchandises importées de toute personne physique ou morale ou selon le cas, celles du seul « concessionnaire ».

Il paraît important de signaler qu'en raison de la spécificité de certaines marchandises, l'Administration des douanes du Sénégal a limité le bénéfice du régime de l'entrepôt spécial à des entrepositaires qualifiés. C'est les cas des produits pétroliers admis en « soutes internationales » pour lesquels l'entrepositaire doit nécessairement, en plus du bénéfice de l'agrément au régime de l'entrepôt spécial et d'une licence de stockage, disposer d'un contrat avec une firme étrangère (base : documents de travail sur les soutes, 1998). Aucune base légale n'a été produite à l'appui de cette pratique.

Dans le nouveau code des douanes, trois (3) types d'entrepôts spéciaux sont désormais prévus :

➢ l'entrepôt spécial de produits non pétroliers (article 187) pour lequel les dispositions antérieures demeurent applicables ;

➢ l'entrepôt spécial de produits pétroliers (article 189) pour lequel les conditions d'agrément et d'exploitation seront définies par arrêté du ministre chargé des Finances ;

➢ l'entrepôt spécial de produits énergétiques (article 192) pour lequel les conditions d'agrément et d'exploitation seront définies par arrêté du ministre chargé des Finances. Les produits énergétiques visés sont les produits destinés à être utilisés comme carburant ou combustible, autres que les produits pétroliers, le gaz naturel, la houille, les lignites et le coke.

Sachant que les principes d'exterritorialité, de stockage, de locaux dédiés et de surveillance douanière des marchandises sont identiques dans tous ces cas, il y a lieu de s'interroger sur la pertinence de la création de ces catégories d'entrepôts spéciaux. La particularité des produits à entreposer, les variations fréquentes de volume, de poids et de quantités, le transport par des canalisations et les enlèvements provisoires constituent les raisons objectives généralement évoquées pour justifier ces nouvelles dispositions.

Or, ces questions peuvent parfaitement être résolues dans le respect des principes qui fondent l'entrepôt de stockage. Elles sont réglées sur le terrain par un service des douanes disposé à s'adapter et à utiliser des méthodes nouvelles de contrôle face aux changements de l'environnement. Ainsi, comme à l'accoutumée, des notes de service suffisent pour assurer un contrôle douanier adapté.

3.5.5. Le champ d'application de l'entrepôt

Pour tenir compte du principe de l'exterritorialité dont bénéficient les marchandises placées en entrepôt et surtout de l'incapacité de l'État à prendre des mesures sur les biens des particuliers placés hors des limites juridiques du territoire, il convenait d'admettre toutes les marchandises dans ce régime douanier sauf si celles-ci menacent sérieusement la sécurité publique et la santé publique. Cette menace doit être évidente et le risque doit être certain et élevé avant que la marchandise ne soit interdite en entrepôt. Sinon, les limites à l'admissibilité des marchandises en entrepôt constituent de réelles entraves à la liberté d'entreprendre, reconnue par les droits (économiques) de l'homme et la Constitution du Sénégal.

• Mais, en raison des sensibilités des différents pays, la convention de Kyoto révisée a recommandé, au point 5 du chapitre 1 de l'annexe D, l'admission en entrepôt « des marchandises importées de toute espèce passibles de droits et taxes à l'importation ou soumises à des prohibitions ou des restrictions autres que celles :

➢ fondées sur des considérations de moralité ou d'ordre public, de sécurité publique, d'hygiène ou de santé publiques ou sur des considérations d'ordre vétérinaire ou phytosanitaire ;

➢ se rapportant à la protection des brevets, marques de fabrique et droits d'auteur et de reproduction, quels que soient leurs quantités ou leur pays d'origine, de provenance ou de destination ».

Cette disposition offre l'occasion aux états d'apporter d'importantes limites au droit de stockage des marchandises des importateurs et par conséquent à la liberté d'entreprendre.

• Dans le code communautaire des douanes de l'UEMOA, « sont admissibles en entrepôt de stockage :

➢ toutes les marchandises soumises, à raison de l'importation, soit à des droits de douane, taxes ou prohibitions, soit à d'autres mesures économiques, fiscales ou douanières ;

➢ les marchandises provenant du marché extérieur de l'Union, destinées à l'exportation ».

Le code communautaire exclut manifestement les produits entièrement obtenus dans l'UEMOA et destinés à l'exportation. Cette exclusion résulte du type d'entrepôt choisi par la Communauté. Seul l'entrepôt de douane est reconnu dans ces textes.

Il introduit par ailleurs une nouvelle distinction entre les interdictions permanentes prononcées par les autorités communautaires et les interdictions temporaires décidées par les autorités nationales.

Au contraire, il réduit le champ d'application de l'entrepôt de douane par des limitations.

➢ Outre ces restrictions et interdictions, des limitations sont applicables aux entrepôts privés de stockage. Il s'agit des marchandises citées dans l'arrêté ou la décision d'agrément au régime de l'entrepôt privé particulier (article 126 du code communautaire des douanes) et de l'entrepôt spécial (article 127 du code communautaire des douanes).

Le champ d'application des entrepôts privés de stockage est étendu par l'article 35 alinéa 4 de l'arrêté précité, aux marchandises et emballages pris sur le marché intérieur pour servir à des manipulations autorisées par le service des douanes.

• Dans les autres codes des douanes (Tunisie, Cameroun et Maroc), les listes de marchandises exclues ou prohibées sont moins longues, mais les contenus sont identiques.

• Dans le code des douanes du Sénégal, il y a lieu de distinguer le contenu et les exclusions.

Le contenu : selon l'article 178 du code des douanes « sont admissibles en entrepôt de stockage :

➢ à l'importation, toutes les marchandises soumises à des droits de douanes, taxes ou prohibitions à titre relatif, soit à d'autres mesures économiques, fiscales ou douanières ;

➢ à l'exportation, les marchandises désignées par arrêté du ministre chargé des Finances ».

Les exclusions : ce champ d'application de l'entrepôt de stockage défini est fortement réduit par les exclusions et restrictions prévues à l'article 177 du code des douanes et relatives :

➢ à certaines marchandises pour des raisons de moralité, d'ordre public, de protection de la santé et de la vie des personnes, des animaux ou de préservation des végétaux, de protection des trésors nationaux ayant une valeur artistique, historique ou de protection de la propriété industrielle ou commerciale ;

➢ à certaines marchandises pour des raisons tenant soit aux caractéristiques des installations d'entreposage, soit à la nature ou à l'état des marchandises ;

- aux marchandises prohibées, à titre absolu, conformément aux dispositions de l'article 21 du code des douanes ;
- aux marchandises étrangères citées à l'article 22 du code des douanes concernant le non-respect des obligations en matière d'indication d'origine ;
- aux marchandises étrangères, énumérées aux articles 22 et 23 du code des douanes concernant la protection des marques, de la propriété intellectuelle et des indications d'origine ;
- aux marchandises interdites, conformément aux dispositions de l'article 24 du code des douanes.

Outre ces exclusions légales, l'alinéa 4 de l'article 177 prévoit une liste permanente de marchandises exclues de l'entrepôt de stockage par arrêté du ministre chargé des Finances.

À l'examen attentif de cet article, il apparaît que tous les motifs peuvent être invoqués pour interdire n'importe quelle marchandise d'entrer en entrepôt.

Par ailleurs, l'arrêté 13707 du 14 juillet 2015 a non seulement prévu à l'article 9, une liste de marchandises exclues des entrepôts en annexe (alinéa 1), mais encore, il a accordé au Directeur général des douanes le pouvoir de restreindre l'entrée, le séjour et la sortie de certaines marchandises des entrepôts de stockage et même de les exclure temporairement.

Mais, même si les décisions du Directeur général doivent être motivées, cette faculté d'interdire l'entrée de marchandises étrangères en entrepôt constitue une entrave sérieuse à l'exercice libre du commerce.

Aucun motif ne peut justifier l'interdiction de stockage d'une marchandise étrangère à l'étranger, si le principe de l'exterritorialité de l'entrepôt est reconnu. Aussi, conviendrait-il de simplifier ces exclusions et prohibitions contenues dans les textes sénégalais pour faciliter la compréhension de l'usager, mais surtout pour rendre plus visible le principe de l'exterritorialité de l'entrepôt de stockage.

3.5.6. Les contraintes douanières en entrepôt

Compte tenu de l'exterritorialité dont jouissent les marchandises en entrepôt de stockage et de leur placement dans les limites du territoire douanier, leur séjour est strictement réglementé. Leur entrée, leur localisation, leur rangement, leur durée de stockage, les manipulations et leur sortie d'entrepôt sont prévus par les différents textes en vigueur et notamment par l'arrêté 13707 du 14 juillet 2015.

3.5.6.1. L'entrée en entrepôt de stockage

Pour l'entrée des marchandises en entrepôt, le commissionnaire agréé en douane est tenu de lever une déclaration de marchandise dont le code régime douanier est S 4 ou S 3 selon qu'il s'agit de produits pétroliers ou non, quel que soit le type d'entrepôt. Comme toutes les déclarations de marchandises, elle doit contenir l'ensemble des éléments relatifs à l'identification des marchandises et à l'engagement du déclarant à les stocker dans un local agréé à cet effet.

Cette déclaration contient également un « code régime fiscal » qui, en lieu et place de la fiscalité applicable attendue, indique la provenance de la marchandise. Ainsi, conformément à l'annexe de la décision n° 14/CM/77 de la Communauté Économique de l'Afrique de l'Ouest, on distingue les codes suivants :

Pour l'entrepôt privé

-00 : provenance directe de l'étranger

-01 : provenance d'un autre entrepôt

-02 : provenance du régime du perfectionnement actif

-03 : provenance de l'entrepôt industriel

Pour l'entrepôt public

-10 : provenance directe de l'étranger

-11 : provenance d'un autre entrepôt

-12 : provenance du perfectionnement actif

Pour l'entrepôt privé ou spécial de produits pétroliers

-00 : provenance directe de l'étranger

-01 : provenance d'un autre entrepôt

-02 : provenance de perfectionnement actif (SAR et distributeurs)

-03 : provenance de perfectionnement actif (transferts)

Manifestement, les codes « régime fiscal » utilisés indiquent la provenance ou plus exactement le régime douanier antérieur des marchandises placées en entrepôt. Or, ces codes ont été créés et rangés, sur les formulaires des déclarations, dans le segment des données spécifiques de la marchandise, pour indiquer la fiscalité applicable.

Pour plus de rationalité, ne conviendrait-il pas de désactiver cette case et de prévoir, en plus de la case « titre précédent », une case pour le régime douanier antérieur dans le segment des données générales de la déclaration de marchandise ?

Ces déclarations de marchandises sont présentées sous les formes codées prescrites et déposées au niveau des bureaux des douanes compétents. Elles doivent être accompagnées de tous les documents commerciaux et bancaires exigibles. Cependant, aucun document administratif résultant des exigences du commerce extérieur et du programme de vérifications des importations n'est obligatoire.

Si, ces déclarations sont recevables, le bureau des douanes compétent procède à leur enregistrement et à leur contrôle de fond avant d'autoriser le stockage ou l'entreposage des marchandises. Ces contrôles sont identiques pour toutes les déclarations de marchandises. Toutefois, s'agissant de leur valeur en douane, les déclarants ne sont pas légalement tenus de déclarer la valeur transactionnelle. En pratique, les contrôles sont moins rigoureux puisqu'aucun droit n'est liquidé.

La déclaration de mise en entrepôt est appelée, dans le langage douanier « sommier d'entrepôt », le même nom que portaient les registres sur lesquels étaient inscrits tous les renseignements relatifs à l'opération de mise en entrepôt et la marchandise entreposée.

3.5.6.2. La localisation des marchandises

L'adresse exacte du lieu d'entreposage doit figurer sur la déclaration d'entrée en entrepôt. Cette adresse doit également correspondre à celle du local ayant été agréé par les autorités douanières.

Dès que le bon à enlever est délivré par le vérificateur désigné du bureau des douanes compétent, la marchandise doit être conduite sans délai et scellée ou sous escorte dans ce local. En effet, ce bon à enlever ne couvre que l'enlèvement et le stockage des marchandises.

C'est véritablement à l'intérieur de ce local que la marchandise est censée être placée en entrepôt. Par conséquent, cette déclaration ne couvre pas juridiquement le transport de la marchandise depuis le bureau des douanes jusqu'au magasin de stockage.

3.5.6.3. La surveillance douanière

Les marchandises placées en entrepôt sont surveillées par le service des douanes. Mais à partir du moment elles ont été identifiées et reconnues conformes aux renseignements fournis sur la déclaration d'entrée en entrepôt, cette surveillance devrait pouvoir être allégée.

La Convention de Kyoto révisée laisse le soin aux États à la norme 4 du chapitre 1 de l'annexe D, de prendre des mesures en vue d'assurer le contrôle douanier des entrepôts de douane.

Dans le code communautaire comme dans le code des douanes de 2014, la surveillance douanière n'est pas clairement abordée.

En revanche, l'arrêté 13707 du 14 juillet 2015 prévoit :

- à l'article 10 alinéa 3, que « les manipulations susceptibles de faire l'objet d'une surveillance particulière de la douane dans l'entrepôt de stockage doivent être autorisées par le service » ;

- à l'article 19 alinéa 2, que « l'agrément détermine les installations immobilières nécessaires au fonctionnement du service des douanes chargé du contrôle et de la surveillance et fixe ou approuve les aménagements d'ordre immobiliers correspondants » pour l'entrepôt public ;

- et à l'article 21, que « toutes les issues de l'entrepôt public doivent être fermées à deux clefs différentes dont l'une est détenue obligatoirement par l'Administration des douanes ».

Ces précautions laissent supposer que l'entrepôt public doit être surveillé en permanence.

Cette surveillance consiste d'abord en une identification des colis placés en entrepôt. Les agents des douanes affectés dans ces postes sont tenus de rapprocher les éléments d'identification de la marchandise portés sur la déclaration de mise en entrepôt aux colis qui leur sont présentés. Les marques et numéros, la nature des emballages et des produits et les quantités déclarées doivent être conformes. De même, les véhicules qui ont assuré le transport des marchandises doivent être reconnus comme étant les mêmes que ceux indiqués par les agents des douanes qui ont assisté à leur chargement.

La surveillance douanière consiste également à tenir, en même temps que le concessionnaire et le déclarant un sommier d'entrepôt sur lequel sont portées toutes les informations relatives aux marchandises placées en entrepôt, à leur entrée et à leur sortie de ces locaux.

Il importe de préciser que le sommier d'entrepôt tenu sous forme de registre a été pratiquement abandonné au profit du sommier GAÏNDE présenté sous forme de fichier électronique.

L'exploitant est enfin tenu de servir, outre le sommier d'entrepôt, un registre ou un fichier pour consigner les entrées, sorties, manipulations et mouvements divers des marchandises.

3.5.6.4. Les autres contrôles douaniers

Si pour les entrepôts publics de douane, la présence physique des agents des douanes dans les locaux agréés et le suivi permanent des mouvements des marchandises suffisent comme activité de contrôle douanier et rassurent l'autorité douanière, pour les entrepôts privés, les agents des douanes ne sont pas prévus. Une liberté absolue est accordée à l'entrepositaire et à l'exploitant pour gérer convenablement les marchandises placées en entrepôt.

Toutefois, des contrôles douaniers sont exercés sous les formes suivantes :

- Le réseau informatique GAÏNDE compare les éléments portés sur les déclarations de marchandises aux éléments portés sur les déclarations de chargement (manifeste) avant d'enregistrer lesdites déclarations pour la mise en entrepôt.

Il compare également ces éléments et notamment les poids, valeur, espèce tarifaire, nombre de colis, délai de séjour et quantité complémentaire à ceux portés sur les déclarations de sortie d'entrepôt.

- Au niveau des bureaux de douane, une « sous-section entrepôt » a été créée pour exercer un contrôle documentaire similaire sur ce type de déclarations de sortie d'entrepôt.

- Les agents des « sous-sections entrepôt » des bureaux de douane se déplacent périodiquement pour vérifier sur place les entrepôts privés de douane. Ils procèdent au contrôle des documents tenus par l'exploitant et le déclarant, à l'identification des marchandises placées en entrepôt, à leur reconnaissance et à leur dénombrement.

- Un contrôle aléatoire est également exercé par une unité de douane placée au niveau des services centraux chargés des régimes économiques. Il s'agit là d'un doublon qu'il convient d'éviter dans une administration sérieuse et organisée.

3.5.6.5. Le rangement des marchandises

Il est rendu nécessaire pour les besoins d'une gestion rationnelle et rigoureuse des marchandises par l'exploitant, mais surtout pour faciliter les contrôles douaniers. Ainsi, les obligations suivantes incombent au concessionnaire, conformément à l'article 15 de l'arrêté 13707 du 14 juillet 2015 :

- ➢ lotir les marchandises à l'intérieur des entrepôts de stockage par sommier : les marchandises de même nature sont placées dans les mêmes lots et selon la déclaration d'entrée. Les lots doivent être séparés de sorte que les agents des douanes puissent se déplacer facilement à l'intérieur des espaces agréés et identifier les marchandises par rapport aux sommiers. Il conviendrait de prendre une note de service pour fixer à un (1) mètre, la distance entre les lots, mais aussi pour imposer un mode de rangement sous forme géométrique simple permettant le dénombrement des colis par des calculs faciles ;
- ➢ ouvrir et tenir un registre des entrées et sorties de marchandises ;
- ➢ affecter une fiche à chaque lot de marchandises et y porter des renseignements sur l'opération et sur les marchandises ;
- ➢ présenter les marchandises entreposées aux services de contrôle des douanes en cas de besoin.

3.5.6.6. La durée de séjour

Auparavant, la durée de séjour en entrepôt variait selon le type d'entrepôt. Conformément à l'arrêté 12001 du 30 septembre 1989, il était de :

- ➢ six (6) mois pour l'entrepôt d'exportation ;
- ➢ dix-huit (18) mois pour l'entrepôt privé ;
- ➢ vingt-quatre (24) mois pour l'entrepôt spécial ;
- ➢ trente-six (36) mois pour l'entrepôt public.

Aujourd'hui, il est fixé par l'article 129 du code communautaire des douanes, l'article 179 du nouveau code des douanes du Sénégal et l'article 4 de l'arrêté 13707/MEF du 14 juillet 2015 à un (1) an au maximum pour toutes les catégories d'entrepôts. Toutefois, pour l'entrepôt d'exportation, l'arrêté limite, à titre exceptionnel, le délai de séjour à six (6) mois au maximum.

Ce délai d'un an peut être prorogé pour une période globale de six (6) mois, par les autorités douanières à titre exceptionnel et si les marchandises sont en bon état. L'article 5 de l'arrêté précité corrige ainsi l'impossibilité de prorogation annoncée dans l'arrêté 3731 du 23 avril 2008 et allège la contrainte de délai qui pesait sur les entrepositaires.

3.5.6.7. Les manipulations autorisées

En principe, aucune manipulation n'est autorisée sur les marchandises placées en entrepôt de douane puisqu'elles doivent pouvoir être présentées en l'état au contrôle douanier à tout moment. Mais, pour tenir compte de la longueur du délai de séjour et des risques de détérioration ou d'altération, la Convention de Kyoto révisée a prévu à la norme 10 du chapitre 1 de l'annexe D des motifs pour lesquels la douane pourrait autoriser certaines opérations sur ces marchandises. Ils consistent :

a. à les examiner ;

b. à en prélever des échantillons moyennant paiement, le cas échéant, des droits et taxes à l'importation ;

c. à effectuer les opérations nécessaires pour en assurer la conservation ;

d. à effectuer toute autre manipulation normale nécessaire pour améliorer leur présentation ou leur qualité marchande ou les conditionner pour le transport, telles que la division ou la réunion de colis, l'assortiment et le classement des marchandises, le changement d'emballage.

Dans le code communautaire des douanes, notamment à l'article 130, il est stipulé que les autorités douanières peuvent autoriser certaines manipulations de marchandises placées en entrepôt. Tel est le sens de l'article 195 (ex 146) du code des douanes qui renvoie à une décision du Directeur général des douanes.

En application du code des douanes, l'arrêté 13707 du 14 juillet 2014 a repris à l'annexe 2, une liste exhaustive des manipulations pouvant être autorisées. Il s'agit de :

- l'examen, l'inventaire, l'échantillonnage ;
- la réparation ;
- le nettoyage ;
- l'élimination des parties avariées ;
- le triage, le tamisage, le vannage, la clarification mécanique, le filtrage, le dépotage, le soutirage et tout traitement simple similaire ;
- l'apposition de cachets, d'étiquettes ou de signes distinctifs ;

• l'emballage, le déballage, le changement d'emballage, la réparation d'emballage, le transvasement ou le reconditionnement simple ;

• la fixation sur des supports pour leur conditionnement ou leur présentation ;

• les opérations simples d'assortiment et de classement ;

• l'essai et la mise en état de marche des machines, appareils et véhicules ;

• le dessalage, le nettoyage et le « crouponnage » des peaux ;

• le cassage des légumes secs ;

• la division de marchandises pour autant qu'il s'agisse d'opérations simples ;

• toutes manipulations destinées à assurer la conservation en l'état des marchandises, tels l'aération, le séchage, la réfrigération, la congélation, l'addition de moyens de conservation, la fumigation, le soufrage, le graissage, la peinture, etc.

Cette liste devrait faciliter la tâche aux chefs de bureaux des douanes qui autorisent ces manipulations. Toutefois, certaines opérations qui, au lieu de permettre la conservation en l'état des marchandises placées en entrepôt, modifient leurs présentations commerciales ou ajoutent des éléments dans la composition du produit, posent problème puisqu'ils constituent des manipulations sérieuses qui donnent des marchandises différentes.

3.5.6.8. La sortie d'entrepôt

Pour tenir compte du principe de l'exterritorialité, la sortie d'entrepôt doit être considérée, soit comme une importation directe de marchandises étrangères, soit comme une réexpédition à l'étranger. Le traitement appliqué par l'administration des douanes devrait par conséquent être identique à celui des marchandises importées directement de l'étranger.

Toutes les destinations sont possibles pourvu que le détenteur de la marchandise fasse son choix et que le document approprié soit présenté au bureau des douanes compétent. La marchandise peut être réexportée, mise à la consommation, transformée, transportée vers un autre bureau des douanes ou même stockée à nouveau dans un autre entrepôt.

Tel est le sens de la norme 14 de la Convention de Kyoto révisée, de l'article 197 alinéa 1 du code des douanes et de l'article 131 alinéa 1 du code communautaire des douanes.

Les documents utilisés pour la sortie d'entrepôt

La sortie d'entrepôt est autorisée si les bons à enlever des documents suivants sont délivrés par le bureau des douanes compétent :

Documents utilisés pour les régimes douaniers provisoires :

- S 1 code régime fiscal 11 ou 21 : déclaration de transit ordinaire pour le transport d'un entrepôt à un autre bureau des douanes ;
- S 3 code régime fiscal 03 : mutation d'entrepôt privé ;
- S 3 code régime fiscal 11 : mutation d'entrepôt public ;
- S 4 code régime fiscal 01 : mutation d'entrepôt pétrolier ;
- S 4 code régime fiscal 03 : transfert d'entrepôt pétrolier ;
- S 5 code régime fiscal 11 : entrée en perfectionnement actif par suite d'entrepôt ;
- S 5 code régime fiscal 21 : entrée en admission temporaire spéciale par suite d'entrepôt ;
- S 5 code régime fiscal 31 : entrée en admission temporaire exceptionnelle par suite d'entrepôt ;
- S 9 code régime fiscal 32 : entrée en entreprise franche en suite d'entrepôt ;
- S 9 code régime fiscal 33 : entrée en entreprise franche en suite d'entrepôt après perfectionnement actif.

Documents utilisés pour les régimes douaniers définitifs :

Les documents portent les codes « régime douanier » suivants :

- C 3 et 4 correspondant à la mise à la consommation en suite d'entrepôt ;
- R 3 correspondant à la réexportation en suite d'entrepôt.

Le code régime fiscal indiquera la fiscalité applicable sauf pour les cas suivants :

- C 3 code régime fiscal 00 : mise à la consommation en suite d'entrepôt de produits non pétroliers ;
- C 3 code régime fiscal 01 : mise à la consommation en suite d'entrepôt de produits non pétroliers après mutation d'entrepôt ;

- C 3 code régime fiscal 02 : mise à la consommation en suite d'entrepôt de produits non pétroliers après perfectionnement actif ;
- C 3 code régime fiscal 03 : mise à la consommation en suite d'entrepôt de produits non pétroliers après entrepôt industriel ;
- C 3 code régime fiscal 90 : mise à la consommation en suite d'entrepôt de produits non pétroliers avec liquidation supplémentaire ;
- C 3 code régime fiscal 99 : mise à la consommation en suite d'entrepôt d'emballages fabriqués sous perfectionnement actif ;
- C 4 code régime fiscal 01 : mise à la consommation en suite d'entrepôt de produits pétroliers ;
- C 4 code régime fiscal 02 : mise à la consommation en suite d'entrepôt de produits pétroliers après mutation ;
- C 4 code régime fiscal 03 : mise à la consommation en suite d'entrepôt de produits pétroliers après perfectionnement actif ;
- C 4 code régime fiscal 90 : mise à la consommation en suite d'entrepôt de produits pétroliers avec liquidation supplémentaire ;
- R 3 code régime fiscal 00 : réexportation en suite d'entrepôt privé ;
- R 3 code régime fiscal 10 : réexportation en suite d'entrepôt public ;
- R 3 code régime fiscal 20 : réexportation en suite d'entrepôt industriel ;
- R 3 code régime fiscal 80 : avitaillement
- R 4 code régime fiscal 00 : réexportation de produits pétroliers en suite d'entrepôt privé ;
- R 4 code régime fiscal 01 : réexportation de produits pétroliers en suite de mutation d'entrepôt ;
- R 4 code régime fiscal 80 : avitaillement de produits pétroliers.

Cette longue liste de documents laisse entrevoir par-delà les nombreuses possibilités offertes aux entrepositaires, la liberté d'utilisation des marchandises à leur sortie d'entrepôt.

Toutefois, le service des douanes exerce un contrôle douanier allégé mais efficace, qui porte essentiellement sur la déclaration de sortie d'entrepôt. Celle-ci doit être conforme aux données du sommier d'entrepôt ou fichier informatique de GAÏNDE. Les documents administratifs exigibles sont réclamés avant enregistrement de la déclaration. Le contrôle est exercé par le bureau des douanes compétent sur les quantités, poids, valeurs, espèce, origine, etc.

Aujourd'hui, les autorisations d'enlèvement (bon à enlever) sont automatiquement délivrées par le système GAÏNDE dès enregistrement de la déclaration.

Au niveau du local agréé, l'exploitant est libre de sortir la marchandise dès l'obtention du bon à enlever du bureau des douanes. Cette liberté place les entrepositaires en position de risque élevé de fraude en raison de l'attrait du marché et de l'absence des douaniers.

C'est peut-être dans les entrepôts publics qui n'ont pas encore été créés que l'on pouvait réduire ce risque avec la présence physique du service des douanes. Finalement, c'est dans les rares entrepôts privés banals que les agents des douanes y affectés procèdent à l'identification et à la reconnaissance des marchandises à enlever, assistent à leur chargement sur camion et annotent la déclaration présentée.

Il convient de reconnaître que cette faculté de disposer librement et facilement de la marchandise au moment voulu constitue un objectif recherché du régime de l'entrepôt. Et les garanties offertes par le concessionnaire doivent pouvoir rassurer l'autorité douanière sur le sérieux de l'exploitant et sur le recouvrement éventuel des droits et taxes compromis en cas de fraude.

Les mises à la consommation

La mise à la consommation des marchandises placées en entrepôt est soumise à l'autorisation de l'Administration des douanes conformément à l'article 30 de l'arrêté 13707 du 14 juillet 2015. Cette autorisation dont l'auteur n'est pas précisé appelle un commentaire.

Si au niveau des bureaux des douanes, son application n'est pas uniforme, sur le plan juridique, cette autorisation viole le principe d'exterritorialité sur lequel repose l'entrepôt de stockage. À partir du moment où le service considère que la marchandise placée en entrepôt se trouve juridiquement à l'étranger, sa mise à la consommation devrait également prendre en compte sa provenance étrangère et être traitée comme tel.

C'est pourquoi il y a lieu de s'interroger sur la conformité de cet article 30 de l'arrêté par rapport à l'article 197, alinéa 1 du code des douanes et à l'article 131 alinéa 1 du code communautaire qui stipulent que « les marchandises en entrepôt de stockage peuvent recevoir les mêmes destinations que si elles provenaient de l'importation directe et aux mêmes conditions… ». L'autorisation préalable du service des douanes constitue une limite par rapport aux possibilités offertes par la loi, si l'on considère qu'elle peut retarder l'opération ou être refusée.

En cas de mise à la consommation, les droits et taxes exigibles sont liquidés sur la base de la valeur actuelle de la marchandise et aux taux applicables à la date d'enregistrement de la déclaration. Tel est le sens des articles 132 du code communautaire, 198 alinéa 1, du code des douanes et 32, alinéa 2 et 3 de l'arrêté précité.

S'agissant de la valeur en douane, il convient de rappeler que la valeur transactionnelle de l'Organisation mondiale du Commerce n'est pas obligatoire. Les déclarants ne pourront invoquer aucune disposition relative à la valeur transactionnelle en leur faveur. Sont-ils alors tenus de déclarer le prix normal des marchandises, officiellement dénommé « la valeur de Bruxelles » ? Ou alors doivent-ils se soumettre à la décision du vérificateur des douanes ? Des réponses précises devraient être apportées par l'autorité douanière pour prévenir tout conflit.

Pour cette valeur en douane, le taux de change du jour sera utilisé pour la conversion des monnaies de facturation.

S'agissant des droits et taxes exigibles, l'administration des douanes appliquera les catégories fiscales et les quotités en vigueur à la date d'enregistrement de la déclaration de mise à la consommation des marchandises.

Il en résulte également que, conformément à l'article 33 alinéa 1 de l'arrêté, si des adjonctions de produits ont conduit à une augmentation de la valeur ou des quantités initiales, ces augmentations seront soustraites des éléments à déclarer en douane.

Par contre, selon l'article 35 de l'arrêté 13711 du 14 juillet 2015, si ces marchandises ont subi au préalable une transformation sous le régime du perfectionnement actif ou y ont séjourné, les droits et taxes en vigueur à la date d'enregistrement de la déclaration de mise à la consommation seront appliqués sur la valeur actuelle des matières premières ou produits semi-finis, puis majorés d'un intérêt de crédit basé sur le taux de réescompte de la BCEAO (7,25 % actuellement). Cet intérêt de crédit sera calculé sur la base du délai effectif en perfectionnement actif et non sur celui de l'entrepôt.

Les cessions et mutations d'entrepôt

En cas de cession de marchandises en entrepôt, les obligations de l'entrepositaire sont transférées au nouvel entrepositaire (article 193 alinéa 2 du code des douanes et 128 du code communautaire). Le temps de stockage imparti se poursuit normalement sans interruption jusqu'à son terme. Une nouvelle déclaration de mise en entrepôt est néanmoins levée au niveau du bureau des douanes compétent pour le restant du séjour.

En cas de transfert d'entrepôt sans cession, les marchandises sont déplacées d'un entrepôt à un autre au profit du même entrepositaire, les délais de séjour restent maintenus à un (1) an. En l'absence de dispositions légales ou réglementaires appropriées, une nouvelle déclaration devrait être levée au bureau des douanes compétent (pour l'entrepôt qui reçoit) pour permettre la sortie du local et le stockage des marchandises dans un autre local.

Mais lorsque le déplacement des marchandises résulte d'une cession (cas de mutation d'entrepôt), outre cette déclaration, de nouveaux engagements sont pris par le nouvel entrepositaire et un nouveau délai commence à courir. Toutefois ce délai ne saurait être prorogé.

Il importe de noter que l'interdiction de céder des marchandises en entrepôt « aux redevables dont les activités consistent à importer des marchandises pour les revendre en l'état » prévue à l'article 144 alinéa 1 du code des douanes de 1987, a été levée dans le code communautaire des douanes. C'est dire qu'il est désormais possible à tout commerçant ou usager d'acheter des marchandises placées en entrepôt et de bénéficier des avantages du régime.

Le sort des marchandises manquantes

Le long séjour en entrepôt expose les marchandises aux risques d'enlèvement non autorisé, de vol, d'incendie, de détérioration et d'avaries. Lorsque ces risques se réalisent, les entrepositaires et concessionnaires ne peuvent représenter les marchandises en qualité et en quantité aux agents des douanes, chargés de contrôler les entrepôts.

Dans ces cas, des dispositions particulières sont prévues.

Dans la Convention de Kyoto révisée, il est stipulé à la norme 13 du chapitre 1 de l'annexe D, que les marchandises avariées ou détériorées par suite d'accident ou de force majeure doivent pouvoir être déclarées pour la mise à la consommation dans l'état où elles se trouvent à condition que l'accident ou la détérioration soit dûment établie à la satisfaction de la douane.

Dans le code des douanes (article 183) et dans le code communautaire (article 124), tous les cas sont prévus. Ainsi :

➢ en cas de non-représentation de marchandises placées en entrepôt, le concessionnaire et l'entrepositaire doivent acquitter les droits et taxes sur les marchandises manquantes, restituer les avantages attachés à leur exportation ou payer une somme égale à leur valeur, si elles sont prohibées. En sus de ces mesures, des pénalités leur seront appliquées conformément aux articles 183 alinéa 1 du code des douanes et 28 de l'arrêté 13707 du 14 juillet 2015 ;

➢ en cas de vol dûment prouvé, le code des douanes (article 183 alinéa 5) et l'arrêté 13707 (article 28 alinéa 2-b) prévoient une dispense de paiement des droits et taxes. Ce cas n'est pas évoqué dans le code communautaire ;

➢ en cas de perte de marchandises résultant d'une force majeure (incendie involontaire par exemple) ou de causes dépendant de la nature des produits stockés, une dispense de paiement des droits et taxes ou de la valeur des marchandises prohibées est accordée au concessionnaire et à l'entrepositaire par les articles 183 alinéa 4 du code des douanes, et 28 alinéa 2-b de l'arrêté.

Toutefois, si les marchandises ont été assurées (article 28 alinéa 4 de l'arrêté), la dispense n'est applicable qu'au cas où la valeur assurée est égale ou inférieure à la valeur en entrepôt. Dans le cas où cette valeur assurée dépasse ce montant déclaré à l'entrée en entrepôt, l'administration des douanes pourra réclamer les droits et taxes ou une somme égale à la valeur des marchandises.

Sur ce point précis, l'on s'interroge sur les objectifs recherchés du service des douanes. Doit-on réclamer des droits et taxes parce que les marchandises sont assurées à une valeur supérieure à celle déclarée, alors même que leur perte est prouvée ? Ignore-t-on que la valeur assurée est fixée librement par l'entrepositaire ?

Le code communautaire des douanes de l'UEMOA n'a prévu que le cas de force majeure à l'article 124 alinéa 4.

➢ en cas d'avaries, les marchandises peuvent être détruites ou déclarées en douane pour la réexportation ou la mise à la consommation. Lorsqu'elles sont détruites par suite d'autorisation du service des douanes, aucun droit ou taxe ne devrait être réclamé. Les sommiers devraient être apurés sur la base du procès-verbal de destruction dressé par les agents des douanes.

Cependant, au cas où elles sont déclarées, la base taxable devrait être égale à la valeur des marchandises dans l'état où elles se trouvent conformément aux articles 124 alinéa 2 du code communautaire, 183 alinéa 2 du code des douanes et 32 de l'arrêté précité. Évidemment, cette valeur est déterminée par expertise à la suite du rapport d'un évaluateur professionnel choisi sur une liste agréée par les tribunaux. Les droits et taxes applicables sont ceux en vigueur à la date d'enregistrement de la déclaration.

➢ en cas de déficit, l'entrepositaire et le concessionnaire sont tenus de payer, outre les pénalités éventuelles, l'ensemble des droits et taxes dus à la date de constatation de l'infraction.

Mais lorsque le déficit provient de l'extraction d'impuretés (poussières, pierres ou autres), ils sont dispensés du paiement des droits, taxes et pénalités conformément aux articles 124 alinéa 3 du code communautaire, 183 alinéa 3 du code des douanes et 28 alinéa 3 de l'arrêté.

S'agissant de l'entrepôt spécial, compte tenu de la spécialité des marchandises stockées, le Directeur général des douanes pourra fixer des limites forfaitaires aux déficits et pertes admissibles en franchise (articles 51 et 62 de l'arrêté). L'on s'interroge sur la justification de telles limites. À partir du moment où le service des douanes accepte des marchandises périssables en entrepôt, il est tout à fait rationnel qu'il admette des pertes résultant de leur long séjour en magasin ou aire de stockage et par conséquent, inestimables a priori. Puisqu'aucune consommation de marchandises n'est constatée, il convient d'admettre toutes les pertes prouvées en franchise de droits et taxes et surtout de ne pas accabler l'entrepositaire en augmentant ses charges imprévues.

3.6. LA ZONE FRANCHE : UN STATUT POUR DES ENTREPRISES INSTALLÉES SUR UNE PARTIE DU TERRITOIRE

Le chapitre 2 de l'annexe D de la Convention de Kyoto révisée classe la zone franche dans la catégorie juridique des entrepôts de douane.

La zone franche y a été définie comme suit : « une partie du territoire d'une partie contractante dans laquelle les marchandises qui y sont introduites sont généralement considérées comme n'étant pas sur le territoire douanier au regard des droits et taxes à l'importation ».

Cette définition est reprise à l'article 188 du code communautaire des douanes.

Elle consacre le principe de l'exterritorialité des marchandises stockées dans les limites du territoire national. La seule différence notable par rapport au régime douanier de l'entrepôt résulte de l'importance des dimensions du lieu de stockage des marchandises. Dans la zone franche, c'est une partie du territoire douanier qui bénéficie de l'exterritorialité. Dans l'entrepôt, c'est un espace plus réduit, un lieu désigné à cet effet.

En revanche, dans le code des douanes du Sénégal de 1987, la zone franche n'est pas un régime douanier. Il s'agit, conformément aux articles 1 alinéa 2 et 217 de ce code, d'une portion du territoire douanier qui est « soustraite du régime des douanes ». Elle y est définie comme « une enclave territoriale instituée par la loi en vue de faire considérer les marchandises qui s'y trouvent comme n'étant pas sur le territoire douanier pour l'application des droits et taxes dont elles sont passibles en raison de l'importation, ainsi que des restrictions quantitatives.

En application de ces dispositions, la loi 74-06 du 22 avril 1974 portant création de la Zone franche industrielle de Dakar avait mis en place un véritable statut au profit des entreprises industrielles y installées. Ce statut régit les relations de ces entreprises avec l'administration publique, les travailleurs, la fiscalité, etc. Il dépasse le seul régime juridique des marchandises importées ou à exporter.

Les dispositions relatives aux points francs et entreprises franches, les lois 91-30 du 13 avril 1991 et 95-34 du 29 décembre 1995 n'ont rien changé sur ce point. Elles portent toutes sur le régime juridique et fiscal de l'entreprise industrielle, le régime des marchandises et le règlement des litiges.

Il en est de même avec la loi 2007-16 du 19 février 2007 portant gestion et administration de la Zone franche spéciale intégrée de DIASS (DISEZ). Cette loi avait prévu un statut au profit des entreprises commerciales et industrielles y installées. Mais, faute d'accord sur les conditions de réalisation du projet, le promoteur, le groupe « JAFZA » s'est retiré.

À ce propos, il convient de tirer les leçons de l'échec de la Zone franche industrielle de Dakar et de la plupart des zones franches ouvertes dans le monde et de s'orienter résolument vers la promotion de l'investissement des nationaux et des joint-ventures dans des secteurs ciblés.

Le nouveau code des douanes de 2014 donne une définition identique mais simplifiée de la zone franche à l'article 296. Il s'agit

« d'une partie du territoire dans laquelle les marchandises qui y sont introduites sont généralement considérées comme n'étant pas sur le territoire douanier au regard de la réglementation douanière ». Cette disposition, beaucoup plus libérale, n'exclut pas la possibilité de créer des zones franches commerciales.

Puisque les zones franches résultent toujours de statuts particuliers des entreprises y installées et que l'étendue de notre étude se limite aux régimes douaniers des marchandises importées ou à exporter, il a été retenu de s'abstenir d'examiner les statuts particuliers des entreprises même si la Convention de Kyoto les considère comme un régime douanier.

3.7 La consignation : la solution douanière d'un problème de change

La consignation est définie comme l'action de mettre un objet, des sommes d'argent en dépôt, à titre de garantie. Elle est matérialisée par un contrat entre un déposant et un consignataire. En droit civil, elle laisse le choix de disposer de l'objet au déposant et la responsabilité de la garde de l'objet au consignataire. Elle est particulièrement utilisée dans le commerce extérieur entre les exportateurs et leurs correspondants installés à l'étranger pour sécuriser la marchandise et le règlement financier des transactions commerciales. L'activité de consignation est reconnue et réglementée au Sénégal et dans la plupart des pays du monde par les autorités chargées du transport.

Curieusement, la consignation est apparue à la suite des réformes de 2008 avec la note de service n° 2999 du 29 octobre 2010, sous la forme d'un régime douanier.

Cette note de service crée des droits et obligations en direction des chargeurs et dans le domaine du commerce extérieur. Elle viole ainsi les articles 8 et 67 de la Constitution selon lesquels seule une loi peut fixer le régime des obligations civiles et commerciales.

C'est avec le nouveau code des douanes que cette situation a été régularisée.

L'article 250 du code des douanes a classé la consignation dans la catégorie des régimes douaniers autorisés et l'a défini comme suit : « le régime douanier par lequel une société nationale importe des produits pétroliers pour le compte d'une société internationale en suspension des droits et taxes et sans application des dispositions en matière de change ».

À la lecture attentive de cette définition, il apparaît que les rédacteurs de ce texte n'ont accordé aucune importance à la destination ou à l'utilisation de la marchandise dans le régime douanier accordé. Ils ont indiqué l'importation de produits pétroliers, laquelle est considérée comme un simple franchissement de frontières.

Or, il n'y a pas de régime douanier sans que la destination ou l'utilisation de la marchandise ne soit clairement exprimée sur un document officiel. En fait, les produits pétroliers sont importés sans qu'on indique s'ils doivent être stockés, transformés, transportés ou utilisés normalement ou spécifiquement.

S'agissant des droits et taxes, il a été démontré plus haut qu'ils ne constituent pas des critères de définition du régime douanier. Elles doivent être considérées comme des modalités d'application de la mise à la consommation des marchandises.

En ce qui concerne les acteurs de la transaction commerciale, le texte utilise les notions de « société nationale » et de « société internationale » sans les définir. Or, ces notions sont si imprécises que leur interprétation peut conduire à des situations totalement opposées.

Quant aux formalités des changes, elles résultent des dispositions prises par l'autorité monétaire au sein de l'Union monétaire ouest-africaine, sur la base de considérations autres que douanières. Il n'appartient pas à l'autorité douanière d'appliquer des mesures d'ordre monétaire de son propre chef. Le code des douanes ne peut pas contenir des dispositions contraires au règlement 09/2010/CM/UEMOA du 1er octobre 2010.

Aussi faudrait-il considérer ce que l'autorité douanière désigne par le terme « consignation » comme un cas à classer dans les régimes douaniers classiques reconnus.

À l'examen du cas sur le terrain, il apparaît que le bureau des douanes de Dakar-Pétrole a voulu résoudre le problème de change posé par les consignataires de produits pétroliers. En pratique ces consignataires importent des produits pétroliers au nom et pour le compte de firmes étrangères et les placent dans des cuves ou bacs agréés ou non au régime de l'entrepôt spécial, en attendant que des acquéreurs se manifestent et achètent lesdits produits pétroliers. Ces acquéreurs, qui sont souvent des entreprises étrangères, préfèrent payer directement à la firme étrangère qui a déposé lesdits produits pétroliers auprès du consignataire sénégalais. Puisque les contrats liant le consignataire à la firme étrangère ne prévoient pas de règlement financier dans les banques sénégalaises, le bureau des douanes a tenu à dispenser l'opération des formalités de change en créant un régime douanier nouveau. Ainsi, ce régime douanier a été conçu pour éviter d'appliquer la réglementation des changes.

Plus grave, le service des douanes permet à des entreprises de réaliser des activités commerciales sur le sol sénégalais sans même qu'aucune administration ne prenne en charge lesdites activités.

Or, le régime douanier n'a pas pour objet de s'affranchir des dispositions relatives au commerce extérieur et au change. Il consiste plutôt à donner une place, un statut à la marchandise pour les douanes.

Manifestement, le cas présenté relève du régime de l'entrepôt privé spécial puisqu'il consiste à stocker les produits pétroliers dans un espace approprié en attendant que le propriétaire en décide l'affectation. Il convient par conséquent de déclarer les produits pétroliers en entrepôt spécial comme cela se fait avec la S 4 04.

Malgré toutes ces observations, l'autorité douanière a signé l'arrêté 13714 du 14 juillet 2015 pour préciser la fonction de stockage et fixer les conditions d'agrément et d'utilisation du prétendu « régime douanier de la consignation ». Ces conditions sont les suivantes :

❖ Les bénéficiaires : ce sont des sociétés nationales qui importent des produits pétroliers pour le compte d'une société internationale et qui disposent d'aménagements et d'installations appropriés pour recevoir lesdits produits.

❖ L'agrément : comme pour tout exploitant d'entrepôt spécial, il devra présenter un dossier comprenant des renseignements et des documents justificatifs, notamment le contrat de consignation avec la société internationale, la licence d'importation et de stockage des produits pétroliers et la soumission cautionnée acceptée par le Receveur général du trésor. L'agrément est accordé par décision du Directeur général des douanes.

❖ Le fonctionnement : les règles de fonctionnement, plus précisément, l'entrée, le séjour et l'apurement, sont identiques à celles de l'entrepôt spécial.

Au total, en l'absence de motif déterminant dans la note de présentation de l'arrêté, il convient de retenir que l'autorité douanière a manifestement cherché une solution aux problèmes de change que les sociétés pétrolières rencontrent avec leurs fournisseurs étrangers.

3.8. Le perfectionnement actif : le régime de référence pour la transformation des marchandises

Le vocable « perfectionnement actif » a été retenu en Europe pour désigner, à l'occasion de l'harmonisation des législations nationales, le principal régime douanier ouvert pour les activités industrielles de transformation. L'objectif consistait à mettre en place un dispositif douanier unique susceptible de faciliter l'acquisition de matières premières ou d'intrants aux nombreuses entreprises européennes de transformation et la réexportation des produits finis vers les pays consommateurs.

Dans un contexte de concurrence vive, un tel dispositif permet de répondre à temps et au meilleur coût aux fortes demandes de produits finis.

Ainsi, dans le code des douanes communautaire de l'Union européenne, le perfectionnement actif a été rangé avec le perfectionnement passif dans le groupe des « régimes particuliers » et sous la rubrique « transformation » à l'article 135 (article 180 nouveau).

Dans la Convention de Kyoto révisée, le régime douanier du perfectionnement actif est prévu au chapitre 1 de l'annexe spécifique F, comme étant le principal et le premier régime douanier ouvert pour les activités industrielles.

Au Sénégal, tout comme au niveau de l'UEMOA, aucune disposition légale n'a été expressément prise pour admettre ce régime douanier dans la législation douanière. L'on reconnaît tout de même que les termes « admission temporaire pour perfectionnement actif » ont été utilisés dans les articles 164 alinéa 1-a et 171 du code des douanes du Sénégal de 1987 pour désigner un cas particulier et prévoir la compensation de produits importés par des produits provenant du marché national. À l'article 164 alinéa 1-a où ils sont apparus pour la première fois, ces termes ont été placés entre parenthèses pour donner un nom aux opérations de transformation, d'ouvraison et de complément de main d'œuvre dans le territoire douanier. Quelle valeur juridique doit-on accorder à cette parenthèse ?

Dans l'arrêté 7579 du 28 juin 1989, pris en application de ce code, c'est le même terme « admission temporaire pour perfectionnement actif » qui est repris sans qu'aucune différence ne soit faite par rapport à l'admission temporaire normale du code des douanes de 1974.

Ce n'est même pas le cas dans le code communautaire de l'UEMOA où le rédacteur n'a nulle part évoqué ce terme.

En revanche, dans le cadre de la réforme des régimes douaniers d'avril 2008, le ministre de l'Économie et des Finances a signé un arrêté portant le numéro 3730 du 23 avril 2008 pour déterminer les conditions d'application du régime de l'admission temporaire pour perfectionnement actif.

Or, l'admission temporaire pour perfectionnement actif n'a été ni créée ni reconnue dans l'ordonnancement juridique interne supérieur, sauf si une valeur juridique est accordée aux mots placés entre parenthèses dans l'article 164 alinéa 1 du code des douanes de 1987. L'arrêté aurait pu être juridiquement admissible si la Convention de Kyoto révisée (ratifiée) avait été citée parmi les textes de base visés.

En vérité, le régime douanier ouvert pour les activités industrielles de transformation portait le nom « admission temporaire », un vocable hérité de la législation coloniale française et repris à l'article 164 du code des douanes de 1987. Il répondait à un besoin réel des nombreuses industries de transformation installées dans les environs du Port de Dakar pour satisfaire les marchés de l'Afrique occidentale « française ».

Les rédacteurs de l'arrêté 3730 ont tout simplement ajouté les termes « pour perfectionnement actif », pour se rapprocher de la Convention de Kyoto, sans tenir compte des bases juridiques de l'acte administratif.

L'admission temporaire pour perfectionnement actif est considérée dans ce texte, comme un régime douanier provisoire dans lequel les marchandises sont placées sous la surveillance de la douane en attendant, sauf cas exceptionnel, d'être transformées et déclarées à nouveau sous le régime douanier de la réexportation.

Elle est classée comme le régime douanier de référence ouvert pour les entreprises industrielles exportatrices.

Toutefois, dans l'arrêté 3730 comme dans le nouveau code des douanes du 28 février 2014, et dans l'arrêté d'application n° 13711 du 14 juillet 2015, les termes « perfectionnement actif » et « admission temporaire pour perfectionnement actif » sont utilisés indifféremment pour désigner le même régime douanier.

Pour éviter toute confusion avec le régime douanier de l'admission temporaire, le terme « perfectionnement actif » sera seul employé dans les développements suivants.

3.8.1. Définition

Le perfectionnement actif est défini à l'article 1er de l'arrêté 3730 cité plus haut comme « un régime par lequel les personnes physiques ou morales qui remplissent les conditions fixées à l'article 2 ci-dessous, peuvent être autorisées à importer, en suspension totale des droits et taxes, des matières premières ou produits semi-finis destinés à être transformés, fabriqués ou à recevoir un complément d'ouvraison dans le territoire douanier ». Cette définition comporte des éléments similaires à ceux repris à l'article 164 du code des douanes du Sénégal de 1987, qui prévoit le régime de l'admission temporaire normale.

Dans ce code des douanes du Sénégal, l'admission temporaire n'est pas définie. Elle est simplement présentée comme une faculté pour les personnes physiques ou morales dans les termes suivants : « peuvent être importées sous le régime de l'admission temporaire, dans les conditions fixées au présent chapitre, les marchandises désignées par arrêté du ministre chargé des Finances et destinées à recevoir une transformation, une ouvraison et un complément de main d'œuvre dans le territoire douanier (admission temporaire pour perfectionnement actif) ou à être employées en l'état ».

Dans la Convention de Kyoto révisée (chapitre 1 annexe F), la définition est la suivante : « le régime douanier qui permet de recevoir dans un territoire douanier, en suspension des droits et taxes à l'importation, certaines marchandises destinées à subir une transformation, une ouvraison ou une réparation et à être ultérieurement exportées ». Cette définition présente une différence notable par rapport à celle du code des douanes. Elle ajoute la réexportation du produit fini comme une nouvelle conditionnalité.

Dans le code communautaire des douanes de l'UEMOA et dans les codes des douanes de France (article 169 de la loi 77-574 du 8 juin 1977), de Tunisie (article 218) et du Cameroun (article 202), les mêmes éléments sont repris à l'article 141 alinéa 1, avec en plus, une limitation dans un délai déterminé.

Dans le code des douanes de l'Union européenne, la définition suivante a été adoptée : « le régime du perfectionnement actif permet de mettre en œuvre dans le territoire douanier de l'Union, pour leur faire subir une ou plusieurs opérations de transformation, des marchandises non-UE, sans que ces marchandises soient soumises à des droits, taxes et autres mesures à caractère économique ».

Il en est également ainsi du code des douanes du Maroc où l'admission temporaire pour perfectionnement actif est définie à l'article 135 comme le « régime douanier qui permet d'importer en suspension des droits et taxes qui leur sont applicables des marchandises destinées à recevoir une transformation, une ouvraison ou un complément de main-d'œuvre ».

Dans le nouveau code des douanes du Sénégal (article 209), l'admission temporaire pour perfectionnement actif a été définie comme « le régime douanier qui permet de recevoir dans le territoire douanier, en suspension des droits et taxes à l'importation, certaines marchandises destinées à subir une transformation, une ouvraison ou une réparation et à être ultérieurement réexportées ». Cette définition est identique à celle de la Convention de Kyoto révisée et du code communautaire de l'UEMOA.

Dans le nouvel arrêté 13711 du 14 juillet 2015 pris en application du code des douanes, il est défini comme « le régime douanier par lequel les personnes physiques ou morales qui remplissent les conditions définies à l'article 2, peuvent être autorisées à importer, en suspension des droits et taxes, des marchandises destinées à subir dans le territoire, une transformation, une ouvraison, une réparation ou un complément de main d'œuvre en vue de leur réexportation ».

Ces définitions présentent une différence notable quant à la réexportation des produits ouvrés ou réparés et nous invitent à poser une question. Est-il obligatoire d'exporter le produit fini résultant de la transformation pour qu'il y ait perfectionnement actif ?

En vérité, la création du régime du perfectionnement actif répond au besoin des industriels d'offrir aux clients étrangers les produits demandés dans les meilleurs délais et aux meilleurs coûts et qualités. Par conséquent, l'engagement de réexporter le produit fini constitue, au regard de la Convention de Kyoto et du nouveau code des douanes du Sénégal, une condition d'admissibilité au régime douanier du perfectionnement actif. Mais aussi, à l'examen attentif de l'ensemble de ces dispositions législatives et réglementaires, il apparaît que la réexportation constitue une autre opération commerciale, la réexpédition de marchandises vers l'étranger, pour laquelle un régime douanier différent est déclaré. Il convient par conséquent de considérer la réexportation des produits compensateurs comme un engagement préalable à l'octroi du régime du perfectionnement actif et non comme un élément de la définition dudit régime douanier.

Et si tel est le cas, doit-on suspendre les droits et taxes comme prévu à l'article 210 du code des douanes ? À partir du moment où l'intention de transformer les matières premières ou produits semi-finis et de réexporter les produits finis est officiellement et clairement déclarée, il y a lieu de s'interroger sur la suspension des droits et taxes évoquée. La suspension d'un droit ou d'une mesure n'a de sens que lorsqu'à terme, le droit est perçu ou la mesure appliquée. Or, à terme, les produits doivent être réexportés. La suspension des droits et taxes peut ainsi être considérée comme irrationnelle par rapport à l'objectif déclaré.

C'est dans ce sens que le code communautaire de l'Union européenne et le code des douanes du Maroc ont orienté la définition du perfectionnement actif.

L'on ajoutera que cette suspension des droits est même gênante puisqu'elle justifie l'exigence de la caution bancaire et de ses contraintes.

C'est pourquoi il sera proposé de définir le perfectionnement actif comme étant le cadre juridique réservé par la douane aux marchandises importées et déclarées pour être ouvrées ou réparées sous surveillance douanière dans un délai déterminé.

3.8.2. Les bénéficiaires du régime

Le régime du perfectionnement actif est exclusivement ouvert aux entreprises industrielles exportatrices. À cet effet une autorisation préalable est accordée par l'autorité douanière.

Dans la Convention de Kyoto révisée, la recommandation n° 11 stipule que « les personnes qui effectuent fréquemment des opérations de perfectionnement actif devraient bénéficier, sur demande, d'une autorisation générale couvrant ces opérations ».

Dans le code communautaire de l'Union européenne et à l'article 181 alinéa 1-a, le requérant est tenu de déposer une demande d'autorisation pour bénéficier de ce régime, qu'il soit industriel ou pas.

Au Sénégal, l'article 2 de l'arrêté 13711 du 14 juillet 2015 désigne les personnes qui, cumulativement :

- disposent des installations et de l'outillage nécessaires aux opérations de transformation envisagées ;

• sont en activité depuis au moins deux (2) ans ;

• et sont en mesure d'exporter 90 % en quantité de leur production annuelle.

Il convient de préciser que si ce régime devait être créé exclusivement pour les entreprises exportatrices qui remplissent ces conditions, l'autorité douanière ne trouverait aucun preneur dans le contexte sénégalais où les industries réalisent la plus grande partie de leur chiffre d'affaires sur le marché intérieur. Aussi a-t-il été prévu à l'article 2 alinéa 2 de l'arrêté précité, d'accorder le bénéfice du régime pour des opérations ponctuelles fréquentes, aux entreprises qui disposent des installations et outillages.

Il en résulte deux catégories de bénéficiaires du régime :

• les entreprises exportatrices qui exportent 90 % en quantité de leur production depuis au moins deux ans ;

• les entreprises qui exécutent une ou plusieurs commandes de leurs clients étrangers.

Pour ces entreprises, le bénéfice du régime est accordé par décision du Directeur général des douanes.

En revanche, les personnes physiques qui font des commandes auprès des industriels et à cet effet peuvent bénéficier du régime dans l'Union européenne, sont exclues au Sénégal.

3.8.3. Les conditions de l'autorisation de perfectionnement actif

Les entreprises exportatrices et les entreprises qui exécutent des commandes ponctuelles sont soumises aux mêmes formalités, même si les documents exigés présentent quelques différences. Elles sont assujettics à l'obligation de déposer une demande et d'accueillir un groupe d'agents des douanes chargés de vérifier les renseignements fournis et la faisabilité des opérations envisagées.

3.8.3.1. La demande d'autorisation

Selon l'article 5 de l'arrêté précité, l'autorisation est subordonnée à la présentation d'un dossier comportant :

• une demande écrite ;

• l'adresse exacte de l'usine ou de l'atelier ;

• un plan détaillé des aménagements ;

- le titre de propriété ou le contrat de location des locaux ;
- un inventaire succinct du matériel utilisé pour la fabrication ou la réparation ;
- un document d'expert indiquant les processus de fabrication des produits finis ;
- la soumission annuelle cautionnée acceptée par le Receveur général du Trésor ;
- la nature et le volume des fabrications envisagées ;
- un rapport d'expertise établi par un expert agréé inscrit à l'ordre des experts agréés au Sénégal donnant des renseignements détaillés sur la nature des fabrications (quantités, qualités, caractéristiques des matières premières ou produits semi-finis importés, des divers types de fabrications, les rendements, les déchets, etc.) ;
- les bons de commande ferme des clients étrangers et les contrats signés avec eux pour les exportateurs occasionnels.

Il n'y a plus ni bilans certifiés, ni d'état détaillé certifiant que les 90 % de la production ont été exportés, ni d'attestation d'industriel signé par le ministre chargé de l'Industrie comme précédemment prévu dans l'arrêté 3730 du 23 avril 2008. Quelles significations les autorités douanières ont-elles donné à cet allègement ? Aucun document officiel n'a apporté une réponse à cette question.

Il convient par conséquent d'en déduire que les changements introduits visent une banalisation du régime du perfectionnement actif à partir du moment où toutes les entreprises industrielles peuvent facilement produire les documents exigés. Il n'est plus nécessaire de justifier qu'il s'agit d'une entreprise exportatrice. Il suffit désormais « d'être en mesure d'exporter 90 % en quantité de leur production annuelle » pour pouvoir prétendre au bénéfice du régime. Il revient donc à l'administration des douanes d'évaluer le potentiel d'exportation de l'entreprise requérante.

Ce dossier est examiné par les services techniques de la Direction générale des douanes.

3.8.3.2. L'enquête préalable

En plus du dossier présenté qu'il convient d'examiner, le service des douanes mène une enquête sur les installations et outillages utilisés, afin d'établir qu'ils sont en rapport avec les fabrications projetées.

L'enquête porte également sur les requérants pour vérifier s'ils n'ont pas été condamnés.

Il importe de faire remarquer cette enquête a été fortement allégée par rapport aux prescriptions antérieures. Il n'y a plus de vérification des endroits disponibles pour le stockage des intrants et des produits compensateurs et des quantités de marchandises réexportées par rapport à celles produites et vendues sur le marché et sur la durée des activités industrielles. L'on s'interroge sur l'effectivité de l'évaluation du potentiel d'exportation de l'entreprise requérante rendue nécessaire par l'article 2 de l'arrêté précité.

Cette enquête est obligatoirement menée par deux agents de douane, dont un ayant le rang d'inspecteur des douanes. Un rapport d'enquête circonstancié est dressé à l'issue de la vérification physique des installations et du processus de fabrication et de la collecte des renseignements. Il permet de rassurer l'autorité douanière et de justifier l'autorisation générale qui sera accordée.

Lorsque les rapporteurs émettent des réserves ou que certaines informations ne sont pas fournies, l'administration peut demander un rapport d'expertise sur les fabrications envisagées pour justifier son avis.

Si le rapport d'enquête est satisfaisant et rassurant pour l'autorité douanière, le dossier est transmis pour signature au Directeur général des douanes, d'une décision portant autorisation de perfectionnement actif.

Cette autorisation devrait préciser conformément à l'article 7 de l'arrêté précité :

- les marchandises admises au régime ;
- les produits admis à la compensation des comptes d'admission temporaire ;
- la nature des ouvraisons, transformations complément de main d'œuvre ou réparations autorisées ;
- le délai de séjour des marchandises en admission temporaire dans la limite d'un (1) an ;
- le pourcentage des produits compensateurs à réexporter obligatoirement ;
- les taux de déchets autorisés et le sort réservé aux déchets réutilisables.

3.8.4. Le champ d'application du régime

Avec le nouvel arrêté 13711 du 14 juillet 2015, le champ d'application du perfectionnement actif a été étendu à toutes les marchandises importées. Il ne s'agit plus des matières premières et des produits semi-finis prévus dans l'arrêté 3730 du 23 avril 2008, des notions empruntées du langage du secteur industriel.

En cela, les autorités douanières ont tenu à respecter les dispositions de la Convention de Kyoto révisée et surtout de l'article 224 du nouveau code des douanes.

Le champ d'application du perfectionnement exclut cependant deux catégories de produits :

❖ les produits qui ne supportent pas de droit ou taxe et ou qui ne sont assujettis à aucune mesure de prohibition (article 3 de l'arrêté) : il convient de préciser qu'il s'agit des produits pour lesquels le tarif des douanes n'a prévu ni droit d'entrée, ni taxes intérieures.

L'on s'interroge sur le sort des produits exonérés par le tarif des douanes mais soumis aux prélèvements ou redevances prévus par des organismes différents de l'État. Doit-on refuser leur entrée en régime de perfectionnement actif ?

Doit-on les déclarer directement sous le régime de la mise à la consommation et par conséquent payer des prélèvements et redevances dont le champ d'application est différent de celui des droits et taxes ?

Les prélèvements et redevances n'étant expressément pas cités dans l'article 3 de l'arrêté 13711 du 14 juillet 2015, il y a lieu de ne pas les considérer comme des droits ou taxes.

Cette exclusion oblige les entrepreneurs à supporter toutes les charges financières découlant de l'emploi desdits produits avant même qu'ils ne soient mis en œuvre. Elle semble contradictoire par rapport aux objectifs de réduction des charges de l'entreprise industrielle.

S'agissant des produits assujettis à des mesures fiscales, douanières ou de commerce extérieur qui sont exclus de ce champ d'application, l'on s'interroge sur les raisons et la base juridique puisqu'ils ne sont évoqués nulle part dans les codes des douanes (du Sénégal et de l'UEMOA). Une telle exclusion réduit anormalement le champ d'application du régime douanier tout comme les mesures de prohibition qui étaient prévues dans l'arrêté 3730 abrogé.

Il importe de faire remarquer que lesdites mesures touchent presque l'ensemble des produits importés. Les mesures fiscales, douanières et de commerce extérieur couvrent l'ensemble des marchandises utilisées comme matières premières ou produits semi-finis. Leur exclusion risque même de vider le champ d'application du perfectionnement actif.

❖ Les catalyseurs, réducteurs, solvants, agents tampons ou autres produits de nature similaire nécessaires à la fabrication des produits compensateurs mais n'entrant pas dans leur composition. Il s'agit de produits sans lesquels aucune transformation n'est possible, aucun produit compensateur n'est obtenu et évidemment le régime douanier du perfectionnement actif ne trouve pas sa justification.

Ici, l'on s'interroge sur les intentions de l'autorité douanière. Cherche-t-elle à éviter les difficultés liées au contrôle d'un produit qui se perd dans le processus de fabrication et à se procurer des recettes douanières ? Si telles sont ses intentions, elle oblige l'industriel à prendre en charge les droits et taxes dus à la mise à la consommation de ces catalyseurs, solvants et autres. Il apparaît alors une contradiction entre l'objectif recherché de réduction des charges des entreprises exportatrices pour une plus grande compétitivité et la réalisation de recettes douanières sur des intrants importés pour les besoins de la fabrication.

L'autorité douanière est invitée à reconsidérer sa position, sachant que les recettes réalisées sur ces produits sont négligeables et que la conquête du marché international est devenue un enjeu majeur pour les entreprises exportatrices et l'État.

3.8.5. La localisation de la marchandise

Les marchandises déclarées sous le régime du perfectionnement actif sont perceptibles à deux niveaux :

3.8.5.1. Sur les moyens de transport

Elles doivent être transportées depuis le lieu de débarquement, le magasin ou l'aire de débarquement jusqu'à l'usine. À ce niveau, des précautions doivent être prises par le déclarant pour le transport à bon port des marchandises. Elles concernent :

- la levée d'un acquit-à-caution pour couvrir ce transport (article 10 de l'arrêté 13711 du 14 juillet 2015) ;
- l'identification précise des colis et containers ;

• le respect des normes de sécurité du véhicule : le camion doit être conçu ou aménagé pour recevoir les colis à transporter. Il doit être autorisé pour le transport de marchandises, assuré et doté d'une visite technique. Au chauffeur, il sera exigé le permis de conduire de type poids-lourds et la lucidité.

• l'escorte des marchandises jusque dans les usines et ateliers de fabrication. Elle constitue une faculté pour le service des douanes, conformément à l'article 11 de l'arrêté précité. Est-ce à dire que le nouvel arrêté a écarté les scellements douaniers prévus dans la Convention de Kyoto révisée ? A-t-on voulu ignorer le plombage des containers et le bâchage ou le cordage des marchandises dites « conventionnelles » ? Avec un nombre aussi réduit d'agents d'exécution dont dispose le service des douanes, un tel dispositif renchérit les opérations commerciales, place les scellements douaniers au rang de pratique accessoire et risque de ralentir l'approvisionnement des industries en intrants. Il soumet surtout l'industriel au bon vouloir du chef de la brigade commerciale des douanes qui prescrit ce type de mesure.

Au cours du transport, les marchandises déclarées doivent être identifiables soit par leur nature, soit par les marques et numéros portés sur les colis ou containers.

Les moyens de transport doivent prendre la direction des usines ou ateliers de fabrication.

Un délai de transport maximum d'un (1) jour est très souvent accordé pour tenir compte de la proximité entre le bureau des douanes de domiciliation et les usines ou ateliers.

3.8.5.2. Dans les ateliers ou usines de fabrication

Après enlèvement, les marchandises déclarées sous le régime du perfectionnement actif sont conduites directement vers les ateliers ou usines de fabrication et déchargées dans des endroits aménagés à cet effet. Il s'agit généralement de hangars ou de terre-pleins, placés non loin de ces fabriques, que les autorités douanières doivent faire vérifier et dont elles devraient tenir compte pour l'agrément à ce régime douanier.

Les marchandises importées (matières premières et les produits semi-finis) sont ainsi stockées dans ces hangars et terre-pleins, en attendant leur mise en œuvre. Elles ne peuvent être placées ailleurs, où les risques de confusion, de substitution ou même de soustraction frauduleuse seraient élevés.

Il en est de même des produits compensateurs pour lesquels aucune disposition expresse ne prescrit la localisation. Néanmoins, pour tenir compte des matières premières et produits semi-finis importés et incorporés, il n'est pas admissible que les produits résultant du processus de fabrication soient placés dans des endroits non déclarés dans la demande d'agrément.

Enfin, les matières premières, les produits semi-finis et les produits compensateurs doivent être non seulement séparés les uns des autres, mais encore très éloignés des autres marchandises placées sous un régime douanier différent du perfectionnement actif.

3.8.6. Les contraintes douanières du régime du perfectionnement actif

Les dispositions applicables à l'admission temporaire normale ont été élaborées pendant les périodes d'ajustement structurel. Elles sont par conséquent marquées par le souci constant de réaliser plus de recettes douanières. Les contraintes douanières résultant des dispositions de l'arrêté 7579 du 28 juin 1989 déterminant les conditions d'application de l'admission temporaire normale ont été pratiquement toutes reproduites dans les arrêtés 3730 du 23 avril 2008 et 13711 du 14 juillet 2015 déterminant les conditions d'application de l'admission temporaire pour perfectionnement actif.

Or, le principal objectif des régimes douaniers provisoires consiste à réduire les charges des entreprises exportatrices.

Les contraintes douanières peuvent être présentées sous deux groupes :

- celles relatives aux conditions d'octroi du régime du perfectionnement actif, lesquelles ont été exposées aux points 3.8.2. et 3.8.3. ci-dessus ;

- celles relatives au fonctionnement du régime, lesquelles comprennent la durée de séjour, la déclaration de mise en perfectionnement actif, le recours aux laboratoires, la surveillance douanière, l'apurement des comptes et la déclaration de réexportation.

3.8.6.1. Le délai de séjour

Il a été fixé par les articles 220 du code des douanes et 7 de l'arrêté précité dans la limite maximale d'un (1) an, en exécution de la décision de l'UEMOA d'harmoniser les délais accordés pour le bénéfice des régimes douaniers dits suspensifs.

Ce délai est limité à six (6) mois dans le cas où le régime du perfectionnement actif est demandé pour des opérations ponctuelles.

Avec l'arrêté 13711 du 14 juillet 2015, les pouvoirs de signature des autorisations générales ou ponctuelles de bénéficier du régime du perfectionnement actif ont été accordés au Directeur général des douanes.

Ces délais peuvent être prorogés par le Directeur général des douanes dans les cas suivants conformément à l'article 13 de l'arrêté précité :

- le délai imparti expire un jour non ouvrable : le premier jour ouvrable devient la nouvelle date d'expiration du bénéfice du régime.
- les cas dûment justifiés.

L'autorité douanière a ainsi abandonné la force majeure et par conséquent les situations exceptionnelles pour accorder la prorogation. Il suffit désormais de fournir une justification pour bénéficier à nouveau de la même durée de séjour en régime de perfectionnement actif.

L'autorité douanière a donc délibérément choisi d'appliquer la recommandation n° 16 de l'annexe F de la Convention de Kyoto selon laquelle « sur demande de l'intéressé et pour des raisons jugées valables par la douane, cette dernière devrait proroger le délai initialement fixé » et de lever la contrainte de délai qui pesait sur les industriels.

3.8.6.2. La déclaration de mise en perfectionnement actif

Il s'agit de la déclaration de marchandises que le bénéficiaire du régime dépose au bureau des douanes compétent lors de l'importation des intrants dans le territoire douanier.

Depuis 1990, la forme des déclarations est la même pour tous les régimes douaniers. Toutefois, outre les renseignements généralement fournis dans les déclarations de marchandises, la déclaration de mise en perfectionnement actif contient :

- un engagement (ou soumission) par lequel le bénéficiaire s'engage à mettre en œuvre les matières premières ou produits semi-finis et à exporter les produits compensateurs dans le respect de la réglementation en vigueur ;

- une caution (généralement une banque) qui s'engage dans la limite d'un montant donné à payer les droits, taxes et pénalités au cas où le bénéficiaire faillirait à ses obligations et serait insolvable ;
- la référence à l'agrément ou à l'autorisation accordée ;
- les indications spéciales de chaque produit telles qu'elles sont reprises dans l'agrément ou dans l'autorisation ;
- l'adresse exacte des ateliers ou usines de fabrication.

La déclaration de mise en perfectionnement actif est établie conformément aux articles 221 et 222 du code des douanes et 10 de l'arrêté 13711 du 14 juillet 2015, au nom de l'importateur bénéficiaire du régime douanier.

Elle porte les codes régime douanier S 5 et régime fiscal 30.

Pour être recevable, elle doit être accompagnée de toutes les pièces justificatives du commerce extérieur et des changes, des documents douaniers (autorisation générale ou ponctuelle d'admission temporaire pour perfectionnement actif, déclaration préalable d'importation et attestation de vérification) et des documents administratifs éventuellement requis pour l'importation des marchandises.

Elle est enregistrée au bureau des douanes d'entrée et contrôlée comme toutes les autres déclarations de marchandises. Toutefois, un accent particulier est porté sur l'identification des matières premières et des produits semi-finis déclarés par rapport à ceux portés sur l'acte accordant le bénéfice de l'admission temporaire pour perfectionnement actif.

Pour le traitement et le suivi de cette déclaration, il convient de noter que ce document est classé dans la catégorie des acquits-à-caution puisqu'elle réunit les conditions suivantes :

- ➢ c'est une déclaration de marchandises obligatoire ;
- ➢ il contient un engagement du requérant de transporter les marchandises en un lieu et dans un délai précis ;
- ➢ il contient un engagement solidaire de la caution, une autre entreprise qui présente une garantie financière suffisante pour le paiement des droits, taxes et pénalités éventuelles au cas où le principal obligé est défaillant ;
- ➢ un délai est accordé pour transformer les matières premières et produits semi-finis et déclarer pour la réexportation les produits

compensateurs obtenus. Ce délai est porté sur la décision du Directeur général des douanes.

Pour cela, l'autorité douanière a tenu à préciser à l'article 10 de l'arrêté précité, les engagements découlant de l'acquit-à-caution accordé.

Un service du bureau des douanes compétent dénommé « section régimes suspensifs » suit attentivement les opérations déclarées sous ce régime douanier et évidemment l'exécution des engagements souscrits.

Sur cette déclaration, il importe de signaler que, malgré la suspension présumée des droits et taxes prévue à l'article 210 du code des douanes, les prélèvements de la CEDEAO et du COSEC devraient être liquidés puisque leur fait générateur résulte de l'importation des marchandises et non de leur mise à la consommation. Ces prélèvements constituent une charge financière qui renchérit les coûts de fabrication et réduit la compétitivité des produits placés sur le marché international. Aussi, faudrait-il s'interroger sur l'opportunité d'appliquer ces prélèvements à l'entrée en perfectionnement actif ?

3.8.6.3. Les analyses des produits

Il s'agit d'une faculté offerte à l'administration des douanes pour s'informer sur les particularités des marchandises importées et sur la composition des produits admis en compensation des comptes de perfectionnement actif.

Le chef du bureau des douanes peut ainsi s'adresser aux laboratoires reconnus pour identifier les matières premières et les produits semi-finis utilisés et les produits compensateurs obtenus.

Les opérations résultant de ces analyses constituent une contrainte et des frais à la charge de l'industriel bénéficiaire du régime du perfectionnement actif.

Il convient toutefois de préciser que le recours aux laboratoires prévu aux articles 225 du code des douanes et 11 et 12 de l'arrêté n'est pas courant dans l'histoire de la douane sénégalaise. Il demeure néanmoins un pouvoir nouveau (dans le code des douanes) non négligeable, que la complexité des produits présentés régulièrement en douane justifie amplement.

Il trouve sa source dans la recommandation n° 14 du chapitre 1 de l'annexe spécifique F de la Convention de Kyoto selon laquelle « les exigences relatives à l'identification des marchandises pour perfectionnement actif sont fixées par la douane ».

Toutefois, son application risque de poser un problème de légalité, celui du caractère définitif des constatations des laboratoires requis (article 18 de l'arrêté précité) qui n'est pas prévu par le code des douanes.

3.8.6.4. La surveillance douanière

Elle consiste à exécuter des opérations de contrôle douanier tout au long du séjour des matières premières, des produits semi-finis et des produits compensateurs dans les usines, ateliers ou magasins. Ces opérations sont les suivantes :

• 3.8.6.4.1. La reconnaissance, l'identification et le dénombrement des colis déclarés pour le perfectionnement actif : ces opérations sont effectuées à l'enlèvement des matières premières et produits semi-finis au niveau des magasins et aires de dédouanement, des portes (réelles ou virtuelles) de sortie des ports, aéroports et gares. Elles doivent également être réalisées à l'arrivée des colis aux ateliers et usines de fabrication ou au magasin indiqué sur la déclaration. Ces opérations sont menées par les agents des brigades commerciales des douanes pour rassurer l'autorité douanière sur la conformité entre les marchandises déclarées et celles reçues par l'importateur.

Ces opérations doivent enfin être effectuées au moment de l'enlèvement des produits compensateurs, sur la base du bon à expédier de la déclaration de réexportation ou sur la base du bon à enlever de la déclaration de mise à la consommation et au moment de leur embarquement pour la sortie du territoire sur la base du bon à expédier.

Pour les réexportations, un certificat d'embarquement est établi par les agents des douanes. Ce certificat libère le fabricant de ses engagements.

Ces opérations sont considérées par le service des douanes comme des contrôles formels. Pour éviter tout blocage anormal ou tout ralentissement du transport des marchandises, elles ne peuvent aboutir à l'ouverture des colis que lorsque les agents des douanes sont convaincus de l'existence d'une fraude grave.

Aussi conviendrait-il, pour la fluidité du transport des marchandises sous perfectionnement actif, de prendre des dispositions précises afin d'éviter l'ouverture des colis en cours de transport sous douane.

• 3.8.6.4.2. L'escorte des marchandises importées depuis le lieu de débarquement jusqu'aux ateliers et usines de fabrication : cette escorte a pour objectif de rassurer l'autorité douanière sur le transport direct desdites marchandises. Elle est laissée à l'appréciation des chefs de subdivision ou de brigade conformément à l'article 11 de l'arrêté précité.

• 3.8.6.4.3. Les contrôles physiques (article 12 de l'arrêté précité) qui consistent à se rendre dans les usines et ateliers pour dénombrer les quantités de matières premières, de produits semi-finis et de produits compensateurs et reconnaître leurs qualités d'une part et s'assurer de la conformité des conditions de transformation à celles prévues dans l'autorisation de perfectionnement actif d'autre part. Ces contrôles peuvent conduire leurs auteurs à examiner les registres et documents des entreprises bénéficiaires du régime. Il s'agit d'un véritable audit opérationnel douanier que seuls les agents des douanes des sections « régimes suspensifs » des bureaux de douane de domiciliation et les services techniques de la Direction générale des douanes sont habilités à mener.

• 3.8.6.4.4. Les contrôles comptables qui consistent à confronter les données fournies lors de la mise en perfectionnement actif à celles portées sur les déclarations de réexportation, de mutation, de mise à la consommation ou de placement sous un autre régime douanier. Ils sont réalisés par l'outil informatique « Gaïndé », par les agents des sections « régimes suspensifs » des bureaux de douane et par le service des enquêtes douanières.

Ces contrôles sont ponctuels et par conséquent insuffisants pour rendre compte de la réalité des activités de transformation menées par les entreprises de fabrication. En effet, cette réalité consiste en la production et la commercialisation quotidiennes des produits compensateurs, souvent bien avant le dépôt des déclarations de sortie de perfectionnement actif.

3.8.6.5. L'apurement des comptes du perfectionnement actif

Dans le langage douanier, l'apurement consiste à déduire et inscrire sur un manifeste ou sur une déclaration d'entrée en régime douanier provisoire la sortie régulière d'une quantité de marchandises. L'apurement peut donc être total ou partiel.

S'agissant des comptes du perfectionnement actif, l'apurement est effectué dans un délai maximum d'un (1) an, sur la base des déclarations de réexportation, de mise en perfectionnement actif (ou mutation) ou de mise en entrepôt et exceptionnellement sur la base de déclarations de mise à la consommation ou de procès-verbal de destruction.

• 3.8.6.5.1. <u>Le sort des intrants</u> : puisque les intrants sont censés disparaître à l'issue du processus de fabrication des produits compensateurs, la levée de ces déclarations suppose que les matières premières et produits semi-finis aient été mis en œuvre et que les taux de rendement retenus soient respectés.

S'agissant de complément de main d'œuvre où le produit semi-fini ne disparaît pas, le suivi est fait par unité de produit compensateur.

L'apurement des comptes du perfectionnement consistera alors à déduire les quantités de matières premières et produits semi-finis contenus dans les produits compensateurs de celles déclarées lors de l'entrée en régime de perfectionnement actif. Cette opération est réalisée autant de fois que ces quantités le permettront. Lors de la dernière opération d'apurement total du compte, le déclarant du fabricant et les agents du bureau des douanes tiendront compte du taux de rendement et admettront en non-valeur les déchets obtenus.

L'apurement total des comptes du perfectionnement actif libère le fabricant et sa caution des engagements pris et portés sur la déclaration d'entrée des matières premières et produits semi-finis en perfectionnement actif.

➢ Mais, si ces intrants n'ont pas été mis en œuvre, le Directeur général des douanes pourra en autoriser, sur demande et si les motifs sont justifiés, la réexportation ou la mise à la consommation (article 32 de l'arrêté) pour apurer les comptes du perfectionnement actif.

En cas de mise à la consommation, les droits et taxes exigibles à la date d'enregistrement de la déclaration d'entrée en régime de perfectionnement actif sont liquidés et majorés de l'intérêt de crédit prévu à l'article 139 (ex 99) du code des douanes et à l'article 36 de l'arrêté précité. Cet intérêt de crédit est fixé à 7,25 % par an conformément à la note de service 1582 du 13 juillet 2012. Il est calculé suivant la formule :

Intérêt de crédit = droits et taxes X 7,25 % X nombre de mois en P.A. /12.

➢ Si ces intrants ont été placés en entrepôt, l'industriel est obligé de procéder à leur réexportation. Toutefois le Directeur général des douanes peut autoriser leur mise à la consommation lorsque les circonstances le justifient (article 226 alinéa 2 du code des douanes).

Dans ce cas, les droits et taxes applicables lors de la mise à la consommation sont ceux applicables à toutes les marchandises mises à la consommation en suite d'entrepôt. L'intérêt de crédit sera calculé suivant la formule présentée ci-dessus.

Cet intérêt de crédit peut être analysé comme une pénalité pour non-paiement à date échue, un intérêt de retard. L'administration publique sénégalaise applique ainsi une pénalité pour une opération qu'elle autorise.

- 3.8.6.5.2. Les déclarations de réexportation des produits compensateurs sont librement déposées par le déclarant du fabricant en exécution de l'engagement préalablement pris. Si elles sont acceptées et admises conformes par les bureaux de douane, les fabricants peuvent alors expédier les produits compensateurs à l'étranger. Ces déclarations doivent indiquer tous les renseignements relatifs aux matières premières, aux produits semi-finis et aux produits compensateurs, notamment leurs espèces tarifaires, poids, quantités, appellations commerciales et techniques et les taux de rendement.

Elles doivent être accompagnées d'un bordereau de fabrication certifié et signé par le fabricant et indiquant pour chaque produit les quantités, nature, espèce de matières premières incorporées et le sommier correspondant à apurer.

Ces déclarations portent le code régime douanier R 5 et le code régime fiscal 30. Elles sont contrôlées avec beaucoup de tolérance et de célérité comme toutes les déclarations d'expédition de marchandises vers l'étranger.

Il importe de préciser que si l'article 2 de l'arrêté 13711 du 14 juillet 2015 exige un potentiel de réexportation d'un taux de 90 % en quantité de leur production annuelle pour l'agrément des industriels au régime du perfectionnement actif, il n'indique aucun taux de réexportation pour l'apurement des comptes. S'agit-il d'une omission par l'autorité douanière ? Si tel est le cas, cet article aura pour effet d'exposer le service des douanes au risque très élevé de dévoyer le régime du perfectionnement actif, le régime des entreprises exportatrices.

Il convient de faire observer qu'en déposant une déclaration de réexportation, le fabricant respecte des engagements pris et réalise une opération d'expédition de marchandises différente de la transformation pour laquelle il avait choisi le régime douanier du perfectionnement actif. En conséquence, il y a lieu de distinguer les deux opérations commerciales (la transformation et l'expédition à l'étranger) ainsi réalisées et les deux régimes douaniers déclarés en douane à cet effet (le perfectionnement actif et la réexportation).

- 3.8.6.5.3. Les déclarations de mutation de perfectionnement actif : tout comme la déclaration de réexportation, la déclaration de mutation de perfectionnement actif est levée librement par le déclarant du fabricant dans le cas où les produits compensateurs sont cédés à un autre industriel bénéficiaire dudit régime douanier. Les conditions sont les suivantes :

➢ la déclaration de mutation doit comporter une soumission cautionnée en bonne et due forme ; ce qui suppose que les engagements souscrits par le cédant sont transférés à l'industriel acquéreur et à sa caution.

➢ les mentions obligatoires indiquées ci-dessus pour la déclaration de réexportation doivent être clairement reprises ;

➢ un bordereau de fabrication doit être joint ;

➢ un document intitulé « bon pour cession » signé par le cédant et l'acquéreur doit être joint à la déclaration. Il représente l'attestation de vente d'une quantité de produits compensateurs.

Les déclarations de mutation sont considérées comme des réexportations même si dans les faits, les produits compensateurs n'ont pas quitté le territoire douanier.

- 3.8.6.5.4. La cession sous douane d'emballages fabriqués sous perfectionnement actif : il s'agit d'une facilité que l'autorité douanière accorde aux entreprises exportatrices qui utilisent des emballages fabriqués sous le régime du perfectionnement actif. Que l'acquéreur soit bénéficiaire ou non du régime du perfectionnement actif, cette cession s'effectue dans les conditions suivantes :

➢ Conditions de forme : une autorisation permanente ou ponctuelle d'acheter des emballages sous douane est accordée par le Directeur général des douanes à l'entreprise exportatrice selon qu'il bénéfice du régime du perfectionnement actif ou non. Les autorisations ponctuelles devront comporter un engagement cautionné de réexporter les emballages fabriqués sous le régime du perfectionnement actif (article 23 de l'arrêté précité).

➢ Procédure :

✓ un bordereau de livraison (article 24 de l'arrêté précité) indiquant tous les renseignements permettant d'identifier les matières premières, les produits semi-finis et les emballages cédés (espèces, nature, nombre, poids) et les numéros de sommiers à apurer est établi sous la signature du cédant et de l'acquéreur ;

✓ ce bordereau ainsi signé est transmis au bureau des douanes de domiciliation de la déclaration de perfectionnement actif dans un délai maximum de sept (7) jours ;

✓ les emballages cédés doivent être exportés dans un délai maximum de 30 jours à compter de la date de signature du bordereau de livraison sous le couvert d'une déclaration de marchandises non spécifiée ;

✓ cette déclaration servant de support aux exportations d'emballages comportera au premier article le produit emballé et aux articles suivants les emballages achetés sous douane.

Il convient de préciser que par note de service n° 1536 /DGD/DEL du 24 août 2009, le Directeur général des douanes avait remplacé ce bordereau de livraison par un bordereau de transfert et modifié la procédure comme suit :

✓ un carnet à souches détachables comportant des feuilles dénommées bordereaux de transfert est paraphé et autorisé par le chef du bureau des douanes de domiciliation ;

✓ les emballages sont livrés directement aux entreprises acquéreurs au moyen d'un bordereau de transfert signé par le cédant, l'acquéreur et le chef du bureau des douanes ;

✓ une déclaration de régularisation récapitulative des bordereaux de transfert de type S 5 régime fiscal 50 ou 35 (si l'autorisation est ponctuelle) est levée tous les mois par l'industriel fabricant d'emballages. Cette déclaration est établie au nom de l'entreprise exportatrice acquéreur et porte la mention « bon pour cession ».

✓ outre cette déclaration, l'entreprise exportatrice devra lever une autre déclaration de réexportation de type R 5 régime fiscal 50 pour l'exportation du produit à emballer. Si l'entreprise exportatrice bénéficie d'une autorisation ponctuelle, il devra déposer une déclaration de type R régime fiscal 35 ou E 1 régime fiscal 99 (cas produits originaires) pour apurer la S 5 régime fiscal 35 qui avait été levée en son nom lors de l'achat des emballages.

Dans tous ces cas, la déclaration de réexportation de régularisation comportera au premier article le produit emballé et aux articles suivants les emballages achetés sous douane.

Il nous paraît important de constater la différence entre les bordereaux de livraison prévus dans les arrêtés 3730 et 13711 précités et les bordereaux de transfert institués par note de service n° 1536 du 24 août 2009 après une large concertation et actuellement mis en service par les industriels. Aussi, conviendrait-il de modifier en conséquence les articles 24 et 25 de l'arrêté 13711 du 14 juillet 2015.

- 3.8.6.5.5. Les déclarations de mise en entrepôt : à l'issue du processus de fabrication, l'industriel est libre de placer les produits compensateurs en entrepôt de stockage conformément aux articles 222-b du code des douanes et 33 de l'arrêté précité. Sur la déclaration d'entrée en entrepôt de type S 3 régime fiscal 02, il devra porter tous les renseignements permettant d'identifier les intrants et les produits compensateurs et joindre un bordereau de fabrication. Cette déclaration, qui apure la déclaration d'entrée en perfectionnement actif, est contrôlée dans les mêmes conditions que les autres déclarations de marchandises.

- 3.8.6.5.6. Les déclarations de mises à la consommation : pour satisfaire les clients du marché local, les industriels peuvent demander au Directeur général des douanes une autorisation exceptionnelle motivée de vendre les produits compensateurs. Il devra à cet effet, lever une déclaration de type C 5 régime fiscal 30, sur laquelle figurent tous les renseignements relatifs aux intrants et aux produits compensateurs. Le contrôle douanier est exercé dans les mêmes conditions que les autres déclarations de marchandises.

Aucune limitation des quantités de produits compensateurs n'est fixée pour la mise à la consommation.

Pourtant, dans l'arrêté 7579 du 28 juin 1989, l'article 30 permettait au Directeur général des douanes « d'autoriser dans la limite d'un maximum de 10 % en quantité, la mise à la consommation des produits compensateurs ». Une tolérance de 5 % pouvait même être accordée en sus. La suppression de cette limitation dans l'arrêté 3730 du 23 avril 2008 et dans l'arrêté 13711 du 14 juillet 2015 risque de dévoyer le régime du perfectionnement car, non seulement les entreprises bénéficiaires peuvent écouler la totalité de leurs produits compensateurs sur le marché intérieur, mais encore, elle place le Directeur général des douanes et ces entreprises dans une situation délicate par rapport au respect des principes régissant ce dispositif. Le régime du perfectionnement actif étant réservé aux entreprises exportatrices, il serait irrationnel de l'ouvrir aux entreprises dont les clients sont domiciliés sur le territoire national et pour lesquels d'autres solutions sont offertes.

Lors de la mise à la consommation des produits compensateurs, les droits et taxes sont liquidés sur la valeur en douane des matières premières et produits semi-finis importés mis en œuvre et à la date d'enregistrement de la déclaration de mise en perfectionnement actif conformément à l'article 36 de l'arrêté précité. Ces droits et taxes sont majorés d'un intérêt de crédit de 7,25 % l'an. La formule suivante est ainsi appliquée :

Intérêt de crédit = droits et taxes X nombre de mois en PA/12 X 7,25 %

Ce taux d'intérêt de crédit a été fixé par le ministre chargé des Finances à 7,25 %.

Cette formule est également applicable lors de la mise à la consommation des produits compensateurs après entrepôt. Toutefois, la valeur en douane est celle des matières premières et produits semi-finis à la date d'entrée en perfectionnement actif et les droits et taxes, ceux applicables à la date de mise à la consommation.

- 3.8.6.5.7. Le sort des déchets de fabrication : sauf pour les compléments d'ouvraison, l'arrêté ou l'autorisation accordant le perfectionnement actif prévoit toujours un taux de rendement. Par conséquent, il résulte de la fabrication des produits compensateurs un taux de déchets égal à la différence entre le taux d'utilisation effective, soit 100 %, et le taux de rendement retenu. Ces déchets sont en principe admis en non-valeur et ne sont pas pris en compte dans l'apurement des comptes du perfectionnement actif.

Mais, s'ils sont réutilisables, ils doivent être considérés comme des marchandises et déclarés au moment de leur mise en œuvre ou de leur cession. En cas de mise à la consommation, la valeur est déterminée par expertise et les droits et taxes sont ceux applicables aux marchandises importées. Avec l'article 38 de l'arrêté précité, ces droits et taxes ne sont plus majorés d'un intérêt de crédit.

Il nous paraît important de préciser que ce taux de déchets est fixé, par l'administration des douanes, sur la base des éléments d'information tirés des bilans de l'entreprise et notamment du compte d'emploi des matières premières et produits semi-finis mis en œuvre les années précédentes.

Le sort des déchets de fabrication n'est évoqué ni dans la Convention de Kyoto révisée, ni dans le code de l'Union européenne. En Europe, les taux de rendement sont néanmoins inscrits sur les autorisations de perfectionnement actif et peuvent même être réajustés.

• 3.8.6.5.8. Les destructions de matières premières, de produits semi-finis et de produits compensateurs : les demandes de destructions doivent être motivées. En pratique, elles sont toujours autorisées par les chefs de bureau de douane sous réserve de la présence effective des agents de la section « régimes suspensifs » au moment de leur exécution. Les modalités de leur exécution devraient être définies par le Directeur général des douanes.

À la suite de la destruction, les résidus subissent un traitement fiscal approprié s'ils sont utilisables. La valeur en douane est fixée par expertise et les droits sont perçus suivant les quotités applicables à la date de la destruction et l'espèce tarifaire des produits réutilisés.

Dans le cas contraire, elles sont admises en non-valeur. Les destructions apurent les comptes du perfectionnement actif.

Au total, si ce régime douanier a été ouvert pour les entreprises exportatrices, au Sénégal, son fonctionnement traduit une autre réalité, celle des entreprises qui sollicitent et obtiennent fréquemment l'autorisation d'accès au marché national. Alors, ne doit-on pas revoir les dispositions du perfectionnement actif dans le sens de leur réadaptation par rapport aux activités et aux capacités des entreprises sénégalaises dont les parts de marché sont insignifiantes sur l'échiquier international ? Ne doit-on pas, pour une gestion douanière rationnelle du secteur secondaire, adopter un seul régime douanier pour toutes les entreprises industrielles de transformation ?

D'autres régimes douaniers ouverts pour la transformation ont été créés avec comme fondement les mêmes principes généraux et règles dégagés ci-dessus. Ils seront examinés dans les chapitres suivants.

3.9. Le perfectionnement passif : un cas de mise à la consommation

Auparavant plus connu sous le nom d'« exportation temporaire », le perfectionnement passif a pour objet l'expédition à l'étranger de marchandises issues du marché national pour réparation, transformation ou complément de main d'œuvre.

Des textes particuliers de douane ont toujours été pris à cet effet pour encadrer les entreprises industrielles sénégalaises qui réalisaient de telles opérations. C'est le sens des arrêtés 4436 du 5 mai 1975 et 3728 du 23 avril 2008 et de l'article 158 du code communautaire des douanes de l'UEMOA.

Une nouvelle appellation « exportation temporaire pour perfectionnement passif » a été employée dans l'arrêté 3728 du 23 avril 2008, en lieu et place de l'« exportation temporaire », pour prendre en charge de nouvelles préoccupations.

Dans le code communautaire de l'Union européenne, il est classé, avec le perfectionnement actif, dans la catégorie des régimes particuliers de la transformation (article 180 nouveau).

À l'article 213 du nouveau code des douanes du Sénégal, un autre nom, « l'admission temporaire pour perfectionnement passif » a été donné à ce prétendu régime douanier.

En application de ce code des douanes, l'arrêté 13710 du 14 juillet 2015 en a fixé les conditions d'application. Mais, il importe de faire observer que l'autorité douanière y a utilisé la terminologie « exportation temporaire pour perfectionnement passif » en lieu et place de la terminologie légale « l'admission temporaire pour perfectionnement passif ».

À l'analyse, il apparaît comme un ensemble d'opérations dépendant de l'exportation puisqu'il consiste à expédier une marchandise à l'étranger, à autoriser sa transformation en un produit différent ou sa réparation et sa réimportation dans le territoire douanier.

C'est donc une succession d'opérations commerciales que l'autorité douanière sénégalaise a regroupées et prises en charge sous le nom d'« exportation temporaire » ou « admission temporaire pour perfectionnement passif ». Doit-on la considérer comme un régime douanier ou comme un cas ?

Une réponse sera donnée à l'issue de l'examen des modalités de fonctionnement du dispositif que nous appellerons par le terme « perfectionnement passif » dans les développements qui suivent.

3.9.1. Définition du perfectionnement passif

Le code des douanes du Sénégal de 1987 et le code communautaire des douanes de l'UEMOA n'ont défini ni l'exportation temporaire, ni le perfectionnement passif. Ils ont classé l'exportation temporaire pour perfectionnement passif dans la catégorie des régimes douaniers et en ont indiqué les conditions d'application aux articles 179 du code des douanes et 1 et 158 du code communautaire.

C'est dans ce sens que l'article 175 du code des douanes de France a été rédigé. Le terme « régime douanier » n'a pas été employé. Il est seulement indiqué que des arrêtés du ministre de l'Économie et des Finances et du ministre de l'Industrie fixent :

a) les conditions dans lesquelles l'administration des douanes peut autoriser l'exportation temporaire des produits envoyés hors du territoire douanier pour recevoir un complément de main-d'œuvre ;

b) les modalités selon lesquelles ces produits seront soumis, sous réserve des dispositions relatives à la taxe sur la valeur ajoutée, au paiement des droits et taxes d'entrée lors de leur réimportation.

Dans la Convention de Kyoto, le perfectionnement passif a été défini comme « le régime douanier qui permet d'exporter temporairement des marchandises qui se trouvent en libre circulation dans le territoire douanier, en vue de leur faire subir à l'étranger une transformation, une ouvraison ou une réparation et de les réimporter ensuite en exonération totale ou partielle des droits et taxes à l'importation ».

La même définition a été pratiquement reproduite dans les codes des douanes du Cameroun (article 230), du Maroc (article 152) et de Tunisie (article 243).

À l'article 145 du code communautaire de l'Union européenne, il a été présenté comme suit : « le régime du perfectionnement passif permet, sans préjudice des dispositions spécifiques applicables au système des échanges standard prévu aux articles 154 à 159 et de l'article 123, d'exporter temporairement des marchandises communautaires en dehors du territoire douanier de la Communauté en vue de les soumettre à des opérations de perfectionnement et de mettre les produits résultant de ces opérations en libre pratique en exonération totale ou partielle des droits à l'importation ».

Au Sénégal, en application du code des douanes et du code communautaire de l'UEMOA, la présentation suivante a été adoptée à l'article 1 de l'arrêté 3728 du 23 avril 2008 : « le régime douanier qui permet à toutes personnes physiques ou morales d'exporter temporairement des marchandises susceptibles d'être identifiées à leur retour, en vue de leur faire subir à l'étranger une transformation, une ouvraison ou une réparation et de les réimporter ensuite en exonération totale ou partielle des droits et taxes à l'importation ».

Dans le nouveau code des douanes du Sénégal, la définition suivante a été donnée à l'article 213 : « l'admission temporaire pour perfectionnement passif est le régime douanier qui permet d'exporter temporairement des marchandises qui se trouvent en libre circulation dans le territoire douanier, en vue de leur faire subir à l'étranger une transformation, une ouvraison, une réparation ou y recevoir un complément de main-d'œuvre et de les réimporter ensuite en exonération totale ou partielle des droits et taxes à l'importation ».

Conformément à ce code, l'arrêté 13710 du 14 juillet 2015 détermine les conditions d'application du perfectionnement passif. Il reproduit en son article 1 la définition légale du perfectionnement passif.

Ces dispositions excluent du régime douanier la pratique des échanges standards selon laquelle des produits de remplacement pourraient être importés en lieu et place des marchandises réparées, ouvrées ou transformées.

L'autorité douanière a également abandonné l'idée figurant à l'article 1 de l'arrêté 3728 du 23 avril 2008 et consistant à identifier les marchandises exportées à leur retour. Il s'agit d'une simple disposition pratique qu'il ne convient pas de faire figurer dans une définition.

Ces différents textes présentent les caractéristiques principales du « régime douanier » du perfectionnement passif. L'on retiendra ainsi une définition basée sur la nature et l'objet des opérations menées.

Le perfectionnement passif pourrait ainsi être défini comme le cadre juridique douanier réservé aux marchandises nationales expédiées à l'étranger en vue de leur réparation, de leur transformation, ouvraison ou complément de main-d'œuvre et de leur réimportation ou de leur remplacement à l'identique dans le territoire douanier.

Mais, puisqu'il s'agit d'une succession d'opérations commerciales, doit-on la considérer comme un régime douanier ? Y a-t-il un cadre juridique approprié à ce groupe d'opérations ? Ou alors n'est-ce pas une succession de cadres juridiques douaniers traditionnels comme l'exportation et la mise à la consommation ? Quel est l'objectif recherché par l'autorité douanière en érigeant le résultat de ces opérations en « régime douanier » ?

L'examen des différents aspects de ces opérations pourrait édifier amplement sur le cas.

3.9.2. Les bénéficiaires du perfectionnement passif

Aucune disposition législative ou réglementaire ne désigne une catégorie professionnelle comme principal bénéficiaire du perfectionnement passif. Au contraire, les textes désignent les personnes physiques ou morales sans distinction.

Ces personnes devraient être domiciliées dans le territoire douanier du Sénégal conformément à l'article 2 de l'arrêté susvisé.

Dans la Convention de Kyoto, la norme 3, un peu plus clair, stipule que « l'exportation temporaire des marchandises pour perfectionnement passif n'est pas réservée au propriétaire de ces marchandises ».

Néanmoins, il convient de reconnaître que les opérations d'importation et d'exportation sont réservées aux commerçants qui exercent de manière ponctuelle ou permanente une activité commerciale. Ils devraient donc détenir une carte d'import-export ou une autorisation exceptionnelle du ministère chargé du Commerce.

3.9.3. Conditions d'octroi du bénéfice du régime

Pour bénéficier du régime de l'exportation temporaire pour perfectionnement passif, les personnes physiques ou morales doivent adresser au Directeur général des douanes ou au chef de bureau des douanes compétent, une demande comportant (article 7 arrêté 13710 du 14 juillet 2015) :

- l'identification des marchandises à expédier ;
- le pays de destination et de transformation de la marchandise ;
- la nature de la transformation, de l'ouvraison ou de la réparation ;
- le taux de rendement, éventuellement ;
- les raisons pour lesquelles ces opérations ne peuvent être réalisées dans le territoire douanier ;
- la durée de séjour à l'étranger des marchandises ;
- les produits compensateurs à réimporter.

Cette demande est déposée auprès du Directeur général des douanes. Elle est examinée par les services techniques et accordée immédiatement. Une autorisation d'exportation temporaire est alors accordée. Elle fixe, entre autres, les conditions de contrôle, le délai de séjour à l'étranger et les taux de rendement de l'opération.

Pour les marchandises à réparer, il revient au chef de bureau des douanes compétent d'accorder l'autorisation en apposant son visa sur la déclaration d'exportation des marchandises. Ce visa, appelé « réserve de retour » dans le langage douanier, vaut autorisation d'exportation temporaire pour perfectionnement actif.

Pour les autres cas, il appartient au Directeur général des douanes de délivrer l'acte d'autorisation d'exportation temporaire pour perfectionnement actif.

3.9.4. Le champ d'application du régime

Le régime du perfectionnement passif est ouvert à toutes les marchandises susceptibles d'être expédiées à l'étranger pour y subir une réparation, une transformation ou une ouvraison quelconque. Aucune marchandise n'a été exclue. Sur ce point, le code des douanes a renvoyé à un arrêté du ministre chargé des Finances et le code communautaire à un règlement d'exécution non encore pris.

Toutefois, certaines conditions ou observations méritent d'être présentées :

• Les marchandises doivent être originaires du Sénégal (cf. article 1 de l'arrêté) : elles doivent remplir les critères d'origine résultant des accords qui lient le Sénégal au pays de destination de la marchandise.

Elles peuvent également avoir été nationalisées par le paiement des droits et taxes.

• Il importe de noter que les marchandises prohibées à titre absolu n'ont pas été exclues dans cet arrêté. Néanmoins, il convient de les considérer comme exclues sur la base des textes du commerce extérieur y relatifs.

• De même, les marchandises soumises à des taxes de sortie ou à des droits réduits à l'importation ne sont pas exclues. Dans le contexte européen ou le perfectionnement passif est utilisé dans des proportions importantes, le code communautaire a exclu à l'article 224 nouveau, toutes les marchandises ayant bénéficié de taux réduit à l'importation ou dont l'exportation donne lieu à des remboursements, restitutions ou avantages financiers.

- Le champ d'application est cependant limité par la nature des opérations. L'article 3 de l'arrêté 13710 du 14 juillet 2015 considère comme « opérations de perfectionnement passif », les réparations, les remises en l'état, les transformations, ouvraisons ou complément de main d'œuvre quelconques qui ne sont pas de nature à empêcher l'identification des marchandises lors de leur réimportation.

3.9.5. La localisation des marchandises déclarées en perfectionnement passif

Les marchandises déclarées en perfectionnement passif sont placées soit dans les magasins ou aires d'exportation soit dans les entrepôts d'exportation. À ce niveau, elles doivent être rangées, alloties et préparées pour l'embarquement. Elles subissent un traitement identique aux marchandises exportées.

Elles sont ensuite embarquées sur le moyen de transport choisi et indiqué sur la déclaration, puis expédiées vers le pays de destination provisoire où s'effectuent les opérations de réparation, de transformation ou de complément de main d'œuvre.

Ces opérations doivent être réalisées au niveau des entreprises indiquées. À la suite de ces opérations, les marchandises doivent être retournées par des moyens de transport jusqu'au bureau des douanes de réimportation. C'est à ce niveau qu'elles sont le plus visibles et que les règles du perfectionnement s'appliquent.

Il y a lieu de faire remarquer la localisation de ces marchandises est identique à celle des produits importés et mis à la consommation.

3.9.6. Les contraintes douanières du perfectionnement passif

Elles sont relatives aux délais, à l'identification des marchandises à expédier et à réimporter, et à l'application de dispositions propres à leur mise à la consommation.

3.9.6.1 Les délais

Ils sont fixés par le Directeur général des douanes ou le chef du bureau des douanes compétent sur la base des informations fournies par le requérant. Sur sa demande, ce dernier est tenu d'indiquer les délais de fabrication ou de réparation des marchandises à expédier à l'étranger.

L'autorité se charge d'apprécier ces informations et de fixer le délai de séjour.

Aucune limite de délai n'a été imposée à l'autorité douanière.

3.9.6.2. La déclaration d'exportation

Elle constitue une formalité obligatoire pour bénéficier du régime du perfectionnement passif. Une déclaration de marchandises dont le régime douanier est codé **E 8** est déposée au bureau des douanes compétent. Les codes « régime fiscal » suivants doivent y être portés :

- **00** pour les ouvraisons ;
- **10** pour les réparations ;
- **20** pour les démonstrations et expositions commerciales ;
- **30** pour les expositions non commerciales ;
- **40** pour les autres cas d'exportation temporaire.

Pour être admise conforme, cette déclaration doit, outre les documents habituellement requis à l'exportation :

- comporter tous les éléments d'identification de la marchandise lors de l'expédition et du retour ;
- être accompagnée des plans, dessins et photographies nécessaires à l'identification des marchandises ainsi que des contrats, factures pro forma ou autres justifiant le lien entre le client et le fournisseur ;
- être accompagnée d'une soumission cautionnée au cas où les marchandises sont prohibées à l'exportation ou soumises à des droits de sortie.

Ces déclarations sont contrôlées dans les mêmes conditions que les déclarations d'exportation. Mais une attention particulière sur l'identification des marchandises est toujours demandée aux vérificateurs de douanes.

3.9.6.3. La surveillance douanière

Puisque le perfectionnement passif n'est pas un régime douanier « suspensif » et qu'il combine l'exportation et la mise à la consommation, les mesures de surveillance douanière sont alignées sur celles appliquées dans les régimes douaniers de l'exportation en simple sortie et de la mise à la consommation. Elles consistent principalement à assister à l'embarquement des colis de marchandises, à établir un certificat d'embarquement et à veiller à une correcte mise en douane des marchandises lors de leur réimportation.

C'est au cours de ces opérations que les mesures d'identification des marchandises sont prises. Évidemment, elles sont identiques à celles appliquées pour les régimes douaniers de l'exportation et de la mise à la consommation.

3.9.6.4. La déclaration de réimportation

La déclaration de réimportation est l'acte par lequel le bénéficiaire du régime du perfectionnement passif remet à la consommation dans le territoire douanier, la marchandise préalablement expédiée à l'étranger pour transformation, réparation ou ouvraison.

Cette déclaration porte le code « régime douanier » **C 8**, et le code « régime fiscal » **00** au cas où les droits et taxes sont dus. Dans les cas d'exonération des droits et taxes, le code « régime fiscal » est le même que celui utilisé en cas de mise à la consommation en suite d'importation directe.

Elle doit comporter, outre les éléments essentiels d'une déclaration normale de mise à la consommation, tous les renseignements nécessaires à l'identification des marchandises.

En cas d'exécution d'une clause de garantie, conformément à l'article 22 alinéa 1 de l'arrêté, le déclarant est tenu de joindre à la déclaration de mise à la consommation une copie de la déclaration d'exportation portant la mention suivante : « exportation temporaire pour réparation gratuite, réalisée dans le cadre d'un contrat comportant une clause de garantie ».

La déclaration doit être accompagnée de :

- documents commerciaux, bancaires, administratifs et douaniers (DPI et AV) habituellement exigibles à l'importation ;

- la déclaration d'exportation temporaire ou de la réserve de retour visée par les agents des douanes à la sortie. Il convient de noter que l'article 14 de l'arrêté 13710 désigne ces documents par le terme « passavant descriptif », un terme inapproprié dans une telle situation. Le passavant est un document délivré par le service des douanes, en application des articles 199 à 206 du code des douanes, pour couvrir la circulation (le transport) des marchandises dans le rayon des douanes ou tout au plus à l'intérieur du territoire douanier. Il n'est pas conçu pour le régime de l'exportation temporaire.

- les documents nécessaires délivrés à la sortie, s'il y en a ;
- les factures indiquant les travaux effectués et pièces incorporées et justifiant les frais supportés à l'étranger ;
- la copie du contrat de vente des marchandises à réparer comportant la clause de garantie ;
- éventuellement, la soumission cautionnée produite à la sortie dans le cas où les marchandises sont prohibées ou soumises à des droits de sortie.

Ainsi confectionnée, la déclaration est déposée au bureau des douanes de réimportation, sauf pour les cas d'exportation temporaire pour réparation gratuite en application d'une clause contractuelle de garantie. Dans ces cas, seul le bureau des douanes d'exportation est compétent pour recevoir et traiter la déclaration (cf. article 21 alinéa 1 de l'arrêté).

Cette déclaration est contrôlée par les vérificateurs de douanes dans les mêmes conditions que toutes les déclarations de mise à la consommation, mais avec une attention particulière sur l'identification des marchandises par rapport à celles qui avaient été exportées.

Il importe de préciser que cette déclaration de réimportation est une déclaration de mise à la consommation en suite d'importation directe identique à toutes les autres. Elle matérialise l'opération d'utilisation de marchandises contenant des biens ou des services étrangers dans le territoire douanier. À ce titre, elle constitue le document qui illustre l'application du régime douanier de la mise à la consommation.

3.9.6.5. La liquidation des droits et taxes

Conformément à l'article 17 alinéa 2 de l'arrêté 13710, cette liquidation est réalisée selon l'espèce tarifaire de la marchandise exportée et les quotités en vigueur et sur la base de la plus-value acquise à l'étranger.

Toutefois, dans le cas des réparations gratuites, les droits et taxes ne sont pas liquidés.

❖ <u>L'espèce tarifaire des marchandises</u>

En principe, lors de la réimportation des marchandises bénéficiant du régime de l'exportation temporaire, les droits et taxes sont liquidés selon l'espèce tarifaire des marchandises et suivant les quotités en vigueur à la date d'enregistrement de la déclaration de mise à la consommation. L'espèce tarifaire des pièces incorporées dans les matériels réparés ne sera pas prise en compte. Et même si la position tarifaire de la marchandise avait changé par suite de l'ouvraison, seul le code du système harmonisé retenu lors de l'exportation serait déclaré.

À l'article 17 alinéa 2 *in fine*, le rédacteur de l'arrêté a indiqué que « les droits et taxes applicables à la plus-value doivent être déterminées d'après :

- l'espèce tarifaire des marchandises et suivant les quotités en vigueur à la date d'enregistrement de la déclaration de mise à la consommation ;
- le tarif applicable au pays d'ouvraison ou de réparation.

❖ La valeur en douane

Pour le calcul de la plus-value acquise, le déclarant est tenu d'intégrer :

- le montant de la réparation, de la transformation ou de l'ouvraison ;
- la valeur des pièces ou produits éventuellement incorporés ou échangés ;
- les frais de transport et tous autres débours se rapportant à l'exportation et à la réimportation des marchandises.

❖ Le cas des réparations gratuites

Lorsque les marchandises expédiées ont été réparées gratuitement en exécution d'une clause contractuelle de garantie, l'administration des douanes accorde la franchise des droits et taxes en vertu de l'article 20 alinéa 1 de l'arrêté sus visé. Pour cela, les conditions suivantes doivent être remplies :

- la déclaration d'exportation doit porter la mention « exportation temporaire pour réparation gratuite, réalisée dans le cadre d'un contrat comportant une clause de garantie » ;
- l'exportation et la réimportation sont effectuées au niveau du même bureau de douane ;
- les documents relatifs à l'importation initiale et la copie du contrat de vente comportant la clause de garantie doivent être joints à la déclaration de réimportation.

La liquidation des droits et taxes est une opération douanière exclusivement appliquée dans les régimes douaniers de la mise à la consommation et de l'exportation. Aussi, faudra-t-il considérer la réimportation en suite d'exportation temporaire comme une opération classique de mise à la consommation et non comme une partie intégrante d'un autre régime douanier.

L'examen des modalités de fonctionnement du perfectionnement passif laisse ainsi apparaître qu'il s'agit d'un cas où deux régimes douaniers reconnus, l'exportation en simple sortie et la mise à la consommation, sont appliqués sur une même marchandise.

Le perfectionnement passif doit par conséquent être considéré comme une opération privilégiée à classer dans les rubriques appropriées.

3.10. La transformation des marchandises destinées à la mise à la consommation : un cas de perfectionnement actif

La transformation était inconnue dans l'environnement douanier sénégalais et communautaire (UEMOA).

Mais elle figurait dans la liste des régimes douaniers prévus par la Convention de Kyoto révisée comme un cadre juridique douanier réservé aux marchandises devant subir un complément d'ouvraison avant d'être versées sur le marché national. L'objectif visé par cette convention consistait à permettre la transformation des produits importés afin qu'ils correspondent aux besoins des marchés et qu'ils ne supportent pas de droits d'entrée pénalisants par rapport à ceux applicables aux produits finis.

Dans l'ancien code des douanes de l'Union européenne, le régime douanier de la transformation permettait de mettre en œuvre sur le territoire de la communauté des marchandises non communautaires, pour leur faire subir des opérations qui en modifient l'état ou l'espèce, sans qu'elles soient soumises aux droits à l'importation, ni aux mesures de politique commerciale, et de mettre en libre pratique aux droits à l'importation qui leur sont propres les produits résultant de ces opérations.

Mais, dans le nouveau code des douanes de l'Union européenne, la transformation est considérée comme « une catégorie de régimes particuliers (...), laquelle comprend le perfectionnement actif et le perfectionnement passif », aux articles 220 à 227.

Au niveau de l'UEMOA, aucune disposition n'a été prise dans le sens de la reconnaissance de ce régime douanier.

Au Sénégal, c'est dans le cadre de la réforme des régimes douaniers que les autorités douanières ont signé l'arrêté 3730 du 23 avril 2008, pour reconnaître la transformation de marchandises destinées à la mise à la consommation comme un régime douanier. L'objectif visé consistait à corriger une distorsion fiscale entre des intrants importés fortement taxés et des produits finis faiblement taxés ou exonérés. Concrètement, l'administration choisit de s'abstenir de percevoir des droits et taxes élevés sur les importations d'intrants et d'appliquer une fiscalité plus faible sur les produits finis fabriqués par l'entreprise.

Il s'agit d'une réponse aux préoccupations des industries sénégalaises placées en bout de chaîne de production, notamment les industries de montage, les industries pharmaceutiques et les industries de l'édition, dont les intrants sont souvent fortement taxés.

Pour les autorités sénégalaises, les gains résultant de cet abandon de recettes douanières doivent être utilisés par l'entreprise pour contribuer à la remontée des filières et à la résistance face à la concurrence étrangère.

Il s'agit donc d'une solution à une distorsion fiscale. Or, les distorsions fiscales étaient régulièrement résolues par des modifications du tarif des douanes ou du code général des impôts. Il convenait de saisir le comité de gestion du tarif de l'UEMOA ou la CEDEAO pour obtenir la baisse des droits de douane au niveau souhaité sur les intrants importés et de conditionner le bénéfice de ladite baisse à la présentation d'une attestation d'industriel.

D'autres techniques douanières ou fiscales pourraient être utilisées pour corriger cette distorsion sans recourir au régime douanier de la transformation.

Aussi convient-il de s'interroger sur la pertinence de la création d'un régime douanier pour corriger une distorsion fiscale. Le régime douanier du perfectionnement actif ne répond-il pas au besoin de transformation des produits semi-finis ciblés par les textes sénégalais ?

Cette option de l'autorité douanière sénégalaise a été confirmée par le législateur dans le nouveau code des douanes où aux articles 246 et 247, le régime douanier de la transformation a été rangé dans le titre IX réservé aux « autres régimes autorisés ».

L'arrêté 13715 du 14 juillet 2015 a été pris pour en déterminer les conditions d'application.

Comme dans la Convention de Kyoto et dans le code de l'Union européenne, au vu des principales caractéristiques déclinées, il s'agit d'un véritable régime douanier ouvert aux industries de transformation qu'il convient de considérer au même titre que le perfectionnement actif.

Ici, la transformation est classée dans la catégorie des régimes douaniers provisoires pour lesquelles une surveillance douanière est exercée jusqu'à ce que le produit fini soit déclaré pour la mise à la consommation.

Toutefois, il convient de faire la différence entre le groupe des régimes de « transformation » tels que définis dans le code de l'Union européenne, et qui comprend le perfectionnement actif, le perfectionnement passif et le régime douanier de la transformation tel qu'il est perçu dans les textes officiels sénégalais.

3.10.1 Définition

La transformation de marchandises destinées à la mise à la consommation est définie aux articles 246 du code des douanes et 1er de l'arrêté 13715 du 14 juillet 2015 comme « le régime en application duquel les marchandises importées peuvent subir, sous le contrôle de l'administration des douanes et ce, avant la mise à la consommation, une transformation ou une ouvraison ayant pour effet que les droits et taxes à l'importation applicables aux produits obtenus soient inférieurs à ceux qui seraient applicables aux marchandises importées ».

Cette définition est la reproduction intégrale de celle de la Convention de Kyoto révisée prévue au chapitre 4 de l'annexe spécifique F.

Toutefois, l'article 130 du code de l'Union européenne définit la transformation comme suit : « le régime douanier de la transformation permet de mettre en œuvre sur le territoire de la communauté des marchandises non communautaires pour leur faire subir des opérations qui en modifient l'état ou l'espèce, sans qu'elles soient soumises aux droits à l'importation, ni aux mesures de politique commerciale, et de mettre en libre pratique aux droits à l'importation qui leur sont propres les produits résultant de ces opérations ».

Cette définition omet les aspects liés à la comparaison entre la fiscalité des produits finis et celle des marchandises importées. L'Union européenne a choisi, pour ce régime douanier, d'appliquer la fiscalité sur les produits finis.

C'est justement sous cet aspect de la fiscalité des produits finis que les articles 247 du code des douanes du Sénégal et 1er de l'arrêté 13715 précité sont perçus comme une solution aux distorsions que subissent les industries pharmaceutiques, de montage et de l'édition. Les détails relatifs aux droits et taxes constituent des objectifs visés qu'il convenait de placer dans le rapport de présentation de l'arrêté. Leur insertion dans cette définition en fait une condition nécessaire au régime douanier de la transformation.

Les textes sénégalais excluent ainsi du régime de la transformation, les marchandises qui supportent des droits et taxes plus faibles que ceux des produits finis.

Tel est le sens que les codes des douanes du Cameroun (article 260), de la Tunisie (article 192) et du Maroc (article 163 bis) donnent à la transformation sous douane.

Sur la base de ces éléments, la définition de la transformation pourrait être reformulée comme suit : le cadre juridique douanier dans lequel sont placées les marchandises destinées à être ouvrées ou transformées avant d'être versées sur le marché national.

Il reviendrait alors à l'industriel de faire ses calculs de coût en tenant compte de la base taxable des marchandises importées et produites et du différé de paiement des droits et taxes résultant du délai imparti par le régime, avant de demander à bénéficier du régime.

Comme pour la définition de tous les régimes douaniers, cette proposition de définition écarte les droits et taxes des éléments déterminants et place la « transformation » parmi les cas possibles de perfectionnement actif, le régime de référence ouvert pour la transformation, l'ouvraison et la réparation des marchandises.

3.10.2. Les bénéficiaires du régime

Dans la Convention de Kyoto révisée, les personnes qui effectuent fréquemment des opérations de transformation de marchandises destinées à la mise à la consommation devraient bénéficier, sur demande, d'une autorisation générale couvrant ces opérations, suivant la recommandation n° 6 du chapitre 4 de l'annexe F.

Dans le code des douanes de l'Union européenne, le bénéfice de ce régime est accordé aux industriels établis sur le territoire de la communauté.

Aux articles 247 du code des douanes du Sénégal et 1 alinéa 2 de l'arrêté 13715 du 14 juillet 2015, le bénéfice du régime de la transformation est réservé « aux entreprises industrielles travaillant pour le marché intérieur et qui mettent en œuvre des marchandises importées ».

Il convient de noter que ces dispositions ciblent principalement les industries de montage, les industries pharmaceutiques et les industries de l'édition qui connaissent une distorsion entre les droits et taxes à payer sur leurs intrants et l'exonération des droits et taxes dont bénéficient leurs produits finis.

Toutefois, aucune entreprise industrielle n'est expressément exclue du bénéfice ce régime douanier.

L'article 2 de l'arrêté stipule que « le bénéfice du régime (…) est réservé aux entreprises qui mettent elles-mêmes en œuvre les marchandises qu'elles importent ou qu'elles ont acquises sous douane ».

3.10.2.1. La demande d'autorisation

Selon l'article 7 de l'arrêté précité, la demande d'autorisation est identique à celle présentée pour le perfectionnement actif. Le dossier comporte ainsi :

- une demande écrite indiquant le nom et la raison sociale de l'entreprise, l'adresse exacte de l'usine ou de l'atelier ;
- les statuts du requérant ;
- un inventaire succinct du matériel de fabrication et un plan détaillé des aménagements et appareils utilisables pour les travaux de transformation des produits ;
- le titre de propriété ou le contrat de location des locaux ;
- un document d'expert indiquant les processus de fabrication et portant les renseignements détaillés sur la nature des fabrications (quantités, qualités, caractéristiques des matières premières ou produits semi-finis importés, des divers types de produits fabriqués, les rendements, les déchets, etc.) ;
- la caution du requérant, agréée par le Trésorier général.

Pour les entreprises qui sollicitent des autorisations ponctuelles de transformation, tous ces documents sont obligatoires à l'exception de la soumission cautionnée (cf. article 8 de l'arrêté).

L'article 7 omet les deux derniers bilans certifiés de l'entreprise qui justifient l'activité de l'entreprise et qui sont exigés pour le perfectionnement actif. Or, ces documents sont les seuls valables pour renseigner sur les quantités et valeurs des produits importés et fabriqués.

Il nous paraît important de noter qu'aucun des documents exigés ne contient des informations relatives aux droits et taxes applicables aux marchandises importées et aux produits finis fabriqués. L'autorité douanière a manifestement choisi de ne pas en faire une conditionnalité.

L'ouverture totale du champ d'application du régime de la transformation qui en résulte traduit ainsi la ferme volonté de l'autorité douanière de lever tous les obstacles, de mettre en place un mécanisme approprié à toutes les entreprises industrielles sénégalaises et de faciliter l'industrialisation de l'économie sénégalaise.

Ce dossier est transmis à la Direction générale des douanes pour examen et décision.

3.10.2.2. L'enquête préalable

En plus du dossier présenté qu'il convient d'examiner, les services techniques de la Direction générale des douanes procèdent, conformément à l'article 6 de l'arrêté précité, à une enquête pour établir que les outillages et la nature de leur fabrication sont en rapport avec les opérations de transformation projetées et que des condamnations graves et ou répétées n'ont pas été prononcées contre les requérants.

Comme pour le perfectionnement actif, les enquêtes sont désormais limitées à ces deux points.

Les quantités et qualités des marchandises importées et des produits finis, la disponibilité et la capacité des locaux et beaucoup d'autres renseignements ne sont plus recherchés par le service des douanes. En cela, l'administration des douanes s'abstient d'observer les règles prudentielles minimales.

Cette enquête est obligatoirement menée par deux agents de douane dont un ayant le rang d'inspecteur des douanes. Un rapport d'enquête circonstancié est dressé à l'issue de la vérification physique des installations et du processus de fabrication. Il permet de rassurer l'autorité douanière et de justifier l'autorisation générale qui sera accordée.

Lorsque les rapporteurs émettent des réserves ou que certaines informations ne sont pas fournies, l'administration peut demander un rapport d'expertise sur les fabrications envisagées pour justifier son avis.

À l'issue de ce contrôle, le rapport est joint au dossier et transmis à l'autorité douanière.

Il revient au Directeur général des douanes d'accorder une autorisation générale aux entreprises industrielles résolument tournées vers le marché intérieur et une autorisation exceptionnelle pour les entreprises industrielles qui réalisent des opérations ponctuelles de cession de leurs productions sur le marché intérieur.

3.10.3. Le champ d'application

Selon la norme 3 du chapitre 4 de l'annexe F de la Convention de Kyoto révisée, il revient à la législation nationale de « spécifier les catégories de marchandises et les opérations autorisées pour la transformation de marchandises destinées à la mise à la consommation ».

À l'article 133-c du code de l'Union européenne, l'état ou l'espèce des marchandises au moment de leur placement sous ce régime ne doit plus pouvoir être rétabli après transformation.

Au Sénégal, aucune catégorie de marchandises n'est ciblée ou exclue. Il n'y a même pas de distinction entre marchandises et matières premières.

Comme pour le perfectionnement actif, les marchandises peuvent provenir directement de l'étranger ou être acquises sous douane (article 2 de l'arrêté précité). Ces termes, « sous douane » n'ayant pas été définis, il convient de considérer qu'il s'agit de marchandises n'ayant pas encore payé les droits et taxes selon l'entendement et le langage de l'autorité douanière.

Le champ d'application comprend donc plus exactement les marchandises étrangères importées ou placées sous régime douanier provisoire.

Elle exclut par contre, à l'article 4 dudit arrêté, à l'image du régime du perfectionnement actif :

• les produits qui ne sont frappés d'aucun droit, taxe ou autres mesures fiscales, douanières ou du commerce extérieur ;

• les catalyseurs, réducteurs, solvants, agents tampons ou autres produits similaires nécessaires à la fabrication des produits compensateurs mais n'entrant pas dans leur composition.

Il résulte de ces dispositions, que l'autorité douanière ne pourra pas refuser le régime au cas où les marchandises importées sont prohibées.

3.10.4. La localisation de la marchandise

Comme pour le perfectionnement actif, les marchandises placées en régime de la transformation sont transportées du lieu de débarquement jusqu'à l'usine de transformation. Elles se trouvent, soit sur un moyen de transport, soit dans les usines ou ateliers de transformation (cf. articles 13 et 14 de l'arrêté).

Sur les moyens de transport

À ce niveau, des précautions doivent être prises par le déclarant pour le transport à bon port des marchandises. Conformément à l'article 12 de l'arrêté, elles concernent la levée d'un acquit-à-caution pour couvrir ce transport, l'identification précise des colis et containers, le respect des normes de sécurité du véhicule et les conditions de scellement douanier. Au cours du transport, les marchandises déclarées doivent être identifiables soit par leurs natures, soit par les marques et numéros portés sur les colis ou containers.

Les moyens de transport doivent prendre la direction des usines ou ateliers de fabrication.

Un délai de transport maximum d'un (1) jour devrait être accordé pour tenir compte de la proximité entre le bureau des douanes compétent et les usines ou ateliers.

Dans les ateliers ou usines de fabrication

À l'arrivée, les marchandises déclarées sous le régime de la transformation doivent être déchargées dans des endroits aménagés pour le stockage et la mise en œuvre. Il s'agit généralement de hangars ou de terre-pleins, placés non loin des ateliers et usines, que les autorités douanières feront vérifier et dont elles devraient tenir compte pour agréer les entreprises à ce régime douanier.

Les marchandises importées doivent ainsi être stockées dans ces hangars et terre-pleins, en attendant leur mise en œuvre. Elles ne peuvent être placées ailleurs où les risques de confusion, de substitution ou même de soustraction frauduleuse seraient élevés.

Il en est de même des produits compensateurs pour lesquels aucune disposition expresse ne prescrit la localisation. Néanmoins, il n'est pas admissible que les produits résultant du processus de fabrication soient placés dans des endroits non déclarés sur la demande d'agrément.

Enfin, les marchandises importées et les produits compensateurs doivent être non seulement séparés les uns des autres, mais encore très éloignés des autres marchandises placées sous un régime douanier différent de la transformation.

3.10.5. Les contraintes douanières du régime de la transformation

Si l'autorité douanière a été animée de la volonté ferme de mettre en place un dispositif douanier adapté aux besoins des industries sénégalaises, elle n'a, en revanche, fourni aucun effort pour imaginer de nouvelles conditions de fonctionnement. Elle a tout simplement estimé que les modalités de fonctionnement du perfectionnement actif conviendraient parfaitement aux industries agréées à ce nouveau régime douanier.

Ainsi, les articles 11 à 17 et 21 à 23 ont pratiquement reconduit les modalités de fonctionnement du régime douanier du perfectionnement actif.

Toutefois quelques différences notées dans les textes méritent d'être présentées. Elles sont relatives au délai de séjour, à la déclaration de mise en régime de transformation, à la déclaration levée pour l'apurement des comptes, à la liquidation des droits sur les produits compensateurs et au sort des déchets :

3.10.5.1. Le délai de séjour

Il était fixé à six (6) mois à l'article 38 de l'arrêté 3730 du 23 avril 2008 pour les autorisations générales.

S'agissant des autorisations ponctuelles prévues à l'article 5 de cet arrêté et accordées par le Directeur général des douanes, aucun délai n'est fixé. Doit-on appliquer celui prévu pour le perfectionnement actif, soit six (6) mois ? Ou alors, doit-on s'abstenir d'en accorder ?

Ces dispositions ont été modifiées par les articles 12 alinéa 1 et 15 de l'arrêté 13715 du 14 juillet 2015 et alignées sur celles du perfectionnement actif. Les délais y sont fixés dans la limite d'un (1) an sur l'autorisation générale de transformation accordée ou de six (6) mois sur l'autorisation ponctuelle.

Une prorogation de ce délai peut être accordée à titre exceptionnel, par le Directeur général des douanes lorsque des justifications sont apportées. Le nouveau délai de prorogation n'est pas déterminé. Cette imprécision relève probablement de la volonté d'aider les entreprises en difficulté à supporter les méventes et autres situations complexes. Il revient donc au Directeur général des douanes d'alléger la contrainte de délai autant que possible, dans l'intérêt des entreprises industrielles.

3.10.5.2. La déclaration de mise en transformation

Puisque les modalités de fonctionnement du régime de la transformation sont les mêmes que celles du perfectionnement actif, il y a lieu de se référer aux dispositions relatives à ce régime et des textes relatifs à l'admission temporaire normale pour trouver les obligations résultant de la déclaration de mise en régime de transformation.

Le déclarant devrait donc porter le code **S 5** dans la case réservée au code régime douanier. Toutefois, s'agissant du code régime fiscal, un nouvel identifiant est attendu des services techniques de la Direction générale des douanes.

Le contenu de la déclaration est le même que celui de la mise en perfectionnement actif. Outre les renseignements généralement fournis dans les déclarations de marchandises, elle contient :

• un engagement (ou soumission) par lequel le bénéficiaire s'engage à mettre en œuvre les marchandises et à mettre à la consommation les produits compensateurs dans le respect de la réglementation en vigueur ;

• une caution (généralement une banque ou une société d'assurance) qui s'engage pour un montant donné à payer les droits, taxes et pénalités au cas le bénéficiaire faillirait à ses obligations et serait insolvable ;

• la référence à l'autorisation accordée ;

• les indications spéciales de chaque produit telles qu'elles sont reprises dans l'autorisation ;

• l'adresse exacte des ateliers ou usines de fabrication.

La déclaration est enregistrée au bureau des douanes compétent et contrôlée comme toutes les autres déclarations de marchandises.

Toutefois, un accent particulier devrait être porté sur l'identification des marchandises importées par rapport à celles portées sur l'autorisation de bénéficier du régime.

Il est à noter que les documents du commerce extérieur et des changes sont exigibles et que le programme de vérification des importations est applicable.

3.10.5.3. La déclaration de sortie de transformation

Étant donné qu'il s'agit d'un nouveau régime douanier, il conviendrait de créer les codes à porter sur la case « régime fiscal » des déclarations de sortie de transformation vers les autres régimes douaniers pour permettre au système d'information de la douane de produire des statistiques fiables et pointues.

L'arrêté 13715 du 14 juillet 2015 a expressément prévu ces régimes douaniers. Il s'agit de :

- la transformation : la mutation est permise aux entreprises bénéficiaires du régime ;
- la mise en entrepôt, mais dans les localités où ce régime a été autorisé ;
- la mise à la consommation : dans ce cas les droits et taxes applicables sont ceux les plus favorables entre les matières premières et les produits compensateurs (cf. article 24 de l'arrêté).

Il importe de signaler qu'à titre exceptionnel, le directeur général des douanes peut autoriser la mise à la consommation des matières premières non encore transformées (cf. article 25 de l'arrêté).

- la réexportation : si la réexportation des produits compensateurs est libre, celle des intrants importés est soumise à l'autorisation préalable du Directeur général des douanes.

L'arrêté 13715 a par ailleurs prévu l'apurement des comptes de transformation en cas de destruction des intrants ou des produits compensateurs. Une telle opération est soumise à l'autorisation préalable du Directeur général des douanes. Au cas où les résidus de la destruction sont réutilisables, les droits et taxes devraient être liquidés dans les mêmes conditions qu'en régime de perfectionnement actif.

3.10.5.4. La taxation applicable lors de la mise à la consommation

Conformément à l'article 24 de l'arrêté, la spécificité de la taxation des produits compensateurs tient en deux points :

- la non-application de l'intérêt de crédit ;
- le choix de la taxation la plus favorable entre celle des produits compensateurs et celle des produits intermédiaires (intrants mis en œuvre).

Il s'agit d'un nouvel allègement fiscal jamais accordé auparavant. C'est un véritable abandon de recettes douanières par rapport à la fiscalité applicable dans le régime de l'admission temporaire pour perfectionnement actif.

L'on s'interroge du reste sur l'utilité de la comparaison entre la fiscalité douanière applicable aux intrants et celle des produits finis, à partir du moment où le régime de la transformation a été créé pour éviter la fiscalité des intrants importés et pour s'aligner sur celle des produits compensateurs.

Dans la Convention de Kyoto, aucune fiscalité n'est prévue. C'est dans la définition du régime douanier qu'il est évoqué la simple possibilité de procéder à une transformation ayant pour effet de faire supporter aux produits compensateurs des droits et taxes inférieurs à ceux dus pour les intrants importés.

Dans le code de l'Union européenne, seuls les « produits transformés » sont taxés (cf. article 136). Aucun choix n'est offert.

Les dispositions relatives à la taxation des produits admis dans le régime de la transformation sont si attractives qu'elles devraient conduire toutes les industries sénégalaises à solliciter le bénéfice dudit régime. Tel n'était pas l'objectif des rédacteurs du texte.

3.10.5.5. Le sort des déchets

Conformément à l'article 26 de l'arrêté, les déchets sont prévus et leurs taux sont portés dans l'autorisation générale ou ponctuelle de bénéficier du régime de la transformation. Comme pour le régime de l'admission temporaire pour perfectionnement actif, les déchets réutilisables mis à la consommation sont soumis aux droits et taxes applicables à la date de la déclaration de mise à la consommation. Il en est de même des déchets excédant le pourcentage autorisé.

Toutefois, aucun intérêt de crédit n'est prévu dans ces cas.

Tel est du reste le sens de la norme 9 du chapitre 4 de l'annexe F de la Convention de Kyoto révisée selon laquelle « les déchets et débris résultant de la transformation de marchandises destinées à la mise à la consommation sont assujettis, en cas de dédouanement pour la mise à la consommation, aux droits et taxes à l'importation qui seraient applicables à ces déchets et débris s'ils étaient importés dans cet état ».

Cependant, dans le code de l'Union européenne, il n'est pas prévu de déchets pour le régime de la transformation.

En conclusion, sauf pour la fiscalité applicable aux produits compensateurs, les dispositions prévues pour le régime de la transformation sont identiques à celles du perfectionnement actif et répondent aux mêmes besoins des industriels. Par conséquent, il y a lieu d'appliquer le principe de la rationalité des actes de l'administration qui exclut tout choix d'un régime douanier nouveau dans une telle situation et de le considérer comme un cas de perfectionnement actif.

3.11. L'ENTREPÔT INDUSTRIEL : UN CAS DE PERFECTIONNEMENT ACTIF

Pour permettre aux entreprises industrielles exportatrices de mettre en œuvre des marchandises importées sans paiement des droits et taxes, de s'affranchir de l'obligation d'exporter les 90 % de leur production dans le cadre du régime de l'admission temporaire normale et de verser une part importante de leur production sur le marché intérieur, les autorités douanières avaient choisi d'adopter le concept d'entrepôt industriel dans l'ordonnancement juridique douanier. Au lieu de modifier les dispositions relatives au taux de la production à exporter dans le cadre du régime douanier de l'admission temporaire normale de l'époque, elles ont préféré mettre en place un nouveau cadre juridique pour la même opération de transformation des produits importés.

Ainsi, au Sénégal, elles ont prévu l'entrepôt industriel dans la loi 76-19 du 25 mars 1976 et au titre 5 du code des douanes de 1987 réservé aux régimes douaniers. Dans ces textes, l'entrepôt industriel est considéré comme un régime douanier qui permet la mise en œuvre de marchandises importées sans paiement de droits et taxes, dans le but de verser une part importante de la production sur le marché local.

Sous cet angle, l'entrepôt industriel doit être considéré comme un cas particulier d'admission temporaire normale à partir du moment où il permet la mise en œuvre de marchandises étrangères.

Mais, contrairement aux régimes douaniers, il a été défini comme suit à l'article 152 du code des douanes de 1987 : « l'entrepôt industriel est un établissement placé sous le contrôle de l'administration des douanes, où les entreprises qui travaillent pour l'exportation et/ou pour le marché intérieur peuvent être autorisées à procéder, pour ces deux destinations, à la mise en œuvre de marchandises importées en suspension des droits et taxes dont elles sont passibles ».

Cette définition classe l'entrepôt industriel dans la catégorie des établissements qui recevaient à l'époque des marchandises étrangères, à savoir les entrepôts de douane.

L'on note également qu'elle a été reprise par le code communautaire des douanes de l'UEMOA à l'article 135 et dans le chapitre 3 réservé à l'entrepôt de douane. L'on s'interroge sur la signification que les rédacteurs du code communautaire donnent au rangement de l'entrepôt industriel dans la catégorie des entrepôts de douane.

À l'analyse, le concept d'entrepôt industriel résulte d'un mélange de deux régimes douaniers dont l'autorité douanière a cherché à faire bénéficier des avantages aux entreprises.

Manifestement, faute de base théorique, ce dispositif a été recopié des législations étrangères, pour satisfaire le besoin immédiat de quelques entreprises industrielles en difficulté avec le régime de l'admission temporaire. Il en résulte une gêne sur le plan juridique.

C'est comme tel que le nouveau code des douanes du Sénégal a repris à l'article 201 et à la section 2 de l'entrepôt de douane, les dispositions de l'article 135 du code communautaire.

L'entrepôt industriel figure également dans les codes des douanes du Maroc et du Cameroun.

Plus récemment, avec l'arrêté 13708 du 14 juillet 2015, les autorités douanières l'ont défini comme un régime douanier et l'ont classé sur la note de présentation, dans la catégorie des régimes douaniers de transformation.

Mais ce concept d'entrepôt industriel n'est pas consacré par la Convention de Kyoto révisé. Il n'est pas non plus prévu dans le code des douanes de l'Union européenne. En lieu et place, ces instruments internationaux ont retenu les régimes douaniers du perfectionnement actif et de la transformation.

Il convient néanmoins, malgré tout l'intérêt que présentent les nouveaux régimes douaniers utilisés pour la transformation industrielle des marchandises, d'examiner le dispositif de l'entrepôt industriel.

3.11.1. Définition de l'entrepôt industriel

L'entrepôt industriel est défini à l'article 135 du code des douanes communautaire et à l'article 152 du code des douanes du Sénégal comme « un établissement placé sous le contrôle de l'administration des douanes, où les entreprises qui travaillent pour l'exportation et/ou pour le marché intérieur peuvent être autorisées à procéder, pour ces deux destinations, à la mise en œuvre de marchandises importées en suspension des droits et taxes dont elles sont passibles ».

Cette définition est reproduite à l'article 201 (section 2) du nouveau code des douanes, dans le chapitre 4 réservé à l'entrepôt de douane.

Contrairement aux régimes douaniers, l'entrepôt industriel est défini comme un établissement. Le mot « établissement » renvoie au terme « établissements » utilisé à l'article 132 du code des douanes relatif à la définition de l'entrepôt de stockage. Quel sens a-t-on voulu donner à ce rattachement ?

Les rédacteurs de ce texte ont-ils ainsi voulu trouver des solutions avec le régime de l'entrepôt pour résoudre des problèmes de débouchés que rencontrent les industriels à l'exportation ? Nul n'ignore que les entreprises sénégalaises se sont toujours heurtées au taux élevé d'exportation de 90 % de leur production imposée dans le régime de l'admission temporaire. Ne s'agit-il pas d'un simple emprunt des termes « entrepôt » et « établissement » ?

Avec l'arrêté 13708 du 14 juillet 2015, le terme « régime » a été ajouté à cette définition comme si l'autorité douanière voulait préciser qu'il s'agit d'un régime douanier distinct. À l'article 1, « l'entrepôt industriel est le régime par lequel les entreprises qui travaillent pour l'exportation ou à la fois pour l'exportation et le marché intérieur peuvent mettre en œuvre pour ces deux destinations, dans un établissement placé sous le contrôle de l'administration des douanes, des marchandises importées en suspension des droits et taxes dont elles sont passibles ». Ce changement est le signe d'un malaise des autorités à maintenir l'entrepôt industriel dans la catégorie des régimes douaniers.

L'idée principale de mise en œuvre de marchandises importées et de cession des produits finis compensateurs sur les marchés intérieur et extérieur a été clairement rendue par la définition. Et cette idée suffit pour comprendre que l'entrepôt industriel n'a pas pour objet le stockage et la conservation en l'état des marchandises importées, comme toute personne avertie devrait s'y attendre, mais plutôt de permettre aux entreprises en difficulté avec le régime de l'admission temporaire de bénéficier des avantages y prévus.

Pour tenir compte de cet objectif, il convient de classer les cas « d'entrepôt industriel » dans le régime douanier de référence de la transformation industrielle qu'est le perfectionnement actif.

Ainsi, ces définitions et considérations relèguent l'entrepôt industriel au rang d'un simple cas d'entreprise industrielle de transformation qui travaille autant pour le marché intérieur que pour le marché extérieur. La marchandise, objet et en même temps principal critère de définition du régime douanier, n'occupe qu'une place marginale dans la définition donnée par le code des douanes.

Rien de particulier ne peut par conséquent justifier le classement de l'entrepôt industriel parmi les régimes douaniers.

Pour toutes ces raisons, au lieu de définir l'entrepôt industriel comme un régime douanier, il convient de le considérer comme un cas à classer dans le régime douanier du perfectionnement actif.

3.11.2. Les bénéficiaires de l'entrepôt industriel

Le bénéfice de l'entrepôt industriel est accordé par arrêté du ministre de l'Économie et des Finances conformément aux articles 154 du code des douanes de 1987 et 137 du code communautaire de l'UEMOA.

Selon cet article, l'arrêté fixe les quantités de marchandises à importer, le délai de séjour dans la limite d'un (1) an, les pourcentages respectifs de produits compensateurs à exporter et à mettre à la consommation.

Dans le nouveau code des douanes, à l'article 204, il revient au Directeur général des douanes d'accorder le bénéfice de l'entrepôt industriel par décision. Il en est également ainsi dans l'arrêté 13708 du 14 juillet 2015.

Pour prétendre aux avantages douaniers prévus, le requérant doit être une entreprise industrielle qui met en œuvre des marchandises importées en vue de l'exportation et de la mise à la consommation des produits compensateurs conformément à l'article premier (1) de l'arrêté 15238 du 16 décembre 1989, où une entreprise industrielle à haute valeur ajoutée travaillant essentiellement pour le marché intérieur selon l'article premier (1) de l'arrêté 638 du 25 janvier 2002.

Il peut également être un regroupement d'entreprises travaillant en chaîne, auquel cas, les articles 155 du code des douanes de 1987 et 205 du nouveau code désignent le Directeur général des douanes pour autoriser les fabrications scindées.

Mais, avec l'article 5 de l'arrêté 13708 du 14 juillet 2015, la condition relative au bénéficiaire a été alignée sur celle du régime douanier du perfectionnement actif. L'industriel doit d'abord posséder des outillages et modèles de fabrication en rapport avec les opérations projetées.

Ensuite, il ne doit pas avoir subi de condamnations pour infractions douanières graves ou répétées.

3.11.3. Les conditions d'octroi de l'entrepôt industriel

Elles ont connu une évolution dans le sens d'un alignement sur les conditions d'agrément au régime douanier du perfectionnement actif.

❖ Auparavant le requérant devait adresser au Directeur général des douanes, conformément à l'article 4 nouveau de l'arrêté d'application 3729 du 23 avril 2008, une demande accompagnée de :

- le plan détaillé des aménagements ;
- l'inventaire succinct du matériel de fabrication ;
- la caution du requérant ;
- la nature et le volume des fabrications envisagées.

Il n'y avait plus ni bilan, ni compte d'exploitation, ni ventilation du chiffre d'affaires entre l'exportation et le marché intérieur, ni prévisions d'activités dans le dossier tels que prévus dans les conditions d'agrément au régime de l'admission temporaire normale ou pour perfectionnement actif et dans l'arrêté 15238 du 16 décembre 1989.

C'est dans ces conditions, largement assouplies du reste, que l'autorité douanière examinait la demande et accordait le bénéfice de l'entrepôt industriel.

Il importe de souligner qu'aucune enquête préalable n'était prévue. C'est dire que l'administration des douanes risquait d'ignorer l'existence effective de l'entreprise industrielle et les conditions de fabrication des produits compensateurs.

❖ D'autres facilitations encore plus significatives ont été accordées avec l'arrêté 638/MEF du 25 janvier 2002. L'article 5 nouveau dudit arrêté autorise le Directeur général des douanes à admettre provisoirement les industriels parmi les bénéficiaires du « régime » sous réserve qu'ils déposent une demande indiquant :

- le pourcentage de valeur ajoutée ;
- les matières premières et produits compensateurs ;
- et le pourcentage des quantités mises à la consommation.

La demande devait être immédiatement satisfaite et un agrément provisoire délivré si ces conditions sont remplies.

Cet agrément devrait être validé dans un délai de 30 jours par suite du dépôt d'un dossier exhaustif. L'on s'interroge sur les motivations réelles d'un tel empressement à agréer certaines entreprises. Sur la base de simples indications et sans éléments justificatifs, l'autorité douanière accordait des avantages importants et, sachant que la fraude est fugace, exposait l'État à des risques très élevés.

Par ailleurs, le bénéfice de l'entrepôt industriel pouvait être renouvelé sur demande adressée au ministre chargé des Finances par l'intermédiaire du Directeur général des douanes. Cette demande doit contenir, selon l'article 7 de l'arrêté 12538 du 16 décembre 1989, les informations relatives :

- aux quantités et valeurs des produits compensateurs réexportés ou versés à la consommation ;
- aux quantités et valeurs des matières premières incorporées dans les produits compensateurs.

Évidemment cette demande de renouvellement devrait être satisfaite par le Directeur général des douanes, sur la base de l'article 204 du nouveau code des douanes.

❖ Avec les nouvelles dispositions de l'arrêté 13708 du 14 juillet, les conditions d'octroi des avantages de l'entrepôt industriel ont été alignées sur celles du perfectionnement actif.

L'article 6 de cet arrêté reprend les mêmes documents exigibles et introduit à nouveau la procédure de l'enquête préalable menée par les agents des douanes et suivie du rapport d'enquête.

3.11.4. Le champ d'application

Conformément à l'article 202 du nouveau code (153 du code des douanes de 1987), le bénéfice de l'entrepôt industriel est accordé pour toutes les marchandises admissibles en « admission temporaire ». C'est dire comme pour le perfectionnement actif, à l'article 2 alinéa 3 de l'arrêté 3730, que sont exclus du régime :

- les marchandises qui ne sont frappées d'aucun droit, taxe ou d'autres mesures économiques, fiscales, douanières ou de commerce extérieur. Sur ce point, l'article 3 de l'arrêté 13708 du 14 juillet a ajouté les marchandises assujetties à des mesures économiques, fiscales, douanières et du commerce extérieur à la liste des intrants exclus du régime. L'on s'interroge sur l'applicabilité d'une telle disposition au Sénégal où tous les produits importés sont soumis à de telles mesures.

➢ les catalyseurs, solvants, réducteurs, agents tampons ou autres produits de nature similaire nécessaires à la fabrication des produits compensateurs mais n'entrant pas dans leur composition.

Les mêmes considérations qui ont été émises sur ces points à l'occasion de l'examen du perfectionnement actif restent actuelles pour l'entrepôt industriel.

S'agissant des mesures de prohibition qui ne sont ni suspendues, ni évoquées dans les définitions du perfectionnement actif (ex admission temporaire normale) et de l'entrepôt industriel, il convient de s'en tenir aux dispositions générales selon lesquelles seuls les produits prohibés à titre absolu à l'importation sont exclus du « régime » de l'entrepôt industriel.

En ce qui concerne la nature des marchandises, le code des douanes et les arrêtés d'application ne font pas allusion aux matières premières et aux produits semi-finis comme dans l'admission temporaire normale. Seule la notion de marchandise est utilisée.

En pratique, le champ d'application de l'entrepôt industriel est ainsi largement ouvert à toutes les marchandises.

3.11.5. La localisation de la marchandise

Comme dans les autres régimes ouverts aux entreprises industrielles, la localisation de la marchandise n'est pas une préoccupation du service des douanes.

Les marchandises importées pour les besoins de l'entrepôt industriel sont enlevées puis placées sur des camions pour être transportées vers les ateliers ou usines avant d'y être stockées et transformées. Le service des douanes pourrait, à l'instar du régime du perfectionnement actif, prescrire l'escorte pour le transport de ces marchandises depuis le lieu de débarquement ou de stockage jusque dans ces ateliers et usines.

Elles doivent être rangées dans des endroits séparés de ceux des produits compensateurs.

Toutefois, à l'article 14 de l'arrêté 15238 du 16 décembre 1989, les industriels sont tenus de représenter au bureau des douanes de rattachement, les produits admissibles à la décharge des comptes. C'est dire que les produits compensateurs doivent être transportés jusqu'au bureau des douanes avant de les reconduire vers la destination douanière déclarée. Il s'agit d'une vieille formalité que le service des douanes a abandonnée, puisqu'elle débouche sur des difficultés pratiques. Pourtant, cette formalité a été réintroduite par cet arrêté à la suite des graves fraudes commises dans les années 70 à 90 sur les régimes douaniers dits suspensifs.

Elle a également été reconduite à l'article 29 de l'arrêté 13708 du 14 juillet 2015.

Sur ce point, il importe de rappeler que, dans l'arrêt 194/98 Imad Derwiche du 3 septembre 1998, le service des douanes, malgré les constatations matérielles de soustraction de marchandises importées, a été pratiquement « débouté » par le tribunal régional et la cour d'appel de Dakar. Pour ces juridictions, les entreprises poursuivies de soustractions frauduleuses en entrepôt industriel pouvaient justifier les manquants par les produits transformés à partir du moment où les opérations pouvaient être réalisées sans surveillance douanière. La justice n'a pas tenu compte de l'obligation prévue par l'arrêté, de représenter les produits compensateurs au bureau des douanes de domiciliation. Elle a plutôt considéré qu'un contrôle bien mené à tous les stades de la production industrielle aurait suffi pour constater toute irrégularité dans un tel régime douanier.

En vérité, avec la présentation obligatoire des produits compensateurs au bureau des douanes de rattachement, l'autorité douanière était rassurée et cette surveillance n'était plus nécessaire.

L'on s'interroge sur l'opportunité d'une telle disposition qui alourdit les procédures et augmente les charges des entreprises, mais aussi sur ce risque élevé de fraude dans lequel sont placées les entreprises bénéficiaires des régimes douaniers sus cités.

3.11.6. Les contraintes douanières de l'entrepôt industriel

Elles sont pratiquement identiques à celles des régimes douaniers de l'« admission temporaire normale » et de la transformation.

À l'article 153 du code des douanes de 1987, il est précisé que « les marchandises susceptibles d'être mises en œuvre en entrepôt industriel, les produits fabriqués admis en compensation des comptes et les conditions dans lesquelles s'opèrent cette compensation sont les mêmes qu'en admission temporaire ».

Toutefois, comme pour la transformation, quelques différences ont été relevées d'avec l'admission temporaire et le perfectionnement actif.

3.11.6.1. Le délai de séjour

Conformément à l'article 204 alinéa 2 du code des douanes et à l'article 7 de l'arrêté d'application n° 13708 du 14 juillet 2016, le délai de séjour est fixé par décision du Directeur général des douanes dans la limite d'un (1) an.

Ce délai pouvait être prorogé exceptionnellement et dans des cas dûment justifiés en application de l'article 6 de l'arrêté 15238 du 16 décembre 1989.

Aujourd'hui, avec l'article 8 du nouvel arrêté, ce délai peut être modifié si une demande est adressée au Directeur général des douanes. Est-ce à dire que la limite d'un an pourrait être dépassée ? Cette disposition jette les bases d'un abus aux conséquences graves.

Au niveau de l'UEMOA (à l'article 138 alinéa 2), seule la prorogation de délai est admise. Mais, elle est beaucoup plus contraignante pour les industriels et elle constitue le seul report d'échéances juridiquement valable.

3.11.6.2. La déclaration d'entrée en entrepôt industriel

Comme pour l'admission temporaire normale et le perfectionnement actif, l'entrée en entrepôt industriel supposait le dépôt d'une déclaration de marchandises au bureau des douanes de rattachement prévu dans l'arrêté d'agrément.

À l'article 202 du nouveau code des douanes et 9 de l'arrêté 13708 précité, les opérations des entrepôts industriels peuvent être effectuées dans n'importe quel bureau de douane. Autrement dit, le bureau des douanes de rattachement est supprimé.

Le déclarant : le bénéficiaire de l'agrément d'entrepôt industriel était seul autorisé à signer une déclaration de mise en entrepôt industriel selon l'article 10 de l'arrêté 15238 du 16 décembre 1989. Cette disposition réglementaire viole les règles posées aux articles 71 à 73 du code des douanes de 1987 et relatives aux personnes habilitées à déclarer en douane. Le bénéficiaire de l'agrément d'entrepôt industriel ne réunissait pas les conditions légales requises pour déclarer en douane.

Avec les nouvelles dispositions de l'article 122 du code des douanes de 2014, le bénéficiaire de l'agrément d'entrepôt industriel ne pourra plus signer de déclaration de mise en entrepôt industriel sauf si une autorisation exceptionnelle est reconduite. Tel est le sens de l'article 11 de l'arrêté 13708 du 14 juillet 2015.

Les codes « régime douanier » et « régime fiscal » : en application de l'article 10 de l'arrêté 12538 du 16 décembre 1989, cette déclaration devrait comporter les codes « régime douanier » et « régime fiscal » suivants selon l'opération et la provenance des marchandises à mettre en œuvre.

- S 3 et 20 pour toutes les marchandises importées directement de l'étranger ;
- S 3 et 21 pour toutes les marchandises provenant d'entrepôt ;
- S 3 et 22 pour toutes les marchandises provenant d'admission temporaire ;
- S 4 et 20 pour les produits pétroliers importés directement de l'étranger ;
- S 4 et 21 pour les produits pétroliers provenant d'entrepôt ;
- S 4 et 22 pour les produits pétroliers provenant d'admission temporaire.

Les codes « régime fiscal » ci-dessus n'ont aucune incidence fiscale. Ils indiquent tout juste la provenance des marchandises à mettre en œuvre.

Le numéro et la date d'agrément à l'entrepôt industriel : ils doivent être clairement mentionnés sur la déclaration de marchandises.

L'acquit-à-caution : conformément à l'article 10 de l'arrêté 12538 du 16 décembre 1989, les déclarations de mise entrepôt industriel, doivent, outre la description des marchandises, comporter un engagement cautionné :

- de transporter les marchandises dans les magasins, ateliers ou usines de fabrication indiqués sur la demande ;
- de mettre en œuvre les marchandises pour les opérations ou transformations autorisées ;
- de déclarer dans les délais, les produits compensateurs obtenus pour l'une des destinations douanières autorisées, à savoir la réexportation et la mise à la consommation (cf. article 17 et 18 de l'arrêté 12538 du 16 décembre 1989).

Ces dispositions ont été reconduites par l'article 11 de l'arrêté 13708 du 14 juillet 2015.

Les documents à joindre : comme dans le régime de l'admission temporaire normale et du perfectionnement actif, les documents commerciaux, les documents bancaires, les documents administratifs doivent être produits à l'appui de la déclaration d'entrée de marchandises en entrepôt industriel.

Le contrôle : il est effectué comme pour les déclarations de mise en admission temporaire. Ces déclarations font l'objet d'un contrôle documentaire identique à celui exercé sur les autres destinations douanières. Quant aux vérifications physiques, elles sont laissées à l'appréciation des vérificateurs de douanes.

Il importe de préciser que ceux-ci peuvent procéder à l'identification des marchandises, en vertu de l'article 11 de l'arrêté 12538 précité. Le prélèvement des échantillons, le marquage des produits, l'estampillage, le scellement douanier et autres procédés leur permettent d'obtenir des garanties contre les substitutions et autres irrégularités.

3.11.6.3. La surveillance douanière

Elle est matérialisée par les quelques opérations douanières exercées par les services de douane pour les régimes douaniers provisoires. Il s'agit de :

- l'identification, la reconnaissance et le dénombrement des colis de marchandises importées :
- l'escorte des colis jusque dans les lieux de fabrication : pour l'entrepôt industriel, cette escorte est souvent demandée par les chefs de brigade commerciale des douanes ;
- les contrôles physiques exercés par les agents des sections « régimes suspensifs » des bureaux de douane ;

Il importe de signaler que le bénéficiaire de l'entrepôt industriel a l'obligation de présenter les produits compensateurs au bureau des douanes de dépôt de la déclaration avant de procéder à l'apurement des comptes d'entrepôt industriel. Il convient de comprendre qu'il s'agit d'un contrôle physique obligatoire. Tel est le sens de l'article 14 de l'arrêté 15238 du 16 décembre 1989 et de l'article 29 de l'arrêté 13708 du 4 juillet 2015.

Mais, dans la pratique, il en est autrement : les agents des douanes n'exigent ni ne demandent la représentation des produits.

C'est probablement l'argument légal que la cour d'appel a dû ignorer dans l'arrêt Imad Derwiche évoqué plus haut, lorsqu'elle considérait que « les entreprises bénéficiaires peuvent sans la surveillance douanière, importer des marchandises en suspension des droits et taxes sous réserve, dans le délai imparti, de justifier la transformation des matières premières importées en produits finis ou de les représenter au besoin ».

La représentation des produits compensateurs est une obligation à laquelle cette entreprise a failli.

➢ les contrôles comptables exercés par les services d'enquête. Outre les obligations commerciales de tenue de registre d'entrée et de sortie, l'article 15 de l'arrêté 13708 du 14 juillet (ex 12 de l'arrêté 15238 du 16 décembre 1989) rend obligatoire la tenue d'une comptabilité matières spéciale faisant apparaître pour chaque produit importé :

- les quantités en stock ;
- les quantités en cours d'ouvraison ;
- et les quantités incorporées dans les produits compensateurs.

Lorsque l'entrepôt industriel comporte plusieurs établissements distincts, la comptabilité doit faire apparaître à tout moment cette répartition entre les différents établissements.

3.11.6.4. L'apurement des comptes d'entrepôt industriel

Après transformation des marchandises importées ou au plus tard à la fin du délai imparti, le bénéficiaire de l'entrepôt industriel est tenu de déposer, sauf prorogation, renouvellement ou cas imprévu, une déclaration de réexportation ou une déclaration de mise à la consommation ou les deux. À l'article 204 alinéa 2 (ex 154 alinéa 2) du code des douanes, il est même précisé qu'à l'expiration de ce délai, les droits et taxes deviennent exigibles.

À l'article 16 de l'arrêté 13708 du 14 juillet 2015 (ex 13 de l'arrêté 15238 du 16 décembre 1989), l'autorité douanière a rappelé que les comptes d'entrepôt industriel doivent être apurés « avant l'expiration du délai de séjour… ».

Comment s'effectue l'apurement du régime de l'entrepôt industriel ?

Le sort des intrants importés : en application de l'article 153 du code des douanes et de l'article 140 du code communautaire des douanes de l'UEMOA, le traitement des marchandises importées en entrepôt industriel est identique à celui des matières premières et produits semi-finis importés en admission temporaire pour perfectionnement actif. Les intrants doivent par conséquent, être mis en œuvre.

Les comptes d'entrepôt industriel peuvent alors être apurés après la mise en œuvre des intrants importés par leur déclaration de sortie dudit régime douanier.

Selon l'article 139 du code des douanes communautaire, ces marchandises ne peuvent être, sauf dérogation spéciale, ni réexportées, ni mises à la consommation en l'état.

En revanche, le code des douanes de 1987 est beaucoup moins contraignant. Il prévoit à l'article 155 l'impossibilité pour l'industriel de céder en l'état les marchandises importées en entrepôt industriel sauf si le Directeur général des douanes l'autorise.

Est-ce à dire, comme indiqué à l'article 33 de l'arrêté 3730 du 23 avril 2008 relatif au perfectionnement actif, qu'il est permis au Directeur général des douanes d'autoriser, sur demande et pour des motifs impérieux, la réexportation ou la mise à la consommation des intrants importés pour apurer les comptes d'entrepôt industriel ? Des déclarations de type R 3 et C 3 et de régime fiscal 20 et 03 seraient alors levées au bureau des douanes.

Le paiement des droits et taxes annoncé à l'article 154 alinéa 2 du code des douanes de 1987(article 204 du nouveau code), au cas où le délai accordé expire nous fait croire que l'autorité douanière s'est aménagé la possibilité d'accorder une destination douanière à ces intrants.

Tel est du reste le sens de l'article 205 du nouveau code des douanes et de l'article 19 de l'arrêté 13708 du 14 juillet 2015 selon lequel « sauf autorisation du Directeur général des douanes, les marchandises importées sous le régime de l'entrepôt industriel ne peuvent faire l'objet de cession durant leur séjour sous ce régime, ni réexportées ni mises à la consommation en l'état ».

En cas de mise à la consommation desdits intrants, les textes relatifs au perfectionnement actif (ex admission temporaire) sont applicables. Et dans ce cas, les droits et taxes exigibles à la date d'enregistrement de la déclaration d'entrée en entrepôt industriel sont liquidés et majorés de l'intérêt de crédit prévu à l'article 139 du code des douanes et à l'article 31 de l'arrêté 3730 du 23 avril 2008. Cet intérêt de crédit est fixé à 7,25 % par an conformément à la note de service 1582 du 13 Juillet 2012. Il est calculé suivant la formule :

Intérêt de crédit = droits et taxes X 7,25 % X nombre de mois en entrepôt industriel/12 mois.

Si ces intrants ont été placés en entrepôt, les droits et taxes sont ceux applicables lors de la mise à la consommation en suite d'entrepôt. L'intérêt de crédit sera calculé suivant la formule présentée ci-dessus.

Les observations formulées sur l'application de cet intérêt de crédit au régime du perfectionnement actif restent valables pour l'entrepôt industriel.

La réexportation des produits compensateurs : elle est réalisée, conformément à l'article 204 (ex 153) du code des douanes, dans les mêmes conditions que sous le régime du perfectionnement actif pour apurer les comptes d'entrepôt industriel. Une déclaration de type R 3 ou R 4 et de régime fiscal 20 ou 80 (pour les produits pétroliers seulement) est levée au bureau des douanes compétent en application de l'article 8 de l'arrêté 15238 du 16 décembre 1989.

Elle doit contenir un certificat de fabrication indiquant les quantités de marchandises importées et incorporées, les quantités de produits compensateurs à réexporter, leurs valeurs et espèces tarifaires.

Ces éléments d'information sont comparés à ceux portés sur l'arrêté de concession de l'entrepôt industriel (article 14 de l'arrêté 15238). Le taux de réexportation des marchandises importées de 40 % qui était fixé au départ peut maintenant, avec les arrêtés 638 du 25 janvier 2002 et 3729 du 23 avril 2008, être sensiblement réduit sur autorisation du Directeur général des douanes, dans des cas dûment justifiés. Les industriels bénéficient de ce fait d'une faculté de s'abstenir de réexporter les quantités de produits compensateurs prévues dans l'arrêté de concession de l'entrepôt industriel.

La déclaration de réexportation comporte au moins deux articles :

- le premier est relatif au produit compensateur ;
- le second ou les articles suivants concernent les marchandises importées incorporées.

Ces déclarations sont contrôlées au cordon douanier avec célérité et tolérance.

Au cas où une fiscalité était prévue à l'exportation, la base taxable serait alors constituée de la valeur des intrants nationaux (cf. article 19 de l'arrêté 15238), ou plus exactement des produits compensateurs minorés de la valeur des intrants importés.

La mise à la consommation des produits compensateurs : à l'examen de l'article 203 (ex 153) du code des douanes et de l'arrêté 15238 du 16 décembre 1989, la mise à la consommation en suite d'entrepôt industriel constitue un droit pour les industriels agrées.

À l'article 29 de l'arrêté 13708 du 14 juillet 2015, elle constitue une obligation.

La mise à la consommation des produits compensateurs permet d'apurer les comptes d'entrepôt d'industriel. Elle est matérialisée par le dépôt au bureau des douanes choisi, d'une déclaration de marchandises de type C 3 régime fiscal 02, ou C 4 régime fiscal 03 pour les produits pétroliers.

Cette déclaration comporte les mêmes éléments d'information et contient les mêmes documents que la déclaration de réexportation sus-présentée.

Elle est contrôlée avec un peu plus de rigueur que les déclarations de réexportation.

Toutefois, s'agissant du pourcentage de produits compensateurs à mettre à la consommation, les arrêtés 638 du 25 janvier 2002 et 3729 du 23 avril 2008 permettent maintenant à l'industriel de dépasser à la hausse les 60 % prévus dans l'arrêté de concession de l'entrepôt industriel à condition qu'il présente des justifications. Les contraintes de production et de commercialisation ont ainsi conduit l'administration des douanes à assouplir les conditions d'application de l'entrepôt industriel au point de remettre en cause la spécificité du « régime douanier ».

Tel est le sens de l'article 29 de l'arrêté 13708 du 14 juillet 2015.

Autrement dit, le service des douanes peut désormais autoriser la mise à la consommation de la totalité des produits compensateurs résultant de la transformation de marchandises importées sous entrepôt industriel.

Tout comme le régime douanier du perfectionnement actif, l'entrepôt industriel n'est plus réservé exclusivement aux entreprises exportatrices.

S'agissant de la taxation des produits compensateurs mis à la consommation, l'article 206 (ex 156) du code des douanes et l'article 34 de l'arrêté 13708 du 14 juillet 2015 (ex article 20 de l'arrêté 15238 du

16 décembre 1989) présentent quelques spécificités par rapport au régime du perfectionnement actif :

- le service des douanes applique la fiscalité la plus favorable entre la taxation des marchandises importées et celle des produits finis ;
- l'intérêt de crédit n'est pas prévu.

Il convient de reconnaître que l'administration des douanes continue d'accorder des faveurs difficilement explicables, comme si elle voulait attirer les industriels vers l'entrepôt industriel et abandonner les autres régimes de transformation industrielle. Elle perd les recettes douanières sur les produits commercialisés par des entreprises industrielles tournées vers le marché intérieur et au même moment où la promotion des exportations constitue la préoccupation principale de l'économie sénégalaise, elle maintient des charges fiscales (fiscalité des intrants et intérêt de crédit) pour les entreprises exportatrices agréées au régime du perfectionnement actif.

<u>Les cessions de marchandises sous entrepôt industriel :</u> elles sont prévues aux articles 19 à 28 de l'arrêté 13708 du 14 juillet 2015. Elles sont soumises aux mêmes dispositions que le régime du perfectionnement actif, qu'il s'agisse d'intrants ou de produits compensateurs.

<u>Les cessions d'emballages fabriqués sous entrepôt industriel :</u> elles sont prévues aux articles 22 à 28 de l'arrêté 13708 du 14 juillet 2015. Elles sont soumises aux mêmes dispositions que celles prévues pour le régime douanier du perfectionnement actif.

<u>Le sort des déchets</u> : en application de l'article 137 du code communautaire de l'UEMOA et des dispositions des articles 38 à 40 de l'arrêté 13708 sus visé, l'arrêté de concession de l'entrepôt industriel doit indiquer entre autres éléments, le taux de rendement et le taux de déchets admis à la suite de la transformation.

Ces déchets sont en principe admis en non-valeur, qu'ils soient réutilisés ou non. Tel est le sens de l'article 21 de l'arrêté 15238 cité ci-dessus.

Cependant, lorsque ces déchets dépassent le taux prévu dans l'arrêté de concession de l'entrepôt industriel, une déclaration de mise à la consommation (de type C 3 02) est déposée et les droits et taxes liquidés sur la base d'une valeur expertisée et de l'espèce tarifaire des déchets.

L'intérêt de crédit n'est pas prévu. Il s'agit là d'un avantage par rapport au régime douanier de référence qu'est le perfectionnement actif.

Les faveurs accordées aux entreprises bénéficiaires de l'entrepôt industriel sont démesurées. Elles interpellent le service des douanes sur les objectifs visés lors de la création des régimes douaniers de transformation.

La véritable différence entre les régimes douaniers ouverts pour la transformation de marchandises étrangères réside dans le taux de réexportation des produits compensateurs.

Alors doit-on maintenir une pluralité de régimes douaniers pour gérer l'activité industrielle, ou plutôt rationnaliser les choix de système de gestion ?

3.12. Les usines exercées : un cas de perfectionnement actif

Tout comme l'entrepôt industriel, les usines exercées constituent un cas de perfectionnement actif appliqué aux produits pétroliers. Plus exactement, elles servent de cadre juridique douanier pour la transformation des produits pétroliers.

Les usines exercées résultent d'une longue pratique de dédouanement des produits pétroliers qu'il convenait de traduire en textes normatifs.

Pour les raffineries, elles consistaient à admettre les produits bruts sans paiement des droits et taxes, à les transformer en carburants et à les déclarer pour les diverses destinations douanières possibles.

Le législateur sénégalais a tenu à reproduire les dispositions coloniales en la matière dans ses différents codes des douanes.

À cet effet, il a classé le statut des produits pétroliers importés sous le titre « usines exercées » au chapitre 6 du titre V du code des douanes réservé aux régimes économiques douaniers.

C'est ce classement que le code des douanes communautaire avait retenu auparavant en plaçant l'usine exercée au même chapitre 6 du titre V réservé aux régimes douaniers suspensifs.

En revanche, les usines exercées ne sont pas reconnues par la Convention de Kyoto révisée. Elles sont également absentes des codes des douanes de la Tunisie, du Maroc et du Cameroun.

Elles ne sont pas également reconnues par le code de l'Union européenne, alors même qu'elles proviennent de la législation coloniale française.

Il convient de considérer que les organisations internationales de type douanier ont tendance à harmoniser les procédures douanières et à ranger les régimes douaniers en fonction de l'utilisation des marchandises. Ainsi, les activités des usines exercées devraient par conséquent être prises en charge dans le cadre des régimes douaniers ouverts à la transformation industrielle.

Le concept des usines exercées apparaît donc comme une survivance locale de la douane coloniale que les procédures du 21ème siècle ont abandonnée.

Néanmoins, pour tenir compte de la place des produits pétroliers au Sénégal, il nous paraît important d'en présenter les contours.

3.12.1. Définition

Les usines exercées sont définies à l'alinéa 1 de l'article 228 du code des douanes comme « des établissements qui, ayant pour objet la mise en œuvre ou la fabrication de produits, se trouvent placées sous le contrôle de l'administration des douanes ». À l'alinéa 2, il est précisé que « les produits admis en usines exercées (…), le sont en suspension des droits et taxes dont ils sont passibles ».

Cette définition ressemble beaucoup plus au statut de l'entreprise qu'à celui de la marchandise. Elle a été conçue à une époque où les quelques régimes douaniers créés étaient tous ouverts pour l'exportation. Il y a lieu de comprendre que les autorités douanières cherchaient une solution aux difficultés des entreprises industrielles tournées principalement vers le marché intérieur. Elles ont trouvé que le concept d'entrepôt de douane et les termes « usines exercées » convenaient parfaitement aux entreprises qui transformaient et distribuaient des produits spéciaux.

Tout comme l'entrepôt industriel, les usines exercées ne sont pas considérées par le nouveau code des douanes, comme un régime douanier, même si elles sont rangées dans un chapitre (6) du titre 6 réservé aux régimes économiques douaniers.

Il s'agit d'un cas de transformation industrielle (actuellement) dans lequel les marchandises importées et mises en œuvre sont dispensées de paiement des droits et taxes.

C'est dans ce sens que le code communautaire des douanes de l'UEMOA a défini l'usine exercée. L'article 148 stipule que « les usines exercées sont des établissements placés sous la surveillance permanente des autorités douanières en vue de permettre la mise en œuvre ou la fabrication de certains produits importés en suspension partielle ou totale des droits et taxes dont ils sont passibles ».

Le code communautaire des douanes a remplacé les termes « contrôle de l'administration des douanes » par la « surveillance permanente des autorités douanières » sans donner des précisions sur la forme de surveillance.

À l'analyse, il convient de faire remarquer que ces définitions renvoient toutes à celles de l'entrepôt de stockage reprises dans le code des douanes du Sénégal où les établissements qui importent des marchandises sont placés sous la surveillance des douanes.

Les rédacteurs des codes avaient ainsi trouvé une solution douanière aux problèmes posés à l'époque par les conditions de transformation de certains produits particuliers importés.

Le nouveau code des douanes a reconduit la même définition que le code communautaire des douanes de l'UEMOA à l'article 228 : « Les usines exercées sont des établissements placés sous la surveillance permanente du service des douanes en vue de permettre la mise en œuvre ou la fabrication de certains produits importés en suspension totale ou partielle des droits et taxes dont ils sont passibles ».

Rien, dans cette définition, n'indique qu'il s'agit d'un régime douanier.

Par ailleurs, les rédacteurs ont déplacé les termes « en suspension totale ou partielle des droits et taxes » de l'alinéa 2 (de l'article 158 du code des douanes de 1987) à l'alinéa 1 (de l'article 228 du nouveau code) sans justification.

Il en est de même des caractéristiques retenues par le code des douanes de France aux articles 163 à 167 et selon lesquelles les usines exercées ne sont pas des régimes douaniers.

Cependant, le traitement douanier accordé aux produits pétroliers est similaire à celui appliqué dans les régimes douaniers de transformation. C'est pour cette raison qu'il a été retenu de classer les « usines exercées » comme un cas de perfectionnement actif, le régime douanier de référence des activités de transformation.

3.12.2. Les bénéficiaires des avantages des usines exercées

À la lecture des définitions précédentes, il y a lieu de retenir a priori que les usines exercées sont des entreprises industrielles installées sur le territoire douanier qui transforment des marchandises importées pour les besoins du marché intérieur.

Mais, les codes des douanes avaient renvoyé à un décret pour définir les modalités de création et de fonctionnement des usines exercées. Tel est le sens des articles 159 du code des douanes du Sénégal de 1987 et 149 du code communautaire de l'UEMOA.

Par ailleurs, le code des douanes du Sénégal de 1987 a prévu à l'article 160, de placer obligatoirement « sous le régime de l'usine exercée les établissements qui procèdent au traitement et au raffinage des huiles brutes de pétrole et de minéraux bitumeux ».

En désignant dans la loi, les établissements bénéficiaires du régime, le législateur sénégalais a distingué les entreprises du secteur industriel des hydrocarbures qui jouissent de droit des avantages du régime, des autres entreprises qui sont soumises aux conditions générales d'agrément à l'usine exercée. Il a enfreint ainsi ses propres règles et violé les dispositions constitutionnelles instituant la séparation entre le domaine législatif et le domaine réglementaire.

La loi détermine les principes fondamentaux du régime des obligations civiles et commerciales (article 67 de la Constitution). Le règlement en définit les modalités d'application. Puisque les régimes douaniers contiennent un ensemble d'obligations civiles et commerciales, leurs modalités d'application et leur application relèvent du domaine réglementaire.

S'agissant des modalités d'application de l'usine exercée, aucune disposition réglementaire n'est prise, malgré quelques tentatives de l'autorité douanière.

Finalement, la seule entreprise bénéficiant des avantages de l'usine exercée est la Société Africaine de Raffinage.

Ce qui confirme que les usines exercées constituent un cas dans le régime douanier actuel de la transformation.

Dans le nouveau code des douanes et notamment à l'article 228 alinéa 4, les bénéficiaires ont été désignés comme suit : « les personnes morales ayant la qualité de concessionnaire peuvent seules exploiter une usine exercée ; à ce titre, elles peuvent seules y recevoir, produire et expédier les huiles minérales ».

Ce texte exclut non seulement les personnes physiques du bénéfice des avantages de l'usine exercée, mais encore les personnes morales qui n'ont pas signé une concession avec les autorités administratives chargées de l'énergie.

Cette exclusion risque de rendre inaccessible le bénéfice des avantages de l'usine exercée dans la mesure où il n'y a pas de concession dans ce secteur. La concession accordée à la SAR suivant convention signée en 1961 a été abrogée en 1998. La loi 98-31 du 14 avril 1998 a libéralisé le secteur pétrolier et mis sur pied des licences pour l'exercice des activités d'importation, de raffinage, de stockage, de transport et de distribution des hydrocarbures.

Enfin, à l'article 229 du nouveau code des douanes, les rédacteurs ont distingué comme suit les entreprises qui doivent être placées sous le régime de l'usine exercée de celles qui peuvent être considérées comme telles.

• « Doivent être placés sous le régime de l'usine exercée :

a) les installations d'extraction d'huiles minérales ;

b) les installations ou les établissements de production qui procèdent au traitement ou au raffinage d'huiles brutes de pétrole ou de minéraux bitumeux, de gaz de pétrole et d'autres hydrocarbures gazeux, pour obtenir des huiles minérales ;

c) les installations ou les établissements de production qui procèdent à la fabrication d'huiles minérales pour lesquelles un taux de taxe est fixé ».

• « Peuvent notamment être effectuées dans les usines exercées, des fabrications connexes de produits autres que des huiles minérales dont la liste est fixée par arrêté du ministre chargé des Finances après avis du ministre chargé de l'Énergie ».

Ce texte de loi désigne par ailleurs les entreprises qui bénéficient du régime de l'usine exercée. Or, il n'appartient pas à la loi de désigner directement des bénéficiaires d'un droit.

Tel qu'il est rédigé, l'article 229 accorde à toutes les entreprises du secteur le bénéfice des avantages du régime de l'usine exercée, sans examen préalable des conditions d'exercice de leurs activités. Il place l'autorité douanière dans une situation de passivité incroyable au moment de l'agrément des entreprises du secteur pétrolier. Est-ce pour attirer les investisseurs ?

N'y aurait-il pas de contradiction avec l'article 232 du nouveau code selon lequel « les conditions d'agrément sont fixées par arrêté du ministre chargé des Finances » ?

Ce texte ouvre par ailleurs des possibilités à d'autres entreprises de fabrication de produits autres que les huiles minérales de bénéficier du régime de l'usine exercée. Il suffit que le produit fabriqué soit prévu par arrêté du ministre, chargé des Finances.

Pour éviter des erreurs dans un secteur aussi stratégique, animé par des puissances financières, il conviendrait de prendre par voie de règlement, des dispositions claires qui permettraient d'en assurer l'application.

3.12.3. Le champ d'application de l'usine exercée

En l'absence de texte réglementaire définissant les modalités d'application des usines exercées, il convenait de présenter les produits importés par la Société Africaine de Raffinage et prévus par la convention la liant à l'État, pour procéder à leur transformation industrielle comme les seules marchandises admissibles à ce régime.

Le champ d'application de l'usine exercée de cette société est ainsi limité aux huiles brutes de pétrole et aux minéraux bitumineux indiqués à l'article 160 du code des douanes de 1987. Ce sont les matières premières utilisées dans le processus de raffinage des produits pétroliers.

Dans le nouveau code, le champ d'application de l'usine exercée a été redéfini à l'article 228 alinéa 2 et 3. Selon ce texte, un arrêté du ministre chargé des Finances, pris après avis du ministre chargé de l'Énergie, fixe la liste des produits admis en usine exercée. Cette liste devrait comprendre notamment les huiles minérales.

Elle pourrait également contenir d'autres produits en application de l'article 229 alinéa 2 dudit code des douanes.

3.12.4. La localisation des marchandises

Comme pour les régimes et cas de la transformation industrielle, les huiles brutes de pétrole et les minéraux bitumeux sont enlevés puis transportés du port vers les ateliers et usines pour y être mis en œuvre.

Mais compte tenu du caractère généralement liquide de ces produits, des cuves reliées par des tuyaux et des flexibles sont installées dans la zone portuaire pour les transporter depuis leur débarquement jusqu'à l'usine et même jusqu'aux distributeurs de produits finis.

Ces installations, tout comme le procédé utilisé pour débarquer les matières premières ne permettent pas au service des douanes de s'informer à temps sur la situation, les quantités et qualités des marchandises importées. Pour ces opérations, le contrôle douanier est absent.

Néanmoins, la sécurité et l'intégrité de ces produits sont assurées.

3.12.5. Les contraintes douanières des usines exercées

En application des codes des douanes de 1974 et de 1987, seule la raffinerie dénommée Société Africaine de Raffinage de Mbao était agréée de droit au régime de l'usine exercée. Le statut douanier de la Société Africaine de Raffinerie présente quelques contraintes proches de celles l'entrepôt industriel.

3.12.5.1. Le délai de séjour

Aucun délai de séjour n'est fixé pour le traitement des huiles brutes et des minéraux bitumineux importés par la SAR. L'article 162 du code des douanes de 1987 stipule que « les conditions d'application des articles 160 et 161(...) sont déterminées (...) par décret ». Aucun décret n'ayant été pris à cet effet, il convient de considérer que le législateur n'a pas fixé de délai pour la raffinerie de pétrole.

Il en est de même pour les autres usines exercées qui sont prévues par l'article 163, mais qui n'existent, ni ne fonctionnent.

Dans le guide de dédouanement des produits pétroliers confectionné en 2010 par l'inspecteur principal des douanes Oumar Cissé, un délai de douze (12) mois a été indiqué sans référence réglementaire. Il s'agit d'une disposition pratique pouvant parfaitement être admise en droit administratif.

Le nouveau code des douanes est également muet sur les délais de traitement des produits pétroliers en usine exercée.

Il convient par conséquent de considérer que le service des douanes accorde un délai de douze (12) mois à la raffinerie de pétrole pour fabriquer les produits pétroliers et leur assigner un autre régime douanier.

Ce délai est prorogé sur demande, pour une durée maximum de six (6) mois au total.

3.12.5.2. La déclaration d'entrée en usine exercée

En principe, la raffinerie dépose une déclaration de mise en usine exercée au bureau des douanes de Dakar-Pétrole, avant de recevoir les huiles brutes et les minéraux bitumineux dans ses cuves.

Cette déclaration de type S 4 portant le code « régime fiscal » 50 est toujours une déclaration à compléter.

Mais, si le modèle de déclaration de douane recommandé dans la circulaire 8/MEF/cab 8 bis du 5 janvier 1990 est « l'acquit d'admission temporaire normale », aucune indication n'est donnée ailleurs sur l'obligation de cautionner l'opération de transformation (le raffinage) telle que prévue pour l'admission temporaire normale ou l'entrepôt industriel.

Les valeurs et quantités y déclarées sont celles figurant sur le manifeste provisoire que le consignataire est tenu, suivant note de service n° 1400/DGD du 07 août 2008, de déposer dans les vingt-quatre heures suivant l'arrivée du tanker.

Compte tenu de l'effet de la température sur ces quantités et valeurs, le service des douanes accepte la correction de ce document et le dépôt d'un manifeste définitif, dans un délai maximum de sept (7) jours, sur la base des éléments retenus après mesurage et rédaction d'un rapport d'expertise.

La déclaration de mise en usine exercée devra être complétée dans un délai maximum de trente (30) jours après enregistrement, sur la base de ces mêmes éléments.

Les documents à joindre :

La déclaration de mise en usine exercée devrait être accompagnée de quelques documents dont :

– la facture du fournisseur ;

– l'état de déchargement ou rapport d'expertise ;

– le connaissement ;

– le certificat d'origine ;

– le certificat de qualité ;

– les documents de change (attestation d'importation et autorisation de change) ;

– l'attestation d'assurance ;

– la note détail.

Il convient de noter que les produits pétroliers ne sont pas soumis au programme de vérification des importations. Les déclarations préalables d'importation et attestations de vérification ne sont donc pas exigées.

Le contrôle de la déclaration :

Il est exercé dans les mêmes conditions que pour les autres déclarations de marchandises.

Toutefois, ces déclarations constituent des déclarations dites « de régularisation ». Au moment où les vérificateurs prennent connaissance du dossier, les matières premières importées sont en train d'être mises en œuvre ou alors les produits compensateurs sont en train d'être distribués.

Les vérifications physiques ne peuvent donc pas être effectuées correctement.

La liquidation des droits, taxes et prélèvements :

Comme dans tous les régimes douaniers provisoires, aucun droit ou taxe n'est liquidé.

Les textes relatifs aux prélèvements institués pour le compte de l'UEMOA et de la CEDEAO exonèrent les produits pétroliers.

En revanche, le prélèvement du COSEC est liquidé.

3.12.5.3. La surveillance douanière

Compte tenu de la difficulté de surveiller des produits liquides dont les mouvements se font par des canalisations, l'administration des douanes s'est abstenue d'assurer le contrôle permanent tel que prévu par l'article 228 du code des douanes. Elle n'a prévu aucune disposition réglementaire pour définir ce contrôle douanier. Le service des douanes a par conséquent dispensé la raffinerie de toute surveillance douanière et reporté le contrôle douanier sur les autres intervenants de la filière.

• L'absence de surveillance des huiles brutes de pétrole et des minéraux bitumineux :

Depuis leur débarquement jusqu'à leur prise en charge et leur mise en œuvre par la SAR, aucune opération n'est menée par le service des douanes pour surveiller les matières premières importées. Il n'y a ni écor au débarquement, ni certificat de débarquement, ni même une présence douanière au niveau des bacs de stockage des matières premières reçues par la raffinerie. Aucun contrôle physique n'est donc exercé sur ces huiles brutes et minéraux bitumineux, encore moins sur les installations de la SAR, comme l'intitulé du régime douanier « usine exercée » pouvait le laisser croire.

Après transformation, les produits compensateurs sont stockés dans des bacs de stockage avant d'être pompés vers ses clients, les distributeurs de produits pétroliers, sans autorisation ni présence douanière. Ils sont alors déclarés, sur la base de bordereaux de livraison ou de réception, donc avec beaucoup de retard par rapport au transfert physique des produits, sous le régime douanier de l'entrepôt spécial de stockage.

Toutefois, quelques opérations douanières légales sont exécutées pour surveiller les produits finis de la raffinerie au niveau des distributeurs. Ces opérations sont rendues nécessaires par le régime de l'usine exercée même si elles sont exécutées sous le régime de l'entrepôt spécial de stockage.

- La faction au niveau des dépôts pétroliers :

La brigade des douanes de Dakar-Pétrole a placé des agents des douanes au niveau des différents dépôts pétroliers. Ces dépôts pétroliers sont des endroits clos et non couverts dans lesquels sont construits des cuves ou bacs de stockage pour l'entreposage des produits pétroliers. Ces cuves ou bacs appartiennent à des entreprises de distribution d'hydrocarbures (Shell, Total, Oilibya et Oryx) qui sont agréés au régime de l'entrepôt de stockage privé.

Les hydrocarbures sont pompés par la SAR vers ces cuves et bacs. La SAR remet à cet effet un bordereau de livraison indiquant les quantités ou volumes d'hydrocarbures pompés et transférés. Ces quantités ou volumes sont mesurés à partir du compteur du pipeline placé à la sortie du dépôt pétrolier de la SAR ou des jauges utilisées pour les cuves et bacs de stockage des distributeurs.

Les agents des douanes sont chargés de surveiller ces transferts d'hydrocarbures provenant de l'usine exercée de la SAR. Ils reçoivent une copie de ces bordereaux de livraison et assistent aux opérations de jaugeage des bacs et cuves des distributeurs.

Ces bordereaux de livraison sont rassemblés par type d'hydrocarbures et déclarés à la fin de chaque mois pour la mise en entrepôt en suite d'usine exercée au profit des distributeurs.

- Les contrôles physiques :

Avec l'abrogation de la convention signée avec la SAR en 1998 et en l'absence de décret d'application prévu aux articles 231 et 232 du code des douanes, la raffinerie de pétrole se trouve aujourd'hui dans une situation douanière anormale, celle où elle est effectivement dispensée de contrôle douanier.

Puisque les agents des douanes ne procédaient pas à des contrôles physiques des installations de la raffinerie sous l'ancienne réglementation, le bureau des douanes a continué à les exclure de sa sphère de contrôle.

Le nouveau code des douanes n'a pas apporté de solution pour combler ce vide juridique.

Les contrôles physiques sont plutôt reportés sur les entrepôts spéciaux de stockage des distributeurs.

- Les contrôles comptables :

Ils sont exercés par les agents du bureau des douanes de Dakar-Pétrole et par le réseau informatique GAÏNDE. À ce niveau, le contrôle est formel.

Les contrôles comptables sont plutôt exercés sur les produits raffinés et placés en entrepôt par les distributeurs. C'est par conséquent hors des limites et responsabilités de la raffinerie et après avoir traité les produits importés et vendus les produits raffinés que s'exercent ces contrôles.

Il convient surtout de faire remarquer que les éléments de base du contrôle sont fournis par la raffinerie elle-même. Il s'agit des rapports d'expertise des quantités de produits bruts, les bons de livraison des produits raffinés de la SAR et les taux de perte. Et ces éléments ne sont réellement utilisés que contre les entrepositaires ou distributeurs privés.

Il n'y a pas de taux de rendement « expertisé et discuté » de la transformation d'huiles brutes et de minéraux bitumineux en produits raffinés. Ce taux aurait permis, comme dans le régime du perfectionnement actif, de rassurer l'autorité douanière sur la régularité de l'opération douanière de raffinage et sur l'inexistence de fraude à grande échelle au niveau de la SAR.

3.12.5.4. L'apurement des comptes de la raffinerie

Comme indiqué dans les paragraphes précédents, en l'absence de décret d'application des articles 160 et 161 du code des douanes de 1987, des procédures pratiques étaient utilisées pour l'apurement des comptes de l'usine exercée de la raffinerie.

Il n'y a pas de déchets de raffinage.

Ainsi, les produits raffinés sont en principe systématiquement placés dans des bacs de stockage de la raffinerie, lesquels bénéficient du régime douanier de l'entrepôt spécial de stockage. Les comptes de la raffinerie sont donc apurés par des déclarations d'entrée en entrepôt de type S 4 et de régime fiscal 02.

Il n'y a donc ni mise à la consommation directe, ni réexportation, ni transit en suite d'usine exercée.

Il convient de faire remarquer que ces déclarations de mise en entrepôt spécial comportent au moins deux articles dont, le premier est relatif au produit fini ou compensateur et le second aux matières premières. Ces déclarations sont déposées au bureau des douanes de Dakar-Pétrole sans contrainte de délai.

À ces déclarations, les déclarants sont tenus de joindre les bordereaux de livraison et la note de détail qui indiquent que le produit a déjà été transféré dans les bacs des distributeurs. C'est dire que la raffinerie ne permet pas au service des douanes de faire un contrôle sur les produits qu'elle transfère. Le bureau des douanes ignore donc la date ou les matières premières ont été entièrement raffinées, les quantités raffinées, les quantités perdues au cours du raffinage, etc. L'on s'interroge alors sur l'exactitude de ces quantités par rapport à celles qui sont déclarées en douane.

En revanche, pour les entrepositaires qui reçoivent ces produits finis ou compensateurs, un délai de huit (8) jours après la fin du pompage est accordé pour le dépôt de la déclaration de mutation d'entrepôt. Les déclarations de mutation d'entrepôt spécial sont de type S 4 et de régime fiscal 02. Elles contiennent les mêmes éléments d'information que les déclarations de mise en entrepôt (S 4 02) de la SAR.

À la sortie d'entrepôt, seules la mise à la consommation et la réexportation, au nom et pour lc compte des entrepositaires, sont prévues. Ces opérations ne font pas l'objet d'autorisation du chef de bureau des douanes.

3.12.5.5. La mise à la consommation des produits finis

Des déclarations de mise à la consommation de ces produits de type C 4 et de régime fiscal 02 sont levées à cet effet par les entrepositaires en leur nom.

Mais, même si les produits finis ont été cédés à des distributeurs non concernés par le régime de l'usine exercée de la raffinerie, leur liquidation résulte de ce régime douanier.

Ainsi les valeurs en douane des déclarations de mise à la consommation levées par les distributeurs devraient être celles retenues par la SAR sur ses déclarations d'entrée en entrepôt spécial, lesquelles apurent les entrées en usine exercée. Tel est le sens de l'article 230 alinéa 2 du code des douanes (ex article 161 alinéa 2 du code des douanes de 1987) et de la circulaire 162 du 17 septembre 1998 qui rétablissent la logique douanière des régimes dits « suspensifs ». Les droits d'entrée et la TVA sont appliqués sur les valeurs en douane des matières premières.

Il importe de rappeler que cette circulaire abroge et remplace la circulaire n° 8/MEF/cab 8 bis du 5 janvier 1990 qui considérait le prix ex usine SAR des produits compensateurs comme la valeur en douane, en application de l'avenant n° 4 à la convention signée avec la SAR le 23 décembre 1989. Une logique d'augmentation des recettes douanières et une stratégie de lutte contre toute fraude sur ces produits avaient conduit les autorités douanières à adopter cette évaluation peu orthodoxe mais productive et efficace.

En ce qui concerne les droits et taxes applicables, il y a lieu de distinguer les droits d'entrée et la TVA d'une part et les taxes spécifiques d'autre part :

- Les droits d'entrée et la TVA sont appliqués sur la valeur en douane des produits bruts aux taux applicables à l'entrée en usine exercée. Tel est le sens de la circulaire 162 citée plus haut selon laquelle « sont liquidés le droit de douane et la TVA sur le pétrole brut ». Mais, étant donné que les huiles brutes de pétrole sont exemptes de droit de douane, il y a lieu de considérer que seules la redevance statistique et la TVA sont effectivement liquidées et perçues. Au contraire, si le produit brut présente les caractéristiques du « white spirit » et relève du 27 10 11 21 00, le droit de douane est perçu en sus.

- La taxe spécifique sur les produits pétroliers est appliquée sur le produit fini lors de la mise à la consommation. Il revient ainsi au service des douanes de liquider cette taxe sur les déclarations de mise à la consommation déposées par les distributeurs ou entrepositaires à la date de leur enregistrement.

Il est également possible que ces produits finis soient exonérés de droits et taxes en raison de leur destination. Dans ces conditions, des déclarations de type C 4 et de régime fiscal 40 (franchises diplomatiques) ou autres sont levées au bureau des douanes de Dakar-Pétrole.

3.12.5.5. La réexportation des produits finis

Elle est matérialisée par le dépôt d'une déclaration de type R et de régime fiscal 00 (simple réexportation) ou 80 (avitaillements). Cette déclaration apure la mise en entrepôt de produits pétroliers.

Dans ce cas, aucune fiscalité n'est appliquée.

Mais, une surveillance particulière est exercée en raison de la sensibilité des hydrocarbures à la fraude. Cette surveillance est identique à celle effectuée par le service des douanes sur toutes les opérations de réexportation et développée dans les pages 74 et 75 du présent ouvrage.

En conclusion, il convient de reconnaître que le régime de l'usine exercée, tel qu'il est appliqué, répond au besoin de la Société Africaine de Raffinage de transformer des huiles brutes de pétrole en carburants. Or, le régime actuel de référence de la transformation des marchandises est le perfectionnement actif. Tous les critères d'identification du perfectionnement actif se retrouvent dans le traitement de ces huiles brutes de pétrole. Par conséquent, même si quelques avantages particuliers sont notés, ce « régime de l'usine exercée » constitue un cas qui aurait pu être géré dans le cadre du régime douanier du perfectionnement actif.

3.13. L'ADMISSION TEMPORAIRE : L'ANCIEN RÉGIME DOUANIER DE L'UTILISATION SPÉCIFIQUE OU PROVISOIRE DES MARCHANDISES

Autrefois considérée comme le seul régime douanier ouvert aux activités industrielles de transformation, l'admission temporaire est devenue aujourd'hui le cadre juridique réservé à l'utilisation spécifique en l'état de marchandises importées. Les régimes douaniers du perfectionnement actif, de la transformation, de l'entrepôt industriel et des usines exercées ont offert aux autorités douanières des solutions appropriées aux problèmes posés par les entreprises industrielles exportatrices là où l'admission temporaire normale, en exigeant la réexportation des 90 % des produits compensateurs, péchait par sa rigidité et son absence totale de flexibilité.

Les opérations de transformation industrielle sont désormais gérées dans le cadre de ces nouveaux régimes douaniers.

L'appellation « admission temporaire normale » a disparu des textes officiels de douanes.

En revanche, les opérations consistant à utiliser des produits importés et à les réexporter en l'état ont continué à être traitées dans le cadre du régime douanier de l'admission temporaire.

Au Sénégal, les dénominations « admission temporaire exceptionnelle » et « admission temporaire spéciale », utilisées dans les textes officiels de douanes, ont été conservées pour prendre en charge ces opérations.

Tel est le sens des articles 208 et 217 du nouveau code des douanes.

Puisqu'il s'agit désormais d'utilisation de matériels importés en l'état et non de transformation de marchandises, l'admission temporaire ressemble beaucoup plus au régime douanier de la mise à la consommation qu'aux autres régimes. Elle est appelée aujourd'hui « régime douanier de l'utilisation spécifique » puisqu'elle permet d'employer un matériel sans la perdre et sans la transformer. Les bénéficiaires du régime importent les matériels, les utilisent comme convenu et les réexportent en l'état. Les propriétés essentielles de ces matériels sont conservées après usage.

Toutefois, l'utilisation desdits matériels est placée sous la surveillance douanière. Pour cela, l'admission temporaire doit être classée dans la catégorie des régimes douaniers provisoires.

Pour ces opérations, le législateur sénégalais distingue deux types d'admission temporaire là où la Convention de Kyoto, le code communautaire de l'Union européenne, le code communautaire de l'UEMOA et les textes officiels d'autres pays n'en reconnaissent qu'un seul.

Il s'agit de l'admission temporaire dite « exceptionnelle » et de l'admission temporaire « spéciale » dont la distinction a été rendue nécessaire par souci de bonne gestion douanière.

Ces types d'admission temporaire seront examinés séparément.

3.14. L'admission temporaire « exceptionnelle » : le nouveau régime douanier ouvert pour l'utilisation provisoire des marchandises

L'admission temporaire est ouverte aux marchandises étrangères importées susceptibles d'être utilisées en l'état pour une durée déterminée avant d'être retournées à l'étranger. Elle répond à des besoins spécifiques de démonstration, de présentation commerciale, de réalisation d'activités professionnelles, etc. Il convient par conséquent d'indiquer les marchandises et leurs utilisations possibles.

3.14.1. Définition

L'admission temporaire exceptionnelle n'est pas définie par le code des douanes du Sénégal de 1987. Elle est simplement présentée comme suit à l'article 164 : « peuvent être importées sous le régime de l'admission temporaire les marchandises désignées par arrêté du ministre chargé des Finances et destinées à recevoir une transformation (...), ou à être employées en l'état ».

Cet article indique l'autorité chargée de désigner les marchandises admissibles au régime de l'admission temporaire et les opérations à réaliser.

Il convient de noter que cette définition regroupe sous une même catégorie juridique, « l'admission temporaire normale ou de fabrication » et « l'admission temporaire exceptionnelle ».

Dans le nouveau code au contraire, elle est présentée à l'article 217 comme suit : « l'admission temporaire exceptionnelle est le régime douanier qui permet de recevoir dans le territoire douanier en suspension totale des droits et taxes, certaines marchandises importées destinées à être réexportées en l'état, dans un délai déterminé ».

Le code communautaire de l'UEMOA ignore l'admission temporaire exceptionnelle. Néanmoins, il présente l'admission temporaire à l'article 141 alinéa 1 comme suit : « le régime douanier de l'admission temporaire permet de recevoir dans le territoire douanier (...) en suspension (...) des droits et taxes à l'importation, dans un délai déterminé, certaines marchandises destinées à être réexportées en l'état ». Cette présentation est identique à celle du code des douanes de 1987.

À l'alinéa 2 de cet article 141, des précisions sont apportées sur les utilisations possibles des marchandises. Il s'agit de :

- des produits importés dans un but défini et destinés à être réexportés en l'état ;
- des objets importés pour réparation, essais ou expériences, foires ou expositions ;
- des emballages importés pleins et destinés à être réexportés vides ou remplis de produits autres que ceux qu'ils contenaient ;

• des produits importés à titre exceptionnel et présentant un caractère exceptionnel.

Dans la Convention de Kyoto, seule l'admission temporaire a été définie à l'annexe G : « l'admission temporaire est le régime douanier qui permet de recevoir dans un territoire douanier en suspension totale ou partielle des droits et taxes à l'importation, certaines marchandises importées dans un but défini et destinées à être réexportées, dans un délai déterminé, sans avoir subi de modification, exception faite de leur dépréciation normale par suite de l'usage qui en est fait ».

Il est également recommandé au point 22 que les marchandises désignées par la Convention d'Istanbul du 26 septembre 1990 soient admises au régime de l'admission temporaire.

Enfin, quelques listes de marchandises et d'opérations admissibles au régime de l'admission temporaire sont jointes à l'annexe G de la Convention de Kyoto.

Le texte de la Convention de Kyoto révisée semble beaucoup plus détaillé et par conséquent moins précis que le code communautaire des douanes.

La même définition a été retenue à l'article 137 du code communautaire de l'Union européenne.

Au Sénégal, l'arrêté 3726 du 23 avril 2008 avait été pris en application de l'article 164 du code des douanes de 1987. À l'article 1 dudit arrêté il est précisé que « des décisions du ministre chargé des Finances peuvent autoriser des opérations d'admission temporaire, dans les cas suivants :... ».

En lieu et place d'une définition, cet arrêté indique le champ d'application de l'admission temporaire exceptionnelle.

Avec le nouvel arrêté 13713 du 14 juillet 2015, la définition adoptée dans le nouveau code des douanes de 2014 a été reproduite *in extenso*. Toutefois, des corrections importantes ont été apportées, qui portent sur l'affirmation de la fonction d'utilisation temporaire et l'exclusion des activités industrielles et de réparation.

Dès lors, il nous paraît important de proposer la définition suivante sur la base des éléments dégagés plus haut : l'admission temporaire exceptionnelle est le cadre juridique douanier réservé aux marchandises importées pour être utilisées et réexpédiées totalement ou en partie, en l'état à l'étranger à l'expiration du délai fixé.

3.14.2. Les bénéficiaires du régime

Pour des raisons liées à l'imprécision de l'activité à laquelle s'adonne le postulant et surtout au large spectre du champ d'application du régime, aucune indication n'est donnée sur le bénéficiaire de l'admission temporaire.

Autrement dit, l'admission temporaire est ouverte à toute personne qui justifie l'utilisation des marchandises qu'elle envisage d'importer et de réexporter après exécution de son projet.

3.14.3. Conditions d'octroi du bénéfice de l'admission temporaire exceptionnelle

Trois conditions indispensables ont été recensées pour tous les cas d'admission temporaire exceptionnelle :

- **L'identification précise du postulant et du matériel :** le bénéfice du régime de l'admission temporaire est souvent lié à l'exercice d'une activité. C'est le cas du touriste qui importe un véhicule, des transporteurs ou commerçants qui importent des emballages, du personnel des organisations internationales et ambassades qui importent des véhicules, etc. Pour ceux-ci, une identification précise du postulant et du matériel est requise. La présentation de documents justificatifs est également nécessaire pour une telle identification.

- **Une demande devra être formulée** et déposée à la Direction générale des douanes conformément à l'article 218 du nouveau code des douanes. Cette demande devrait comporter une pièce indiquant l'identité du requérant et les justifications de l'utilisation de la marchandise à importer.

- **La justification de l'utilisation du matériel** : elle résulte d'une déclaration portée sur la demande ou des pièces justificatives y jointes.

Aucune procédure d'octroi du régime n'est expressément édictée.

Il revient par conséquent au Directeur général des douanes et non plus au cabinet du ministre chargé des Finances, d'exercer les contrôles de recevabilité et de fonds des requêtes déposées.

L'admission temporaire est accordée par décision du Directeur général des douanes si le contrôle effectué rassure ce dernier.

Cette décision devrait préciser conformément à l'article 13 de l'arrêté susvisé, les délais et conditions d'utilisation du matériel à importer sous ce régime douanier.

3.14.4. Le champ d'application de l'admission temporaire exceptionnelle

Il est défini par l'article 2 de l'arrêté 13713 du 14 juillet 2015 comme suit :

a. produits importés dans un but défini et destinés à être réexportés en l'état sans avoir subi de modification autre que la dépréciation normale du fait de leur utilisation ;

b. objets importés pour essais, expérience, ainsi que dans le cadre de conventions internationales dont la liste figure en annexe de l'arrêté ;

c. emballages importés vides et destinés à être réexportés pleins ;

d. emballages importés pleins et destinés à être réexportés vides ou remplis de produits nationaux ;

e. véhicules importés par des touristes ne se livrant à aucune activité lucrative sur le territoire douanier ;

f. produits importés à titre personnel et présentant un caractère exceptionnel ;

g. véhicules importés par le personnel de l'assistance technique, des missions diplomatiques, des organisations internationales, des organisations non gouvernementales et pour lesquels une convention prévoit expressément le bénéfice de l'admission temporaire.

Par conséquent, ce champ d'application est limité aux emballages, aux véhicules des touristes et des personnels des ambassades et institutions assimilées, aux matériels et objets destinées à être réparés ou essayés.

Il comprend également des biens non dénommés qui présentent un caractère individuel et exceptionnel.

Cette liste tire sa source de la réglementation coloniale française et des conventions internationales (Istanbul et Kyoto).

Elle présente néanmoins quelques différences par rapport aux listes annexées au point 22 de l'annexe G de la Convention de Kyoto, lesquelles sont beaucoup plus détaillées. Il s'agit des :

1. « Marchandises destinées à être présentées ou utilisées à une exposition, une foire, un congrès ou une manifestation similaire » visées à l'annexe B.1.

2. « Matériel professionnel » visé à l'annexe B.2.

3. « Conteneurs, palettes, emballages, échantillons et autres marchandises importées dans le cadre d'une opération commerciale » visés à l'annexe B.3.

4. « Marchandises importées dans un but éducatif, scientifique ou culturel » visées à l'annexe B.5.

5. « Effets personnels des voyageurs et marchandises importées dans un but sportif » visés à l'annexe B.6.

6. « Matériel de propagande touristique » visé à l'annexe B.7.

7. « Marchandises importées en trafic frontalier » visées à l'annexe B.8.

8. « Marchandises importées dans un but humanitaire » visées à l'annexe B.9.

9. « Moyens de transport » visés à l'annexe C.

10. « Animaux » visés à l'annexe D.

Au point 23 de cette annexe G, il est ajouté : « les marchandises qui ne sont pas couvertes par la pratique recommandée n° 22 et les marchandises de la pratique recommandée n° 22 qui ne remplissent pas toutes les conditions nécessaires pour bénéficier d'une suspension totale, devraient bénéficier de l'admission temporaire pour le moins en suspension partielle des droits et taxes à l'importation ».

Par rapport à cette convention, le champ d'application de l'admission temporaire exceptionnelle tel que défini à l'article 1 de l'arrêté 13713 du 14 juillet 2015 apparaît plus précis et donne lieu à moins d'interprétations.

Dans le nouveau code des douanes, le champ d'application a été délimité à l'article 218 comme suit :

•les produits importés dans un but défini et destinés à être réexportés en l'état, sans avoir subi de modification autre que la dépréciation normale du fait de leur utilisation ;

•les objets importés pour essais ou expériences, foires ou expositions ;

•les emballages importés pleins et destinés à être réexportés vides ou remplis de produits autres que celles qu'ils contenaient ;

•les produits importés à titre exceptionnel et présentant un caractère personnel.

Le code des douanes présente une différence sensible par rapport à l'article 141 du code communautaire des douanes de l'UEMOA. Les matériels de travaux publics et les produits destinés à être réexportés après transformation ou réparation ont été exclus, pour tenir compte de leurs places respectives dans les régimes de l'admission temporaire spéciale et du perfectionnement actif.

En application du nouveau code des douanes et des précisions apportées dans l'arrêté 3726 du 23 avril 2008, l'arrêté 13723 du 14 juillet 2015 a introduit quelques changements sur les emballages identiques à ceux fabriqués au Sénégal, les véhicules automobiles et les camions, les camionnettes, les remorques et tracteurs qui sont exclus du bénéfice de ce régime douanier (cf. article 3 de l'arrêté).

• S'agissant des emballages, l'autorité douanière a choisi de protéger les nombreuses unités industrielles sénégalaises. Ainsi, autant les containers et autres emballages nécessaires pour le transport sont expressément autorisés, autant les sacs, sachets, toiles, bidons, caisses, fûts, tambours en polypropylène, en papier et en cartons ne peuvent pas, par omission, être placés en admission temporaire exceptionnelle ;

• les véhicules importés par des touristes ne se livrant à aucune activité lucrative : pour ces véhicules, l'autorité douanière a choisi, en application des conventions internationales dite « ATA » et « CPD », d'en autoriser l'admission temporaire exceptionnelle.

• les véhicules importés par les personnels de l'assistance technique, des missions diplomatiques, des organisations internationales, des organisations non gouvernementales et pour lesquels une convention prévoit expressément le bénéfice de l'admission temporaire sont prévus dans ce champ d'application.

• des véhicules à usage commercial : s'agissant desdits véhicules, leur exclusion par omission sur le texte obéit à des raisons pratiques de facilitation du transport : le volume et la fréquence du trafic routier international risquent de baisser sensiblement et de gêner les passagers si, à chaque fois qu'un véhicule franchit la frontière, l'autorité douanière devait se prononcer et si les formalités classiques de dédouanement devaient être accomplies. Le service des douanes s'en tient à la déclaration de chargement (la lettre de voiture) déposée par les transporteurs pour en assurer le suivi. Par conséquent, l'autorité douanière a choisi de les exclure du champ d'application de ce régime douanier.

- et des véhicules utilitaires comme les camions, camionnettes, remorques et tracteurs : il est prévu de leur accorder le régime douanier de l'admission temporaire spéciale pour tenir compte des travaux d'utilité publique pour lesquels ils ont été importés.

L'importance de ces exclusions du champ d'application de l'admission temporaire exceptionnelle et leur différence par rapport au code des douanes de l'UEMOA méritent d'être signalées et portées à la connaissance des autorités douanières compétentes.

3.14.5. Localisation des marchandises

Les marchandises placées sous le régime de l'admission temporaire exceptionnelle sont laissées à la libre disposition du bénéficiaire du régime dès que la déclaration de douane a été admise conforme et l'enlèvement réalisé.

Aucune disposition législative ou réglementaire n'est prise pour soumettre la marchandise à une localisation précise. Il conviendra toutefois d'indiquer sur la déclaration d'entrée en admission temporaire le lieu où s'effectue l'utilisation de la marchandise. Ceci permettrait au service des douanes de s'assurer que les marchandises n'ont pas été détournées de leur destination douanière déclarée.

3.14.6. Les contraintes douanières de l'admission temporaire exceptionnelle

Les contraintes douanières de l'admission temporaire exceptionnelle ont été sensiblement allégées par rapport aux autres régimes douaniers.

3.14.6.1. Les délais de séjour

Ils sont limités au plus à un (1) an à l'article 142 du code communautaire des douanes et à l'article 167 alinéa 2 du code des douanes. À l'article 167 alinéa 3, il est prévu pour le Directeur général des douanes la possibilité d'accorder, à titre exceptionnel et dans des cas dûment justifiés, une prorogation de ce délai sous réserve que les engagements souscrits soient renouvelés.

Ces dispositions sont reprises à l'article 220 alinéa 2 du nouveau code des douanes.

Dans le code communautaire de l'Union européenne, ce délai est fixé au maximum à 24 mois avec possibilité de prorogation si les justifications ont été apportées.

En application du code des douanes du Sénégal, l'article 13 de l'arrêté 13713 du 14 juillet 2015 dispose « les décisions du Directeur général des douanes autorisant l'admission temporaire exceptionnelle, fixent le délai de séjour dans la limite d'un an et les conditions d'utilisation ».

Ce délai peut être prorogé pour des raisons jugées valables (article 14 de l'arrêté précité). La durée de la prorogation n'est pas précisée.

À l'issue de ce délai, le bénéficiaire du régime de l'admission temporaire est tenu de réexporter les marchandises importées conformément aux engagements pris.

3.14.6.2. La déclaration de mise en admission temporaire exceptionnelle

L'entrée en admission temporaire exceptionnelle suppose le dépôt d'une déclaration de marchandise en bonne et due forme.

Les conditions de forme :

Une déclaration de type S 5 et de régime fiscal 20 doit être déposée au bureau des douanes compétent pour l'opération.

Cette déclaration appelée acquit-à-caution, doit porter la caution d'une autorité habilitée à cet effet avant d'être signée par le bénéficiaire de l'admission temporaire conformément à l'article 221 (ex 168) du code des douanes. Selon cette disposition, « les marchandises bénéficiant de l'admission temporaire doivent être placées sous le couvert d'acquits-à-caution par lesquels les importateurs s'engagent à satisfaire aux obligations prescrites par la loi et les règlements ». Ainsi, sauf dérogation accordée par le Directeur général des douanes, les commissionnaires agréés en douane ne peuvent déclarer des marchandises sous le régime de l'admission temporaire exceptionnelle.

Pour les particuliers et les bénéficiaires de privilèges diplomatiques, les risques d'erreurs sont élevés.

Par rapport à l'exclusivité accordée aux commissionnaires agréés en douane, en application de l'article 122 du nouveau code des douanes, pour signer et déposer des déclarations en douane, il y a une contradiction flagrante qu'il convient d'aplanir vite.

L'article 8 de l'arrêté 13713 précité est beaucoup plus nuancé que la loi. Il stipule que « sauf dérogations accordées par le Directeur général des douanes, la déclaration d'admission temporaire doit être établie au nom de la personne qui emploiera les marchandises importées ». Cet article autorise le commissionnaire agréé en douane à déclarer au nom de l'importateur et pour son compte.

Cette déclaration devra, comme indiqué plus haut, comporter un engagement cautionné par un établissement financier, prévu aux articles 220 (ex 167) alinéa 1 du code des douanes et 144 du code communautaire de l'UEMOA, d'utiliser les marchandises importées comme indiqué sur la décision de l'autorité douanière et de les retourner à l'étranger dans les délais prescrits.

Elle doit être accompagnée des documents commerciaux, administratifs et bancaires. Il importe de faire remarquer que la décision ministérielle d'admission temporaire, les documents du commerce extérieur et du programme de vérification des importations sont également exigibles pour l'acceptation de l'opération par le bureau des douanes compétent.

S'agissant des véhicules, seuls les bureaux des douanes de Dakar Port Sud et Dakar Port Nord ont été retenus par le Directeur général des douanes pour recevoir de telles déclarations.

Les conditions de fonds :

Elles sont relatives à l'espèce tarifaire, à l'identité de l'objet déclaré par rapport à celui effectivement importé, à la valeur, à l'origine et au poids. Ces éléments sont examinés par les vérificateurs de douanes des bureaux de douane d'entrée des marchandises.

Les droits, taxes et prélèvements :

L'article 217 du code des douanes dispense de paiement des droits et taxes, les marchandises importées sous le régime de l'admission temporaire. Ce texte précise que ces « marchandises bénéficient de la suspension totale des droits et taxes dont elles sont passibles ».

Dans le code communautaire des douanes, une distinction est faite à l'article 141, entre la suspension totale et la suspension partielle des droits et taxes. Il convient de comprendre que ce code prévoit ainsi la liquidation partielle des droits sur les matériels de travaux publics.

S'agissant des prélèvements au profit des institutions autres que l'État du Sénégal, aucune indication n'est donnée. Par conséquent, les prélèvements destinés à la CEDEAO, au Fonds pastoral et au COSEC devraient être liquidés conformément aux textes qui les instituent.

Toutefois, pour les véhicules importés par les bénéficiaires de franchises diplomatiques ou d'avantages similaires, une dispense est toujours accordée conformément aux conventions internationales qui les régissent (Convention de Vienne et textes subséquents).

Les dispenses de déclaration de mise en admission temporaire de type S 5 ou S 6 :

L'obligation de déposer une déclaration de douane pour les opérations citées à l'article 8 de l'arrêté 13713 du 14 juillet 2015 a une portée pratique très limitée. Autrement dit, les déclarations de mise en admission temporaire de type S 5 ou S 6 sont rarement utilisées. Les raisons sont essentiellement liées aux autres documents simplifiés et pratiques utilisées en application de certaines conventions internationales.

C'est le cas des emballages pleins ou vides destinés à être réexportés pour lesquels la Convention douanière relative aux conteneurs du 2 décembre 1972 dispense du dépôt de document douanier.

C'est également le cas des véhicules importés par les touristes pour lesquels les conventions internationales ATA (admission temporaire) et CPD (carnet de passage en douane) prévoient des carnets en lieu et place des déclarations de marchandises et de véhicules de tourisme. Des feuillets signés par des organismes étrangers garants et tirés de ces carnets sont remplis et déposés aux bureaux des douanes à l'entrée et à la sortie des marchandises du territoire douanier.

À l'entrée au Sénégal, un passavant de circulation est délivré au bureau des douanes frontalier pour couvrir le transport du véhicule jusqu'aux bureaux des douanes de Dakar-port où le passavant et ces carnets sont enregistrés et déchargés conformément aux dispositions des conventions ATA et CPD.

S'agissant des véhicules importés par les Sénégalais, une procédure particulière a été prévue au cas où une admission temporaire n'a pas été expressément accordée. La note de service 3024/DGD du 9 novembre 2010 autorise la délivrance d'un passavant de circulation pour couvrir l'entrée dans le territoire douanier et le transport du véhicule du poste ou bureau des douanes d'entrée jusqu'aux bureaux des douanes de Dakar-port dans un délai de 48 heures. Sur ce point, le service des douanes considère que le passavant est utilisé pour assurer une bonne conduite et mise en douane des véhicules et non comme une dispense de déclaration de douane.

Si par contre, les véhicules sont importés par des ressortissants de la CEDEAO et de la Mauritanie, un passavant de circulation est délivré pour une période de 90 jours dans l'année. Cette disposition a été prise en application de la réglementation communautaire en la matière.

3.14.6.3. La surveillance douanière

Elle n'est évoquée nulle part dans les différents textes relatifs à l'admission temporaire exceptionnelle. Contrairement aux autres régimes douaniers dits « suspensifs », aucune disposition légale ou réglementaire ne mentionne la surveillance douanière alors même que des droits de douane sont censés avoir été « suspendus » et surtout qu'il est interdit de céder les marchandises placées en admission temporaire.

Toutefois, le service des douanes garde ses prérogatives de puissance publique pour exercer les contrôles nécessaires au suivi de l'exécution des engagements pris par le bénéficiaire de l'admission temporaire. Il pourra ainsi procéder :

- aux contrôles comptables de l'opération : le fichier ouvert sur le réseau GAÏNDE lors de l'enregistrement de la déclaration d'entrée en admission temporaire permet aux agents des douanes des bureaux et services compétents de suivre à tout moment les mouvements des marchandises placées dans ce régime douanier et les éventuels apurements opérés.

- aux contrôles physiques des marchandises : les agents pourront, sur la base des informations recueillies sur le réseau, se rendre sur les lieux où les marchandises sont utilisées et constater l'effectivité de l'opération déclarée.

Il convient de reconnaître que l'autorité douanière accorde une liberté totale aux bénéficiaires du régime de l'admission temporaire pendant toute la période d'utilisation des biens importés. Tel est du reste l'esprit qui a animé les auteurs de ces textes.

3.14.6.4. La réexportation en suite d'admission temporaire

L'admission temporaire suppose un engagement de réexporter en l'état les marchandises à importer. Il en résulte une obligation de réexporter ces marchandises. Le bénéficiaire de ce régime douanier est ainsi tenu de déposer au bureau des douanes de sortie, une déclaration de réexportation de type R 5 et de régime fiscal 20 en application des articles 222-a (ex 169), 226 du code des douanes et 5 de l'arrêté susvisé. Tel est le sens de l'article 17 de l'arrêté 13713 du 14 juillet 2015 qui dispose : « À l'expiration du délai de séjour, les marchandises placées en admission temporaire exceptionnelle doivent en principe, être réexportées ».

Cette déclaration est traitée dans les mêmes conditions que toutes les déclarations de réexportation.

3.14.6.5. La mise à la consommation en suite d'admission temporaire

La mise à la consommation des marchandises placées en admission temporaire exceptionnelle a été exclue par l'article 222 (ex 169) du code des douanes.

Mais, à l'article 226 (ex 173) du code des douanes, et conformément à l'article 145 du code communautaire des douanes de l'UEMOA, le Directeur général des douanes est habilité, si des justifications sont apportées, à accorder à titre exceptionnel, l'autorisation de mise à la consommation des marchandises placées en admission temporaire exceptionnelle.

Tel est le sens de l'article 18 de l'arrêté 13713 du 14 juillet 2015. Selon cette disposition, le Directeur peut autoriser, sur demande de l'intéressé et lorsque les circonstances le justifient, la mise à la consommation des marchandises placées en admission temporaire. Avec cet arrêté, cette faculté, réservée dans l'arrêté 3726 du 23 avril 2008 aux véhicules, est désormais étendue à toutes les marchandises.

Dans tous les cas, une déclaration de type C 5 et de régime fiscal 01 (ou autres suivants) devrait être déposée au bureau des douanes de Dakar Port Nord ou Sud si les marchandises sont cédées à des personnes soumises au droit commun.

Dans ces cas, les traitements suivants sont appliqués :

➢ Pour les véhicules des personnels de l'assistance technique, des missions diplomatiques, des organisations internationales, des organisations non gouvernementales avec lesquels un accord prévoit l'admission temporaire, la base taxable sera celle reconnue par l'Administration des douanes. Actuellement, c'est la valeur dite communément « argus » (ou KBB ou autres périodiques de cotation de véhicules) majorée du fret et des frais, à la date de mise à la consommation qui est appliquée.

Les droits et taxes sont ceux en vigueur à cette date.

➢ Pour les autres marchandises et notamment les véhicules des touristes et des particuliers, la base taxable sera constituée de la valeur déclarée et reconnue à la date d'entrée en admission temporaire et les droits et taxes, ceux en vigueur à cette date, majorés d'un intérêt de crédit de 7,25 %.

Ce traitement différencié est compréhensible dans un régime douanier essentiellement ouvert pour la réexpédition des marchandises vers l'étranger.

3.14.6.6. La destruction des marchandises placées en admission temporaire

Elle résulte du besoin d'apurement des comptes d'admission temporaire et de l'état de dégradation des marchandises. À cet effet, il incombe au bénéficiaire du régime d'admission temporaire de solliciter une autorisation exceptionnelle de détruire ses marchandises et de fournir des justifications suffisantes.

Le Directeur général de douane pourra alors autoriser l'opération sur la base de l'article 18 de l'arrêté précité sous réserve de la présence des agents des douanes à l'endroit et au moment de la destruction. Aucun droit ne sera alors liquidé sauf si les résidus sont réutilisés. Dans ce cas, les droits et taxes sont perçus sur la base de la valeur et de l'espèce tarifaire desdits résidus.

3.15. L'ADMISSION TEMPORAIRE SPÉCIALE : LE RÉGIME DOUANIER DE L'UTILISATION SPÉCIFIQUE DES MATÉRIELS DE TRAVAUX PUBLICS

C'est le second type d'admission temporaire ouvert aux matériels importés pour la réalisation de travaux. Il permet d'importer une marchandise, de l'utiliser et de le réexporter en l'état. Il se distingue de l'admission temporaire exceptionnelle par le type de marchandise et l'activité lucrative qui caractérise l'opération.

L'admission temporaire spéciale répond aux besoins des entreprises de travaux publics qui utilisent des matériels et engins dont les coûts sont particulièrement élevés et leur séjour sur le territoire douanier limité à la durée des travaux engagés. Il apporte ainsi une solution appropriée qui facilite les opérations douanières et réduit les charges fiscales.

Mais il convient surtout de considérer ce régime douanier comme une alternative avantageuse au régime de la mise à la consommation des matériels et engins de travaux d'utilité publique. Il permet d'échelonner le paiement des importants droits et taxes dus sur une période relativement longue là où l'importateur devait les payer au comptant et en totalité.

Par ailleurs, il convient de reconnaître que le terme « régime suspensif » utilisé dans l'ancien code des douanes recouvre ici tout son sens dans la mesure où, à date échue, une partie des droits et taxes sera liquidée et payée. Un engagement a été pris dans ce sens par l'importateur. Dans tous les autres cas où le régime douanier est qualifié de suspensif, aucun engagement n'est pris qu'à date échue, des droits et taxes seront payés.

L'admission temporaire spéciale est prévue par les codes successifs des douanes du Sénégal ainsi que par les arrêtés 3727 du 23 avril 2008 et 13717 du 14 juillet 2015.

Dans les codes des douanes des pays cités plus haut, tout comme dans le code communautaire des douanes de l'UEMOA, elle n'est pas reconnue comme un régime douanier. Toutefois, des procédures douanières y sont prévues pour gérer les matériels et engins importés pour la réalisation de travaux publics.

3.15.1. Définition

Comme pour l'admission temporaire exceptionnelle, les dispositions internationales et légales n'ont pas offert de définitions satisfaisantes de l'admission temporaire spéciale.

Le terme « admission temporaire spéciale » n'est consacré ni par la Convention de Kyoto, ni par le code communautaire des douanes de l'UEMOA, ni par le code communautaire de l'Union européenne. Dans ces différents textes, seul le régime de l'admission temporaire est reconnu.

En revanche, l'arrêté 3727 du 23 avril 2008 a fait la présentation suivante : « l'admission temporaire spéciale est le régime douanier par lequel des personnes physiques ou morales peuvent importer, pour une période déterminée, en suspension partielle des droits et taxes à l'entrée, et sur autorisation du Directeur général des douanes, des matériels d'entreprise (...), des matériels industriels (...), des matériels de chantier neufs (...) et des bateaux de plaisance ».

Cette présentation est légèrement différente des dispositions des articles 219 du code des douanes du Sénégal et 141 alinéa 2 b du code communautaire des douanes de l'UEMOA. Elle comporte des éléments relatifs aux bénéficiaires, à la fiscalité, à l'autorité investie des pouvoirs et au champ d'application. Mais, elle omet ceux relatifs à la nature et à l'objet de l'admission temporaire spéciale.

L'article 165 du code des douanes de 1987 était libellé comme suit : « pour le matériel d'entreprise destiné à l'exécution des travaux présentant un caractère incontestable d'utilité publique et le matériel objet de location, les arrêtés ou décisions accordant l'admission temporaire peuvent ne suspendre qu'une fraction des montants des droits et taxes ».

L'article 141 alinéa 2 b du code communautaire est libellé comme suit : « l'admission temporaire est accordée par acte des autorités nationales compétentes (...), en suspension partielle des droits et taxes notamment aux matériels de travaux publics importés pour des besoins d'utilité publique ».

À l'article 219 du nouveau code des douanes, une autre présentation a été faite du régime de l'admission temporaire spéciale dans les termes ci-après : « le régime douanier par lequel des personnes physiques ou morales peuvent importer pour une période déterminée en suspension des droits et taxes à l'importation et sur autorisation du Directeur général des douanes une certaine catégorie de matériels notamment destinés à l'exécution de travaux présentant un caractère incontestable d'utilité publique ».

En application de cet article, l'arrêté 13717 précité a repris la même définition en modifiant la simple « suspension » par les termes « suspension totale ».

Les rédacteurs de cet arrêté ont ainsi marqué leur ferme volonté de repréciser le mécanisme mis en place, lequel suspend la totalité des droits et taxes, mais en autorise le paiement partiel.

Cette idée est rendue par l'article 1 de l'arrêté 13717 du 14 juillet 2015 qui suspend les droits et taxes à l'entrée en admission temporaire d'une part, et l'article 17 du même arrêté qui rend obligatoire le dépôt, à la fin de chaque année, « d'une déclaration de mise à la consommation... (C 503) comportant paiement de la fraction des droits dus pour l'année écoulée... », d'autre part.

Dans le code communautaire de l'Union européenne, les termes « exonération partielle des droits et taxes » sont utilisés aux articles 137 et 142, comme pour dire que l'admission temporaire n'est pas un régime douanier suspensif, mais un régime douanier économique (sens défini par l'article 84 dudit code).

Il convient de reconnaître que les autorités douanières ont donné à la fiscalité une place déterminante dans la définition du régime douanier de l'admission temporaire spéciale. Or, même si elle constitue un élément important dans le mécanisme, la fiscalité n'est qu'une conséquence de l'utilisation de marchandises dans le territoire douanier. Aussi conviendra-t-il, comme pour tous les autres régimes douaniers de l'exclure de la définition à proposer.

Pour ces différentes raisons, la définition suivante a été présentée : l'admission temporaire spéciale est le cadre juridique douanier réservé aux matériels et engins importés, puis utilisés pour la réalisation de travaux publics ou d'opérations lucratives dans la limite du délai accordé.

3.15.2. Les bénéficiaires de l'admission temporaire spéciale

Aucune disposition légale ou réglementaire n'est prise pour désigner une catégorie professionnelle susceptible de bénéficier de l'admission temporaire spéciale. L'arrêté 13717 du 14 juillet 2015 stipule à l'article 1 que « l'admission temporaire spéciale est le régime douanier par lequel des personnes physiques ou morales peuvent importer, pour une période déterminée, en suspension totale des droits et taxes à l'entrée, et sur autorisation du Directeur général des douanes, une certaine catégorie de matériels, visé à l'article 2 ».

Puisque ces personnes n'ont pas été expressément désignées, ce régime douanier est alors ouvert à toute personne qui importe les matériels désignés dans le but de réaliser des travaux publics et de les réexporter.

Toutefois, le type de matériels en cause et la nature des opérations commerciales envisagées désignent les entrepreneurs de travaux publics comme les bénéficiaires de ce régime douanier.

3.15.3. Les conditions d'octroi du régime de l'admission temporaire spéciale

Elles sont définies par les articles 7, 8 et 9 de l'arrêté 13717 précité. Selon ces textes, le requérant est tenu d'adresser au Directeur général des douanes une demande comprenant :

- les documents techniques des matériels, lesquels doivent contenir les spécifications techniques, la durée d'amortissement, les garanties et autres éléments d'identification ;
- les factures fournisseurs de transport, d'assurance et des frais divers et les contrats et documents divers permettant d'indiquer la valeur réelle ou locative du matériel et de prouver l'effectivité des travaux envisagés.

Il importe de noter que la production de la facture du fournisseur du matériel neuf est rendue obligatoire avec l'article 22 de l'arrêté, quels que soient les conditions de cession et l'état où ledit matériel a été présenté à la douane. Cette obligation risque de poser des problèmes aux entreprises qui utilisent du matériel en seconde main car aucune liquidation des droits ne pourrait se faire sans le montant prouvé du matériel neuf.

Au cas où l'examen de ce dossier est satisfaisant, le Directeur général des douanes accorde, par décision et en application de l'article 9 de l'arrêté précité, le bénéfice du régime de l'admission temporaire spéciale, en fixe les délais et conditions d'utilisation du matériel.

Mais, pour les matériels assimilables ou nouveaux non prévus dans la liste dressée à l'article 2 de l'arrêté, il revient au ministre chargé des Finances d'accorder le bénéfice de l'admission temporaire spéciale en application de l'article 3 de l'arrêté, plus exactement par adjonction du matériel à ladite liste.

3.15.4. Le champ d'application de l'admission temporaire spéciale

Il est différemment délimité par les textes en vigueur.

La Convention de Kyoto n'a ni défini l'admission temporaire spéciale, ni délimité son champ d'application. Les listes de marchandises prévues en admission temporaire ne comprennent pas de matériels de travaux publics. Toutefois, elle a ouvert une rubrique à la recommandation 22 pour permettre aux États d'y ranger les autres marchandises pouvant bénéficier d'admission temporaire avec « suspension partielle des droits et taxes ».

Il en est de même du code communautaire de l'Union européenne dans lequel l'article 142 prévoit une liste de marchandises à admettre sous le régime de l'admission temporaire en « exonération partielle de droits et taxes ».

Dans le code communautaire de l'UEMOA, l'article 141 alinéa 2-b stipule que « l'admission temporaire est accordée (...) en suspension partielle des droits et taxes notamment aux matériels de travaux publics importés pour des besoins d'utilité publique ».

Dans le code des douanes de 1987, l'article 165 désigne pour l'admission temporaire spéciale « le matériel d'entreprise destiné à l'exécution de travaux présentant un caractère incontestable d'utilité publique et le matériel industriel objet de location... ». Au second paragraphe de cet article, les rédacteurs du code ont ajouté que « le bénéfice de ce régime peut être étendu à d'autres matériels, eu égard à leur destination et/ou à leur utilisation commerciale.

Dans le nouveau code des douanes, l'article 219 cible « une certaine catégorie de matériels notamment destinés à l'exécution de travaux présentant un caractère incontestable d'utilité publique » et, ajoute un alinéa 2, « le bénéfice de ce régime peut être étendu à d'autres matériels eu égard à leur destination et/ou à leur utilisation commerciale ».

Sans nous focaliser sur les différences entre les deux codes des douanes, il convient de souligner que ce champ d'application est beaucoup plus étendu que celui du code communautaire des douanes de l'UEMOA qu'il est censé mettre en application.

Quant à l'arrêté 13717 du 14 juillet 2015, qui a été pris en application du nouveau code des douanes, non seulement une liste exhaustive y a été dressée à l'article 2 et à l'annexe II, mais encore à l'article 3, il est prévu d'y adjoindre des matériels assimilables ou nouveaux.

À la lecture de cet article 2, il apparaît que le champ d'application de l'admission temporaire spéciale se présente comme suit :

- les matériels d'entreprise repris sur la liste en annexe II dans la mesure où ils sont destinés à l'exécution de travaux présentant un caractère incontestable d'utilité publique ;
- les matériels industriels ou non, objet de location et utilisés à des fins commerciales et/ou industrielles ;

• les matériels de chantiers neufs, importés par des entreprises sénégalaises n'effectuant pas de travaux d'utilité publique et dont la valeur unitaire CAF à l'état neuf est égale ou supérieure à cinquante millions (50 000 000) de francs.

L'autorité douanière a ainsi sorti de cette liste, les bateaux de plaisance importés par des personnes qui résident au Sénégal à titre temporaire dans le cadre d'une convention ou d'un accord de coopération. Il y a lieu de comprendre que les conventions ou accords de coopération définissent les régimes douaniers desdits bateaux.

Ce champ d'application comprend par ailleurs les matériels assimilables ou nouveaux prévus à l'article 3 dudit arrêté et les appareils indispensables au fonctionnement de ces matériels conformément à l'article 4 de l'arrêté.

Il exclut cependant, aux articles 5 et 6 de l'arrêté :

- des matériels de travaux publics importés par des entreprises effectuant des travaux d'utilité publique et dont la valeur CAF à l'état neuf est inférieure à un (1) million de francs ;
- des parties et pièces détachées ainsi que les outillages de rechange.

Ce champ d'application est ainsi largement ouvert. Il traduit exactement les objectifs visés dans le nouveau code des douanes. Mais il n'est pas conforme aux dispositions du code communautaire de l'UEMOA qui le limite aux matériels de travaux publics.

3.15.5. La localisation des matériels placés en admission temporaire spéciale

Comme évoqué plus haut pour l'admission temporaire exceptionnelle, les matériels placés en admission temporaire spéciale sont laissés à la libre disposition de l'entrepreneur.

Après enlèvement, ces matériels doivent être transportés à l'endroit où les opérations envisagées doivent être exécutées. Ce transport est effectué sous le couvert d'un acquit-à-caution d'admission temporaire soit par camion soit par d'autres moyens si l'engin est mobile.

L'adresse de cet endroit est portée sur la déclaration de mise en admission temporaire spéciale pour permettre au service des douanes d'exercer un contrôle de l'effectivité desdites opérations. À l'arrivée à l'adresse indiquée, le matériel doit être fixé à demeure à cet endroit et utilisé exclusivement sur ce lieu.

3.15.6. Les contraintes douanières de l'admission temporaire spéciale

Elles ont été allégées pour faciliter l'exécution des travaux d'utilité publique.

3.15.6.1. Les délais

Comme pour la plupart des régimes douaniers, le délai de séjour en admission temporaire est fixé à un (1) an renouvelable conformément aux articles 220 alinéa 2 du code des douanes et 9 de l'arrêté susvisé. Toutefois, le Directeur général des douanes est tenu d'indiquer sur sa décision un délai de séjour correspondant au délai d'amortissement du matériel ou à la durée des travaux envisagés.

Le renouvellement des avantages du régime est accordé par le Directeur général des douanes sur demande expresse à présenter un (1) mois avant l'expiration de la période annuelle en cours (cf. article 13 de l'arrêté susvisé). La même procédure sera appliquée tous les ans, dans la limite de la période de séjour accordée ou au plus, de cinq (5) ans.

À la fin de cette période, le bénéficiaire du régime pourra solliciter une prorogation du délai de séjour. Il reviendrait alors au Directeur général des douanes d'apprécier les justifications apportées (les retards, les extensions de travaux ou autres) et d'accorder un nouveau délai non limité.

Pour le matériel de location utilisé hors des chantiers de travaux publics, la durée de séjour est strictement limitée à un (1) an.

3.15.6.2. La déclaration de mise en admission temporaire spéciale

Le bénéfice de l'admission temporaire spéciale est assujetti au dépôt d'une déclaration de mise en admission temporaire. Des formalités préalables doivent être accomplies.

<u>Les conditions de forme</u> : il revient au bénéficiaire d'établir, de signer et de déposer la déclaration de mise en admission temporaire conformément à l'article 221 du code des douanes et 17 de l'arrêté 13717 du 14 juillet 2016. Cette déclaration de type S 5 et de régime fiscal 10 (suite importation directe) ou 11 (suite entrepôt) devrait être déposée au bureau des douanes frontière.

Elle devra comporter un engagement du déclarant de réaliser les travaux envisagés dans le respect de la réglementation douanière et une caution émanant d'un établissement financier. Tel est le sens de l'acquit-à-caution prévu à l'article 10 de l'arrêté précité.

Pour la recevabilité de cette déclaration, le bénéficiaire devra joindre tous les documents de change et du commerce extérieur, la déclaration préalable d'importation, l'attestation de vérification, la décision d'admission temporaire et les documents portant spécifications techniques du matériel.

S'agissant du déclarant, il y a lieu de relever la contradiction entre l'article 122 du code des douanes qui attribue l'exclusivité des déclarations aux commissionnaires agréés en douane et l'article 221 qui désigne le bénéficiaire de l'admission temporaire comme le seul déclarant admissible. Cette contradiction est également perceptible entre les dispositions de l'article 17 de l'arrêté qui exclut tout autre déclarant que le bénéficiaire et celles de l'article 11 dudit arrêté selon lequel « la déclaration doit être établie au nom de la personne qui emploiera le matériel ». De ces contradictions, il convient de retenir que la déclaration de mise en admission temporaire spéciale doit être établie, signée et déposée par un commissionnaire agréé en douanes, sauf si le bénéficiaire bénéficie d'une autorisation exceptionnelle de dédouaner. Néanmoins une mise en cohérence de ces dispositions est nécessaire.

Les conditions de fond : de nombreux documents sont exigés, qui permettent au déclarant de faire une présentation détaillée du matériel importé et de ses caractéristiques principales, de calculer les valeurs en douane, de trouver les bonnes positions tarifaires, poids et autres éléments spécifiques importants.

Le contrôle de la déclaration : la déclaration de mise en admission temporaire spéciale est contrôlée par les vérificateurs des douanes dans les mêmes conditions que les autres déclarations de marchandises. Une attention toute particulière doit être attachée à l'identification du matériel et à sa valeur à l'état neuf.

La suspension des droits et taxes : aucune fiscalité étatique n'est prévue sur ce type de déclaration. En fait, les droits et taxes sont suspendus sur la déclaration de mise en admission temporaire. Ils devraient par conséquent être liquidés et portés sur le segment des droits et taxes créé à cet effet. En pratique, ce sont plutôt les choix informatiques qui ont conduit le service des douanes à traiter la suspension des droits et taxes comme une dispense de paiement des droits et taxes et par conséquent à ne pas porter lesdits droits et taxes sur ce segment de la déclaration de marchandises.

Toutefois, les prélèvements non étatiques comme le COSEC et le prélèvement communautaire CEDEAO devraient être pré-liquidés. Compte tenu de leur fait générateur et des pratiques au niveau des bureaux des douanes, chacun de ces prélèvements fait l'objet d'un traitement particulier.

3.15.6.3. La cession des matériels sous admission temporaire spéciale

En principe, sauf autorisation exceptionnelle accordée par le Directeur général des douanes, le matériel placé en admission temporaire ne peut faire l'objet d'une cession (cf. article 223 du code des douanes). En admission temporaire spéciale, pour tenir compte des difficultés des entrepreneurs de travaux publics, il est expressément prévu à l'article 15 de l'arrêté, la faculté d'autoriser les cessions de matériels.

3.15.6.4. La surveillance douanière

Aucune disposition n'est prévue pour assurer une surveillance appropriée des matériels placés en admission temporaire spéciale et notamment pour faire observer l'interdiction de cession desdits matériels. C'est dire que ces matériels sont laissés à la disposition des entrepreneurs. Les actes de surveillance seront donc exercés en vertu des prérogatives générales de puissance publique accordées aux agents des douanes dans l'exercice de leurs fonctions.

Il s'agit des :

- des contrôles comptables effectués sur la base des sommiers d'admission temporaire ou des fichiers ouverts sur le réseau GAÏNDE ;
- des contrôles physiques à organiser sur les sites des travaux publics ou les lieux de réalisation des opérations envisagées.

Ces contrôles sont si rares que l'on est tenté de croire que la douane ne surveille pas ce type de régime douanier.

3.15.6.5. L'apurement du régime de l'admission temporaire spéciale par la mise à la consommation

L'apurement du régime de l'admission temporaire constitue une obligation légale résultant de l'article 222 du code des douanes. Selon cet article, « les marchandises importées en admission temporaire doivent être, avant l'expiration du délai imparti, soit réexportées soit constituées en entrepôt en vue de leur réexportation ultérieure, sauf dispositions contraires ».

Le régime normal d'apurement de l'admission temporaire est la réexportation, conformément à l'article 226 dudit code.

Toutefois, s'agissant de l'admission temporaire spéciale, l'apurement peut être réalisé par une mise à la consommation. Cette faculté résulte de l'application des termes « sauf dispositions contraires du texte ayant accordé l'admission temporaire » contenus dans l'alinéa 2 de l'article 222 précité. C'est sur la base de cette exception que l'arrêté 13717 du 14 juillet 2015 a rendu obligatoire, dans les articles 17 à 21, le dépôt d'une déclaration de mise à la consommation à la fin de chaque année écoulée.

Ces dispositions reconduisent la pratique en la matière consistant à déposer deux déclarations de douane dont :

- la première informe sur l'utilisation du matériel pendant un an et propose l'assiette pour la liquidation des droits et taxes. Cette déclaration est de type C 5 et de régime fiscal 03.

- la seconde présente les éléments et la valeur résiduelle des matériels à l'expiration des douze mois de réalisation des travaux. Elle devrait permettre :

  - le renouvellement de l'admission temporaire spéciale : ce serait alors une déclaration de type S 5 et de régime fiscal 10 à laquelle devrait être jointe une autorisation du Directeur général des douanes ;

  - la réexportation du matériel : une déclaration de type R 5 et de régime fiscal 10 serait alors déposée ;

  - la mise en entrepôt : une déclaration de type S 3 et de régime fiscal 02 serait utilisée ;

  - la mise à la consommation définitive du matériel, notamment lorsque le matériel est accidenté ou détruit pendant le séjour en admission temporaire spéciale : dans ces cas, une déclaration de type C 5 et de régime fiscal 03 est déposée au bureau des douanes de domiciliation.

Pour ces déclarations, il nous paraît important de bien calculer les valeurs en douane et de préparer les liquidations des droits et taxes.

Le calcul des valeurs en douane des matériels mis à la consommation par suite d'admission temporaire spéciale

L'évaluation des matériels mis à la consommation en suite d'admission temporaire spéciale est prévue à l'article 226 alinéa 2 a du code des douanes. Selon cet article, « la valeur à déclarer est celle des marchandises à la même date déterminée dans les conditions fixées à l'article 18 du présent code ». C'est dire que l'Accord de l'Organisation mondiale du Commerce sur l'évaluation en douane est applicable.

Mais, à l'examen de l'arrêté déterminant les conditions d'application de l'admission temporaire spéciale, il apparaît que les valeurs en douane ne sont ni transactionnelles, ni comparatives, ni calculées conformément aux méthodes prévues dans cet accord.

Peut-on la considérer comme la méthode du dernier recours utilisée dans l'Accord de l'Organisation mondiale du Commerce sur l'évaluation en douane ? Non, tant que l'initiative de la fixation des valeurs n'est pas laissée au déclarant, l'accord ne sera pas appliqué.

Il s'agit plutôt d'une méthode de fixation administrative des valeurs, comparable à celui utilisé pour la détermination du prix normal, plus communément appelé « valeur de Bruxelles ».

Au Sénégal, l'évaluation de ces matériels répond à un besoin d'allègement des charges des entreprises de travaux publics, mais aussi de réalisation des recettes aux lieux de création des richesses. Elle consiste à calculer et à présenter le montant de l'amortissement annuel du matériel comme la base taxable la plus conforme aux usages en la matière. L'administration renonce ainsi à la valeur en douane telle que définie par les accords internationaux de Bruxelles et de Marrakech.

À cet effet, il y a lieu de distinguer le matériel de chantier du matériel de location :

- le matériel de chantier destiné à des travaux d'utilité publique : l'évaluation dépend de l'état neuf ou usagé du matériel, conformément à l'article 22 de l'arrêté 13717 du 14 juillet 2015.

➢ Si le matériel est neuf, la valeur en douane est égale à la valeur CAF modulée en fonction de la durée autorisée des travaux et de son amortissement ou sa longévité. La formule suivante a été retenue à cet effet :

Valeur en douane ou base taxable = valeur CAF X durée des travaux/longévité

La durée des travaux et la longévité du matériel sont exprimées en jours. Elles sont calculées sur la base de 300 jours l'année et de 25 jours le mois. La durée des travaux est validée par le Directeur général des douanes sur l'autorisation d'admission temporaire spéciale. La longévité des matériels est prévue en annexe 2 de l'arrêté précité.

Ainsi pour un matériel de chantier neuf d'une valeur CAF de cent millions (100 000 000) francs, d'un amortissement de 5 ans et d'une durée de travaux autorisée pour 3 ans, la base taxable serait au bout de la première année :

100 000 000 X 300 /1500 = 20 000 000 francs

Auparavant, avec l'arrêté 7579 du 28 juin 1989, la valeur à retenir pour la première année d'utilisation de ce matériel était fixée à 70 % de la valeur CAF du matériel neuf.

L'on avait ainsi la base taxable suivante :

(100 000 000 X70%) x 300 /1500 = 14 000 000 francs

La base taxable des matériels en admission temporaire spéciale a ainsi été augmentée substantiellement pour la première année.

➢ Si le matériel est usagé, la formule est la même :

Valeur ou base taxable = valeur CAF du matériel usagé X durée des travaux/longévité

Toutefois, la valeur CAF du matériel usagé est calculée non pas sur la base de la facture présentée, mais sur la base de la valeur d'achat du matériel neuf conformément à l'article 22-b l'arrêté précité.

Ainsi la valeur CAF du matériel d'occasion est égale à la valeur d'achat du matériel neuf modulée en fonction de la dépréciation et majorée du montant des frais (transport, assurances, garantie, préacheminement et divers).

La formule suivante a été retenue :

V.CAF du matériel usagé = (V. d'achat du matériel neuf X taux de dépréciation) + les frais

Le taux de dépréciation est calculé selon une formule auxiliaire tenant compte de l'âge du matériel et de sa longévité à l'état neuf. Elle se présente comme suit :

Taux de dépréciation = (0,8 X âge)/longévité

À titre d'exemple, un matériel de chantier de 3 ans dont la longévité est de 5 ans aurait pour taux de dépréciation :

(0,8 X 3)/5 = 0,48 ou 48 %

Pour un matériel dont la valeur est de 1000 francs à l'état neuf, la valeur à retenir serait de :

(1000 x 0,48) + frais de 150 francs = 630 francs.

La base taxable serait alors de :

630 X 300/1500 = 126 francs

Cette formule auxiliaire du taux de dépréciation est utilisée tant que l'âge du matériel est inférieur ou égal à sa longévité. Si cet âge dépasse la longévité du matériel, la dépréciation demeure bloquée à 0,8 ou 80 %. L'administration des douanes pourra ainsi liquider les droits et taxes tant que le matériel est utilisable.

Par conséquent, la valeur résiduelle minimale d'un matériel de chantier est fixée ainsi à 20 % de sa valeur à l'état neuf.

Il est important de rappeler qu'avant 2008, la valeur CAF du matériel neuf ou usagé était fixée à 70 % de la valeur CAF facture lors de la première année. En sus du relèvement de la base taxable auquel conduisent les arrêtés 3727 du 23 avril 2008 et 13717 sus-évoqué, il convient de s'interroger aujourd'hui sur l'évaluation de ces matériels usagés, en l'absence de la facture du matériel neuf.

L'on s'interroge surtout sur l'évaluation de ces matériels à la fin de la deuxième année. Faut-il utiliser la valeur résiduelle du matériel ou appliquer la formule retenue ci-dessus pour obtenir la base taxable ?

- le matériel de chantier non destiné à des travaux d'utilité publique : la base taxable du matériel dépend, ici aussi, de son état neuf ou usagé, de la durée du séjour accordé et de la longévité.

La base taxable de ces matériels sera calculée avec les mêmes formules que pour les matériels destinés aux travaux d'utilité publique.

Toutefois, la durée des travaux ne saurait excéder ni 1500 jours, ni la longévité théorique figurant à l'annexe 2 de l'arrêté.

- le matériel de chantier en location : la valeur en douane est déterminée comme pour celui des entreprises effectuant des travaux d'utilité publique.

- le matériel industriel ou commercial de location : la valeur locative sert de base taxable (cf. article 24-a de l'arrêté) lorsque le matériel présente un caractère industriel ou commercial.

- les matériels accidentés ou détruits au cours de leur séjour en admission temporaire : deux valeurs en douane sont calculées et reportées sur deux (2) déclarations de type C 5 03 :

➢ pour la première déclaration elle sera déterminée à la suite d'une expertise et éventuellement d'une contre-expertise. La valeur la plus élevée servira de base taxable. Cette première déclaration couvre l'opération de mise à la consommation du matériel.

➢ pour la deuxième déclaration, la valeur sera calculée sur la base de la même formule que celle utilisée pour les matériels de chantier.

La liquidation des droits et taxes

Comme pour tous les cas d'admission temporaire, les droits et taxes applicables sont ceux figurant au tarif des douanes et en vigueur à la date d'enregistrement de la déclaration d'entrée en admission temporaire spéciale (S 5 10), conformément à l'article 226 alinéa 2 a du code des douanes du Sénégal et 146 du code communautaire de l'UEMOA.

Ces droits et taxes sont majorés d'un intérêt de crédit fixé actuellement à 7,25 % par le ministère de l'Économie et des Finances.

Dans le code communautaire de l'Union européenne, il est liquidé un taux forfaitaire de 3 % par mois ou fraction de mois jusqu'au paiement total de l'ensemble des droits dus à la date d'entrée en admission temporaire (cf. article 143).

3.15.6.6. L'apurement du régime de l'admission temporaire spéciale par la réexportation

L'apurement normal d'un sommier d'admission temporaire doit être réalisé par une réexportation. Le bénéficiaire de ce régime avait pris l'engagement de réexporter un matériel provenant de l'étranger après avoir réalisé son projet de travaux publics ou privés.

Par respect pour ses engagements pris notamment auprès de la douane, il est tenu de procéder à sa réexpédition vers l'étranger.

Pour cette raison, l'article 222 du code des douanes exige la réexportation ou tout au moins le placement du matériel en entrepôt de stockage en vue de la réexportation.

Dans le code des douanes communautaire de l'UEMOA, il est admis, à l'article 145 alinéa 2-a en dérogation à ce principe, que les autorités douanières autorisent la mise en entrepôt de stockage, la mise à la consommation et la destruction des marchandises placées en admission temporaire.

Dans le code communautaire de l'Union européenne, l'article 143 admet toute autre destination douanière aux marchandises placées en admission temporaire.

Au Sénégal, conformément au code communautaire de l'UEMOA et au code des douanes, l'article 18 de l'arrêté 13717 du 14 juillet 2015 prévoit la réexportation, la mise en entrepôt et la mise à la consommation des matériels placés en admission temporaire spéciale.

Ainsi, une déclaration de type R 5 et de régime fiscal 10 devrait être déposée au bureau des douanes compétent. Cette déclaration devra comporter tous les éléments d'identification des matériels placés en admission temporaire.

Un contrôle strict doit être exercé à l'embarquement pour la réexpédition et un certificat d'embarquement doit être signé par un agent des douanes pour rassurer l'autorité de l'effectivité de la réexportation.

3.16 L'IMPORTATION ET L'EXPORTATION TEMPORAIRES : DES CAS D'ADMISSION TEMPORAIRE OU DE MISE À LA CONSOMMATION

L'importation temporaire et l'exportation temporaire ont figuré dans différents textes de douanes comme un régime douanier. Mais avec la simplification et l'harmonisation des régimes douaniers entamées depuis 1974 dans le cadre de la Convention de Kyoto, elles ont disparu des listes des régimes douaniers dans les différentes législations.

La Convention de Kyoto révisée n'a prévu aucune disposition relative à l'importation et l'exportation temporaires.

Le code communautaire des douanes de l'Union européenne ne contient pas non plus d'articles relatifs à ces « régimes douaniers ».

Il en est de même du code des douanes du Sénégal de 1987 et de la Tunisie.

En France, l'importation temporaire figure aux articles 196 *bis* et *ter* du chapitre IV, du titre VII réservé aux opérations privilégiées. Elle a été insérée dans le code des douanes par la loi 63-1351 du 31 décembre 1963 pour légaliser les tolérances accordées aux voyageurs.

Au Maroc, les effets et objets personnels apportés par les voyageurs sont placés en admission temporaire et bénéficient d'un traitement particulier selon l'article 146 du code des douanes.

Ce n'est que dans le code des douanes du Cameroun (articles 172 et 173) que les objets et effets personnels apportés ou emportés par les voyageurs sont classés dans la catégorie des régimes douaniers.

Dans le code communautaire des douanes de l'UEMOA (articles 156 et 157) et dans le nouveau code des douanes du Sénégal (articles 239 et 240), les régimes douaniers de l'importation et de l'exportation temporaires ont été ouverts pour les objets non prohibés importés ou exportés par les voyageurs qui séjournent temporairement dans le territoire douanier ou à l'étranger.

Au niveau de l'UEMOA, aucune justification n'a été donnée lors de la création de cette catégorie juridique douanière.

Au Sénégal, la seule justification fournie était relative à l'obligation de reproduire les textes de l'UEMOA. Cette justification formelle est largement insuffisante pour permettre un tel classement dans la catégorie des régimes douaniers.

À l'examen approfondi des opérations d'importation et d'exportation temporaires en cause, deux remarques peuvent être formulées :

• La première porte sur la nature et l'objet de l'opération : l'opération en cause consiste à admettre des objets à l'intérieur du territoire douanier ou à autoriser leur sortie en vue de permettre au voyageur de les utiliser pendant une période non délimitée et de les ramener en l'état. L'objet en cause se présente sous la forme d'un bien dont la taille permet le transport en « bagage accompagné » par un voyageur. Il peut être porté sur soi, tenu à la main, conservé dans une valise ou dans un sac à main. Néanmoins, il est considéré comme une marchandise pour les douanes, puisqu'il est susceptible d'être transporté et placé sur le marché. Une telle opération doit être prise en charge par le régime douanier de l'utilisation provisoire des marchandises lorsque la marchandise est importée. Le seul régime douanier ouvert pour gérer l'utilisation provisoire des marchandises est l'admission temporaire exceptionnelle.

Si l'opération consiste à expédier la marchandise à l'étranger pour une période déterminée, elle doit être prise en charge par le régime douanier de l'expédition à l'étranger, plus exactement par l'exportation en simple sortie.

L'on s'interroge alors sur la pertinence et l'efficacité d'un autre régime douanier pour de telles opérations et avec de tels objets.

• La particularité de l'opération d'importation et d'exportation temporaire réside dans le fait que le seul bénéficiaire possible est un voyageur. Or, le bénéficiaire d'une opération n'est pas un critère de définition d'un régime douanier. C'est plutôt la consistance de l'opération et la destination de la marchandise qui déterminent le régime douanier.

Il importe de préciser que la situation du voyageur est telle que les douanes accordent généralement des tolérances qui vident de tous leurs sens les réglementations strictes des différents États. Les déclarations et les contrôles sont supprimés ou simplifiés. Des conventions internationales (ATA et CPD) sont ainsi conclues à cet effet.

Dans ces conditions, les régimes de l'importation et de l'exportation temporaires constituent des doubles emplois dont peuvent se passer des lois aussi générales et importantes que les codes des douanes de l'UEMOA et du Sénégal.

Néanmoins, l'autorité douanière a signé l'arrêté 13706 du 14 juillet 2015 pour déterminer les conditions d'application du régime de l'exportation temporaire en application des articles 240 et 241.

Cet arrêté appelle les commentaires suivants :

❖ Les marchandises sont expédiées à l'étranger, utilisées puis retournées en l'état dans le territoire douanier. Cette opération est différente de celle prise en charge par le régime douanier du perfectionnement passif en ce que la marchandise ne subit aucune modification.

❖ L'opération d'exportation et de réimportation est prise en charge dans le cadre du régime douanier de l'exportation en simple sortie avec réserves de retour. Une déclaration de réimportation des marchandises de type E 8, identique à celle prévue dans ce régime douanier, est déposée à cet effet au bureau des douanes conformément à l'article 12 de l'arrêté susvisé, pour bénéficier de l'exonération des droits de douanes (cf. article 15).

❖ Aucun délai n'est prescrit pour cette opération de réimportation de marchandises.

❖ L'objectif recherché par le régime douanier est l'exonération des droits et taxes. Or, l'opération de réimportation en l'état de marchandises est prévue au titre 8 des « opérations privilégiées » à l'article 260 alinéa 1-a du code des douanes, comme le premier cas d'exonération totale des droits et taxes.

De ces commentaires, il convient d'en déduire l'inapplicabilité des régimes douaniers de l'importation et de l'exportation temporaires prévus par le code des douanes.

CONCLUSION

La présente étude dont l'objet consiste en un examen critique du traitement douanier des marchandises importées ou à exporter, a permis de constater que le service des douanes du Sénégal utilise quelque dix-neuf (19) régimes douaniers pour gérer lesdites marchandises. Elle propose de les réduire à huit (8) régimes douaniers pour éviter toute incohérence et surtout toute incompréhension qui résulterait de la complexité et du nombre pléthorique de textes applicables. L'objectif visé consiste alors à permettre aux agents des douanes placés sur le terrain, aux commissionnaires agréés en douanes et aux citoyens de comprendre et de s'approprier, au même titre que le chef du bureau chargé de la réglementation douanière, les règles applicables aux marchandises.

La douane sénégalaise a besoin d'être comprise et d'être considérée comme une régie financière nécessaire et indispensable au bon fonctionnement de l'État. Elle doit répondre aux attentes des pouvoirs publics en termes de collecte de ressources financières et de contrôle des marchandises échangées avec l'étranger, mais aussi, elle doit satisfaire les besoins des populations en termes de facilitations des procédures douanières, de rapidité et d'égalité de traitement.

Une seule ligne de conduite devrait être clairement dégagée, qui consiste à adopter des règles de travail cohérentes et simples à un moment où l'économie sénégalaise enregistre dans le marché, une course effrénée des investisseurs et l'arrivée du gaz et du pétrole d'origine locale dont la faculté de développement exponentiel de l'industrie est remarquable.

Toute absence ou faiblesse du contrôle douanier portera préjudice aux intérêts des générations futures.

BIBLIOGRAPHIE

Codes des douanes

- Sénégal 1974, 1987 et 2014,
- Cote d'ivoire,
- Maroc,
- Tunisie,
- Cameroun,
- France,
- Canada,
- UEMOA,
- CEMAC,
- Union européenne,
- Union européenne (refonte).

Lois

- Constitution du Sénégal ;
- Loi 2014-10 du 28 février 2014 portant code des douanes
- Loi 2012-31 du 31 décembre 2012 portant code général des impôts ;
- Loi 2001-09 du 15 octobre 2001 portant loi organique relatives aux finances publiques

Traités et Conventions

- Traité de la CEDEAO ;
- Traité de l'UEMOA ;
- Convention de Kyoto révisée ;
- Convention d'Istanbul ;
- Convention TRIE ;
- Convention TIF ;

- Convention TIR,
- Convention douanière relative aux conteneurs,
- Convention douanière sur le carnet ATA,

Ouvrages

- DIOUF, Jean Baptiste, *Douanes et échanges*, Dakar, Imprimerie Saint Paul, mai 2009.
- DIOUF, Jean Baptiste, *Guide des procédures de dédouanement*, Dakar, Imprimerie Saint Paul, mai 2009.
- BERR, Claude J. et Henri Trémeau, *Le droit douanier. Communautaire et national*, Paris, Économica, 2006
- DIONE, Alioune, *Le dédouanement des véhicules automobiles au Sénégal,* Droit Afrique, 2013.
- DIENG, Abdoulaye Oumar, *La lutte contre le blanchiment des capitaux et le financement du terrorisme*, 2012.
- SAKHO, Abdoulaye, Mamadou Selly LY et Moustapha CAMARA, *Droit des associations sportives. En l'honneur de Lamine Diack. Mémento pratique*. Paris-Dakar, L'Harmattan-CRES, 2013
- BELOTTI, Jean, *Transport international des marchandises*, Paris, Vuibert, 1992.
- DIANÉ, Doudou Diagne, *Lettre citoyenne, Appel à une Alliance nationale citoyenne pour un Sénégal émergent ANC/PSE*, mars 2014.
- Sy, Demba, *Le droit administratif*, 2ème édition revue, corrigée et augmentée, Dakar, Harmattan Sénégal, 2014.
- FAYE, Malick, *Le droit douanier sénégalais,* Paris, L'Harmattan, 2015.

TABLE DES MATIÈRES

L'HARMATTAN ITALIA
Via Degli Artisti 15; 10124 Torino
harmattan.italia@gmail.com

L'HARMATTAN HONGRIE
Könyvesbolt ; Kossuth L. u. 14-16
1053 Budapest

L'HARMATTAN KINSHASA
185, avenue Nyangwe
Commune de Lingwala
Kinshasa, R.D. Congo
(00243) 998697603 ou (00243) 999229662

L'HARMATTAN CONGO
67, av. E. P. Lumumba
Bât. – Congo Pharmacie (Bib. Nat.)
BP2874 Brazzaville
harmattan.congo@yahoo.fr

L'HARMATTAN GUINÉE
Almamya Rue KA 028, en face
du restaurant Le Cèdre
OKB agency BP 3470 Conakry
(00224) 657 20 85 08 / 664 28 91 96
harmattanguinee@yahoo.fr

L'HARMATTAN MALI
Rue 73, Porte 536, Niamakoro,
Cité Unicef, Bamako
Tél. 00 (223) 20205724 / +(223) 76378082
poudiougopaul@yahoo.fr
pp.harmattan@gmail.com

L'HARMATTAN CAMEROUN
BP 11486
Face à la SNI, immeuble Don Bosco
Yaoundé
(00237) 99 76 61 66
harmattancam@yahoo.fr

L'HARMATTAN CÔTE D'IVOIRE
Résidence Karl / cité des arts
Abidjan-Cocody 03 BP 1588 Abidjan 03
(00225) 05 77 87 31
etien_nda@yahoo.fr

L'HARMATTAN BURKINA
Penou Achille Some
Ouagadougou
(+226) 70 26 88 27

L'HARMATTAN SÉNÉGAL
10 VDN en face Mermoz, après le pont de Fann
BP 45034 Dakar Fann
33 825 98 58 / 33 860 9858
senharmattan@gmail.com / senlibraire@gmail.com
www.harmattansenegal.com

L'HARMATTAN BÉNIN
ISOR-BENIN
01 BP 359 COTONOU-RP
Quartier Gbèdjromèdé,
Rue Agbélenco, Lot 1247 I
Tél : 00 229 21 32 53 79
christian_dablaka123@yahoo.fr

Achevé d'imprimer par Corlet Numérique - 14110 Condé-sur-Noireau
N° d'Imprimeur : 130523 - Dépôt légal : juillet 2016 - *Imprimé en France*

www.ingramcontent.com/pod-product-compliance
Lightning Source LLC
LaVergne TN
LVHW011256061026
849535LV00005B/1283